Sur quel pied danser ?
Danse et littérature

FAUX TITRE

270

Etudes de langue et littérature françaises
publiées sous la direction de

Keith Busby, M.J. Freeman,
Sjef Houppermans et Paul Pelckmans

Sur quel pied danser ?
Danse et littérature

Actes du colloque organisé par
Hélène Stafford, Michael Freeman et
Edward Nye en avril 2003 à Lincoln College, Oxford

Sous la direction de
Edward Nye

AMSTERDAM - NEW YORK, NY 2005

Cover design: Pier Post

Couverture : Pierre Rameau, *Le Maître à danser* (Paris 1725), p. 88.

The paper on which this book is printed meets the requirements of
'ISO 9706: 1994, Information and documentation - Paper for documents -
Requirements for permanence'.

Le papier sur lequel le présent ouvrage est imprimé remplit les prescriptions
de 'ISO 9706: 1994, Information et documentation - Papier pour documents
- Prescriptions pour la permanence'.

ISBN: 90-420-1608-6
Editions Rodopi B.V., Amsterdam - New York, NY 2005
Printed in The Netherlands

SOMMAIRE

PRÉAMBULE

Le titre de notre ouvrage fut choisi avec soin afin de laisser ouverte la question de la relation entre danse et littérature. La simple conjonction de coordination 'et' dissimule une multitude de rapports possibles, y compris l'éventuelle absence de rapport. En effet, pour l'historien de la danse ou de la littérature, l'ombre de G.E. Lessing se profile dès que l'on se risque à faire une comparaison entre les arts qui, selon ses principes esthétiques, sont plus caractérisés par leurs différences que par leurs similitudes. Jean Richepin n'encourage pas ce même historien à poursuivre l'interprétation de la danse par les mots ; les réflexions de son personnage le Père Mioche débouchent sur des balbutiements, de piètres généralités : « la danse est l'art qui..., l'art que..., enfin l'art, l'art essentiel, l'art en lettres majuscules, l'art... ».

Néanmoins, plusieurs siècles d'histoire littéraire et de représentations de la danse ont cherché à exprimer une éventuelle relation, un terrain commun aux deux. Le rapprochement se présente plutôt spontanément dans la culture néoclassique depuis la Renaissance jusqu'au Romantisme, faisant une interprétation plutôt libre de l'axiome d'Horace *ut pictura poesis eret* en recherchant les parallèles entre tous les arts, pas uniquement entre la poésie et la peinture. Plus récemment, les interrogations du dix-neuvième siècle à ce sujet ont largement contribué à l'épanouissement de cette idée au vingtième siècle. Ainsi, l'association entre la danse et la littérature a fait preuve de longévité, sans pour autant que la critique la reconnaisse comme un phénomène qui traverse les siècles. Notre ouvrage tend à pallier à cette lacune.

Lorsqu'elles se rencontrent, la danse et la littérature s'ajustent selon une harmonie ambiguë de sorte que le lecteur ou spectateur se retrouve dans une situation à la fois agréable et précaire, hésitant entre les deux. Une représentation des *Illuminations* de Frederic Ashton, inspiré de l'œuvre de Rimbaud, accompagnée d'une lecture du texte à voix haute, est une vision stéréoscopique de la version poétique et choréique. Un ballet de cour au dix-septième siècle dont le choix des personnages s'inspire des romans contemporains est aussi bien une fiction romanesque qu'une fiction théâtrale. Le spectateur assistant, au dix-huitième siècle, à la prestation de Françoise Prévost dansant le rôle affecté du petit-maître devait se demander si elle imitait le topos littéraire, ou bien à l'inverse, si les écrivains satiriques imitaient la danseuse. Dans tous ces exemples, une seule représentation artistique appelle deux interprétations esthétiques littéraire et choréique, procurant ainsi au lecteur-spectateur la sensation généralement agréable d'un dédoublement, d'une ambivalence, comme s'il dansait sur une musique polyrythmique et ne savait pas bien 'sur quel pied danser'.

Le lecteur-spectateur n'est pas le seul à ressentir cette hésitation entre deux perspectives. Le critique, lui aussi, se demande comment interpréter cette expérience dédoublée. L'ambiguïté essentielle explique sûrement la diversité des points de vue dans l'histoire de la critique. Les uns appréhendent la danse comme une métaphore de l'écriture, 'una metafora attuosa significante' selon Emanuele Tesauro au dix-septième siècle, un 'poème dégagé de tout appareil du scribe' selon Stéphane Mallarmé trois siècles plus tard. Ce qui importe dans cette première approche est plus l'idée de la danse comme langue universelle esthétique que la chair et les os du corps en mouvement. Ainsi, certains de nos articles démontrent comment les mots dansent sur la page, ou bien comment le danseur fait parler son corps.

D'autres critiques littéraires ne cherchent pas à transcender le corps, mais au contraire, à situer en lui la similitude entre danse et écriture. Ainsi, la versification donne une forme physique à l'expression poétique, tout comme les mouvements du corps traduisent l'esprit de la danse. Pour Voltaire, Marie Sallé incarne le rythme fluide du vers poétique. Pour d'autres qui souhaitent développer ce rapprochement, l'idée s'adapte aussi bien au texte en prose qu'au vers. De cette manière, plusieurs de nos articles font des rapprochements entre la technique littéraire et choréique.

Néanmoins, ces deux approches critiques ne prennent pas en compte une dimension à laquelle la danse et la littérature ne peuvent guère échapper : le socioculturel. On ne peut pas plus extraire la littérature du monde de ses lecteurs qu'ôter à la danse sa fonction interactive fondamentale. Nous conseillons à ceux qui ne sont pas convaincus de lire le récit du sort de l'enfant Agrippa d'Aubigné qui évita la mort en 1562 en dansant la gaillarde.

Que de façons d'appréhender la relation entre danse et littérature, que de méthodologies possibles. L'éventail d'articles réunis dans notre ouvrage répond au besoin conséquent d'orientation éprouvé aussi bien par le chercheur universitaire qui veut arrêter sa propre méthodologie que par le lecteur amateur qui souhaite parcourir le domaine.

Lors du colloque qui donna lieu à notre ouvrage, nous avons eu le plaisir d'assister à plusieurs représentations de danse, toutes aussi envoûtantes les unes que les autres. Jennifer Thorp dansa deux solos extraits du Prologue du *Atys* de Lully (la Sarabande et la Gavotte) créés par Pécour pour la danseuse célèbre du dix-huitième siècle Marie-Catherine Guiot. Ce fut un impressionnant témoignage du propos de son article, à savoir le rapport dans la danse baroque entre la notion abstraite de 'grâce' et des éléments très précis des pas de danse et de la chorégraphie. Paul Lange et Michiko Okazaki nous régalèrent de divers styles de tango, du *milongueros* au *canyengue* et au *traspie*, de leur histoire aussi bien que de l'esprit qui les caractérise. L'aperçu qu'ils nous donnèrent sur les complexités de la relation entre partenaires de danse amena des réflexions sur d'autres danses chronologiquement lointaines mais étrangement congénères comme le menuet. Et enfin la salsa. La comédie musicale *Lady Salsa* à Londres faisant relâche ce jour là, un de ses danseur solo, Rafael Fuentes, vint rejoindre Lisa Anscomb à Oxford pour danser une gamme de différentes danses, de la salsa cubaine à la salsa style Los Angeles, au mambo et à la rumba. Il n'y eut de meilleure expression de l'union dans une même danse des sentiments opposés (mais tellement grissants !) de l'aérien et du tellurique.

Ni notre colloque, ni le présent ouvrage n'existeraient sans le soutien généreux de la British Academy, de l'Institut français à Londres, des universités d'Oxford, d'Aston et de Bristol, et du Michael Zilkha Trust de Lincoln College.

Edward Nye
Lincoln College, Oxford

The Dance of the living :
Beyond the macabre in fifteenth-century France

Michael Freeman, University of Bristol

Abstract :

The Danse macabre has long mystified historians of literature and the arts. The very origin of the term is obscure, as is the nature of the dance. Nobody imagines that skeletons actually accompanied the living to their graves but numerous pictorial representations from the fifteenth century do show what appear to be gloating figures reminding the living of their eventual demise and miming a dance, if not on their graves, at least on the way to it. The most famous of these was in the Cemetery of the Innocents in Paris, painted in 1424 and reproduced in print half a century later. These, and other cultural manifestations tending to stress the horrors of life, have led historians to see the period as an unremittingly gloomy one. The purpose of this paper is to demonstrate by recourse to contemporary texts that it is possible to see the age in a very different light. In the second half of the fifteenth century, a time in France of renewal and increased prosperity, dancing and good living were very much on the agenda, to the delight of some and the consternation of others. While moralising poets such as Jehan Regnier, Guillaume Alexis, Eloy d'Amerval, and Nicolas de la Chesnaye rail against 'plaisirs mondains' (and by implication, good food and drink, fashionable clothes, dancing, and sexual enjoyment), others, such as the anarchic Guillaume Coquillart, revel in the fun to be had by those who joyfully take part in the dance of life.

A British television programme not long ago came to the conclusion that the 'world's worst century' was the fourteenth, describing it as the 'worst possible time to be alive'. This was a eurocentric and impressionistic view no doubt, based largely on western Europeans' memories of their own school learning, but a case could obviously be made for seeing it as a uniquely disagreeable phase in our history. The pandemic of the Black Death of 1348-1350 and the depredations of the Hundred Years' War had much to do with it. Europe was robbed of perhaps a third of its population by the plague. But if they had thought about it, many of those who voted for the fourteenth century might well have opted instead for the fifteenth.

Not for Italy, of course, where the revival of classical learning and an appetite for good living on a grand scale was well under way, but certainly for England and France. Fifteenth-century France, in particular, has traditionally received a bad press, and not surprisingly so. Writers, poets as well as chroniclers and moralists, of the time would seem to have been obsessed with the horrors of life. Reading their works, one gets the strong impression of an age of melancholy and a loss of confidence in the ability to change or improve man's lot. So much so that critics, taking selected witnesses as their guides, have come to see the age as characterised by gloom and despair. The short-hand definition of this apparently pervasive depression is 'macabre'. The existence of the so-called 'Danse macabre' would in fact seem to clinch the argument. Perhaps the most famous representation of this 'dance' is the one – long since gone – painted on the walls of the cloister of the Cemetery of the Innocents in Paris in 1424. The gruesome images were accompanied by admonitory verses designed to remind onlookers of the fragility of human existence, the ever-present threat of death and the need, therefore, to take care to live a virtuous life.

But what exactly was the 'danse macabre' ?[1] We know that the word goes back to the second half of the fourteenth century (the first attestation we have dates from 1376) but the etymology is dubious. It may well be connected, as Philippe Ariès believes, to 'macchab', a word for a corpse which still survives in modern French.[2] What does seem clear is that it was not a dance as such. If the iconographical evidence is to be believed, it might have been a procession. But, here again, there exists no written evidence of any such procession. The well-documented murals show skeletons (known as *transis*) displaying to the living the horrors of the grave and by

---

[1] There have, of course, been innumerable attempts to delineate and explain the phenomenon. Johan Huizinga's *Herfsstij der Middeleeuwen*, first published in Dutch in 1919, was naturally influential in its different translated versions. A useful synthesis of the facts as far as we can know them – and the problems they raise – can be found in Italo Siciliano, *François Villon et les thèmes poétiques du moyen-âge* (Paris 1934), pp.243-253 ; see especially p.243, note 1 : 'D'où est née cette étrange danse ? D'une cérémonie liturgique, d'une procession de carnaval ou d'une fantaisie édifiante ? On n'en sait rien'. More recently, Jean Delumeau devoted a section of his *Le Péché et la peur. La Culpabilisation en occident (XIIIe - XVIIIe siècles)* (Paris 1983) to 'Du Mépris du monde aux danses macabres' (pp.44-128).
[2] Philippe Ariès, *L'Homme devant la mort* (Paris 1977), p.118.

implication the ephemeral nature of life's pleasures. However, there is nothing to suggest from extant contemporary material, written or visual, that dancers dressed as skeletons actually paraded before bemused revellers and showed them the way to their graves, presumably as yet not dug. And there is even less evidence that corpses rose from their tombs to whisk the living away from their enjoyment of life. A new historicist approach might lead us to imagine a funeral rather on the lines of a New Orleans jazz ramble but there is sadly no evidence of that either. What is more likely is, as Anne Wéry remarks in her study of dance in the medieval and early modern periods, that the Church, alarmed by the tendency of many to deny death its victory by indulging in a frantic enjoyment of life, sought to equate dancing with sin and with death, and to do so in homilies based on pictorial representation.[3] This would be especially apposite when, like François Villon's mother if we are to believe his 'Ballade pour prier Nostre Dame', most parishioners could neither read nor write ; Villon puts words into the mouth of his mother which describe her naive dread at the spectacle of the damned being boiled in hell, as portrayed on the walls of her local church :

> Femme je suis, povrecte et ancïenne,
> Qui riens ne sçay : oncques lettres ne leuz.
> Au moustier voy, dont suis paroïssienne,
> Paradiz paint, ou sont harpes et leuz,
> Et ung enffer ou dampnez sont bouluz.
> L'ung me fait paour, l'autre joye et lïesse.[4]

We must not forget that most churches would have been decorated with colourful and highly charged illustration of Biblical teaching, in particular on the joys of paradise and the pain of those consigned to hell.

The danse macabre was most likely an imaginary dance, acted out not on the street but on the walls of churches and cemeteries and

---

[3] Anne Wéry, *La Danse écartelée de la fin du moyen âge à l'âge classique* (Paris 1992), especially pp.134-157.

[4] See François Villon, *Lais, Testament, Poésies diverses, Ballades en jargon*, édition bilingue. Publication, traduction, présentation et notes par Jean-Claude Mühlethaler et Eric Hicks (Paris 2004), p.134, vv.893-898. I discuss the theme of the danse macabre in Villon's poetry in my chapter 'The Skull beneath the skin' in *François Villon in his works ; the villain's tale* (Amsterdam 2000).

designed to remind the living of their destiny (just as, nearly five centuries later, the Portuguese poet Fernando Pessoa would describe us all as corpses-in-waiting). The version to be seen at the Cemetery of the Innocents would seem to have been composed of sixty figures, made up of thirty living representatives of man's different estates (mostly static and never dancing), each one paired with a skeletal form of himself wearing a sickly grin and prancing before him as he cruelly beckons him into his grave.[5] In some paintings and illustrations of the late fifteenth and early sixteenth centuries, the skeletons are portrayed with musical instruments, in others literally dancing on the graves or over the prostrate bodies of their chosen victims. Philippe Ariès does not pronounce himself on whether he thought any macabre dance took place except in the minds of the fearful but sees it as :

> une ronde sans fin, où alternent un mort et un vivant. Les morts mènent le jeu et sont les seuls à danser. Chaque couple est formé d'une momie nue, pourrie, asexuée et très animée, et d'un homme ou d'une femme, vêtu selon sa condition, et stupéfait. La mort approche sa main du vivant qu'elle va entraîner mais qui n'a pas encore obtempéré. L'art réside dans le contraste entre le rythme des morts et la paralysie des vivants. Le but moral est de rappeler à la fois l'incertitude de l'heure de la mort et l'égalité des hommes devant elle. Tous les âges et tous les états défilent dans un ordre qui est celui de la hiérarchie sociale telle qu'on en prenait conscience'.[6]

The moral and social message, with its emphasis on hierarchy, is transparent.

It is by no means certain that, at the outset, dance meant in this context much more than the whirligig of life, used widely in a sense not unlike Montaigne's a century and a half later in his famous defence of the solitary life :

> Laissons à part cette longue comparaison de la vie solitaire à l'active ; et quant à ce beau mot dequoy se couvre   l'ambition et l'avarice : que nous ne sommes pas nez pour notre particulier, ains pour le publicq, rapportons nous en hardiment à ceux qui sont en la danse ; et qu'ils battent la conscience, si,

---

[5] *La Dance macabre des Saints Innocents de Paris*, published by Guyot Marchant in 1484, was reproduced by l'abbé Valentin Dufour in 1874 and repinted by Slatkine Reprints (Genève 1975).
[6] Ariès, *L'Homme devant la mort*, p.118.

au rebours, les estats, les charges, et cette tracasserie du monde ne se recherche plutost pour tirer du publicq son profit particulier'.[7]

He appears to be using 'danse' and 'tracasserie du monde' here as synonyms to describe the hustle and bustle of everyday life. He will also refer in a similar way to the 'bransle divers de la fortune'.[8] The uncertainties and changing rounds and rhythms of life and fortune are not unlike those of a dance.

The thrust of the comments we have seen by Ariès and Wéry is that the 'danse macabre' was seen by church and moral authorities as a restraining influence, an awful warning of what awaits those who indulge in the pleasures of this world without giving sufficient heed to the next. It is, in particular, an explicit condemnation of the pleasures to be derived by bodily enjoyment, of which the most prominent would appear to have been dancing. As Anne Wéry remarks, dance, 'cet art de vivre, cette intelligence du mouvement, n'est que vice, vanité et folie pour l'élite cléricale'.[9] By linking dance to death, moralists could at the same deliver a message that is essentially and conveniently both a *memento mori* and a *contemptus mundi*. To quote Wéry again, the 'danse macabre et ses dérivés répondaient donc à un impératif doublement précis : moraliser les comportements en récupérant une pratique impossible à interdire'.[10] In other words, if you cannot dissuade people from wanting to dance with each other, and to derive pleasure from allowing the body to respond to rhythm and, most of all, to want to touch and hold each other, then you must present it is as inherently sinful and potentially dangerous. The Puritans and Jean-Jacques Rousseau would say as much. The perceived enemy of the righteous in the fifteenth century, then, was worldly pleasure, and the theme is taken up constantly in works of the time aimed at encouraging moral self-improvement. According to the serious-minded Jehan Regnier, writing in the 1430s :

> Plaisirs mondains souvent si font
> Plaisir au corps, dommage a l'ame,

---

[7] See his opening remarks to the chapter 'De la solitude' in Book I, ch. XXXIX of the *Essais*.
[8] In Book I, ch.XXXIV, 'La Fortune se rencontre souvent au train de la raison'.
[9] Wéry, *La Danse écartelée de la fin du moyen âge à l'âge classique,* p.121.
[10] Wéry, *La Danse écartelée de la fin du moyen âge à l'âge classique*, p.153.

> Car il les mect si tresparfond
> En lieu plain de feu et de flamme
> Qui le corps et l'amë enflamme.
> Compter fault après la despence,
> Car gesir fault dessoubz la lame :
> Il est sage qui bien y pense.
>
> Qui bien y pensë et souvent
> Advis m'est que c'est grant prudence,
> Car ce monde cy n'est que vent.
> Se des biens y a habondance,
> Si fault il aller a la dance
> De Macabré la tresdiverse ;
> Il convient que chascun y dance ;
> Tresbien dance qui point ne verse.
>
> Qui point ne verse a la renverse
> Si fault il gesir dos envers,
> Il n'y a destour ne traverse,
> Car tous serons mangez de vers.
> Pelerins estans a Nevers,
> Pensez au temps qui après vient,
> Et veuillez bien noter ces vers,
> Car une fois mourir convient.[11]

Disapproval of 'plaisirs mondains', slyly linked here with a *memento mori* and a reminder to the prosperous and happy that they have most to lose from death, is a leitmotiv of the theologically orthodox writings of the period, bordering on an obsession. There would have been little need to harp on about it if it had not been so prevalent. Clearly some people were having a disgustingly good time. The same theme recurs in numerous works later in the century, which suggests that things showed no signs of improvement. Guillaume Alexis calls on his readers to renounce the good life of fun and parties (associated pointedly with dancing...) in order to please God. The would-be upright citizen must :

> Toutes folles acoustumances,
> Jeuz, bancquetz, tabourins et dances
> Habandonner, pour a Dieu plaire.[12]

---

[11] Jean Regnier, *Les Fortunes et adversitez*, texte publié par E. Droz (Paris 1923), p.216, vv.61-84.
[12] Guillaume Alexis, *Œuvres poétiques*, ed. A.Piaget et E.Picot, 3 vols (Paris 1896-1908), i.237, vv.1246-1248.

At the very end of the fifteenth century, Eloy d'Amerval, who describes himself as a 'venerable prestre plain de prudence', wrote a lengthy guide to virtuous living ambiguously entitled *Le Livre de la Deablerie* (published in 1508), which paradoxically provides us with a lively portrait of the social mores of the time. Lucifer, Prince of Hell, and his representative on earth, Satan, complacently discuss – with hundreds of juicy examples – the success of their wickedness. Whether it was the author's intention or not is irrelevant to our purposes, but the text, written in a lively and demotic (often vulgar) style, gives a comically clear idea of some of the preoccupations of the time among those who would aspire to live wisely. It is only natural that over-indulgence in food and wine, in too great an interest in clothes and fashion, in flirting and evil thoughts, should get a lot of attention. 'Banquets', which did not yet have the meaning of grander and more formal social events it was to take on later but referred to parties of people simply joining together to eat, drink and enjoy themselves, are seen as a focus of infection when it comes to encouraging loose behaviour, leading inevitably to a loss of inhibition and, among other reprehensible things, to 'regardz impudicques' :

> La sont noz amoureux malades
> Et gettent les doulces oeillades
> Sur elles, je l'enten ainsi.
> Si font elles sur eulx aussi,
> Il ne faut point autrement dire.[13]

Say no more, indeed. Once the tables are cleared, the company can think of only one thing – dancing :

> Pour recreacion
> Mes mignons, ce dois tu penser,
> Mainent mes mignongnes dancer
> Gentement, non pas en lourdois,
> Tenans l'ung l'autre par les dois.

---

[13] Eloy d'Amerval, *Le Livre de la deablerie*, ed. Robert Deschaux et Bernard Charrier (Genève 1991), p.332, vv.7925-7928. The chapter headings (pp.328-338) of this section of his diatribe amply illustrate both tone and content : 'Comment Sathan se mocque des banquets des mignonnes du temps present', 'Comment l'acteur reprent les regardz impudicques des banquetz', 'Comment l'acteur loue femmes prudentes qui scevent leur entregens', 'Comment l'acteur parle des dances qui se font après la reffection des mondains'...

> La peut on veoir, ainsi m'aid Dieux,
> Qui dance et marche aussi le mieulx;
> Car chascun d'eulx d'ung grant vouloir
> Taschent a se faire valoir.[14]

So all the dangers signs are there : food, drink, flirting, all ending up with dancing, which encourages physical contact and a desire to show off. What is more (and this appears to be especially unacceptable) these 'mignons' seem to be light on their feet and well practised in the art of dancing. But there is, of course, worse to come. The dancing will get out of hand, musicians will spur them on to 'grant resbaudissment'. Shameless enjoyment all round can lead to only one thing :

> Voila le passe temps joyeulx
> Et l'esbatement de mes dames,
> Qui sont lors en leur haultes games.
> Il n'est rien qui leur plaise tant,
> Et Dieu scet comment vont saultant.
> C'est ung bruyt, ung songe, ung deduyt,
> Car le corps a cela se duyt.
> Sont fort serrees et estraintes,
> Voire, et a l'aventure ensaintes !
> Note ce mot; je ne dy rien,
> Lucifer, mais je m'enten bien.
> Grans maulx souvent en sont venus,
> Que j'ay veuz et bien retenus,
> Par le moyen de tel follie.
> On peut bien estre trop jolie.[15]

There is an unassailable logic to it all. This macabre procession goes from the table to the dance floor, to the... unwanted pregnancy. There is no mistaking the note of malevolent misogyny about the concluding remark.

Writing in a similar vein and at about the same time (1503-1505), the censorious Nicolas de la Chesnaye draws very similar conclusions in his *La Condamnation de Banquet* to those of Eloy d'Amerval. This piece is presented 'en forme de moralité' in praise of 'Diette et Sobriété' and against the usual suspects, gluttony,

---

[14] D'Amerval, *Le Livre de la deablerie*, p.336, vv.8060-8068.
[15] D'Amerval, *Le Livre de la deablerie*, pp.337-338, vv.8092-8106.

drunkenness, etc., etc. It goes without saying that the author looks askance at dancing. The allegorical characters of Soupper, Bonne Compagnie, Passetemps and the others will end the play appropriately chastened, and forcibly won over to orderly living, while Banquet will be put to death. In the meantime, it is all wine, women, and song ; and dance, as a drinking song they strike up makes clear :

> Dançons, ryons,
> Sans nul soucy;
> Chantons, bruyons,
> Dançons, ryons,
> Douleur fuyons,
> Et paine aussi;
> Dançons, ryons,
> Sans nul soucy !
> Ne se doit il pas faire ainsi,
> Qui peult et qui a l'aisement ?[16]

The author's answer to the above question would be otherwise. Dance, laughter, song and a carefree attitude to life are not the attributes of the clean living and are to be shunned. Brought face to face with his confessor at the foot of the scaffold, Banquet admits that :

> J'ay tousjours fait quelque finesse
> Devers le soir en mes repas,
> J'ay fait dancer le petit pas
> Aux amoureux vers moy venus
> Et puis, sans ordre ne compas,
> User des oeuvres de Venus.[17]

The implication is, as before, that the 'banquet' leads to dancing and, eventually, to sinful behaviour. The moral of the story is that :

> Le Banquet n'est point proufitable,
> Car il nuyt et corrompt nature.[18]

A very clear picture thus emerges. Numerous contemporary texts make the same point. But why should this be so, and at this

---

[16] Nicolas de La Chesnaye, *La Condamnation de banquet*, ed. Jelle Koopmans et Paul Verhuyck (Genève 1991), p.103, vv.597-606.
[17] La Chesnaye, *La Condamnation de banquet*, p.267, vv.3381-3386.
[18] La Chesnaye, *La Condamnation de banquet*, p.281, vv. 3614-3615.

particular time ? One reading of the social history of the late fourteenth and fifteenth centuries is that the survivors of plague and social upheaval were possessed with a renewed vigour for the joys of existence. If, as seems possible, there was among survivors a marked lust for life in the wake of the horrors of plague and war, the need for these warnings is obvious. What is more, there is plenty of evidence to suggest that from the middle of the fifteenth century good times had, at least for some, returned.

According to the disapproving, as we have seen, any indulgence (inevitably always an over-indulgence) in food and drink leads to a wish to dance and to disport (very much a word of the times) oneself. Proverbial wisdom had it that 'la dance vient de la pance'. Shamelessly replete with food and drink and consequently aroused, people will want to let themselves go and, in the eyes of the abstemious, let themselves down. In its innocuous form, this common proverb, frequently found in late-medieval and sixteenth-century texts and apparently still used today, could merely mean that a good meal leads to merriment.[19] But proverbs are hardly ever innocuous. One commonly finds this proverb in the form of 'après la panse vient la danse', as it does in one manuscript of Villon's works. It might appear to come to the same thing, except that the word 'danser' and its derivatives frequently have an added meaning of sexual intercourse. Villon enjoys playing on this ambiguity :

> Bien est ver(i)té que j'é aymé
> Et aymeroye voulentiers;
> Mais triste cueur, ventre affamé,
> Qui n'est rassassïé au tiers,
> M'oste des amoureux sentiers.
> Au fort, quelc'um s'en reco[m]pence
> Qui est remply sur les chantiers,
> Car de la pance vient la dance ![20]

---

[19] Pierre Enckell, in his *Le Dictionnaire des façons de parler au XVIe siècle : La lune avec les dents* (Paris 2000), p.198, renders it as 'un bon repas dispose à la joie'. It is interesting to note that the examples provided by James Woodrow Hassell, Jr. in *Middle French proverbs, sentences, and proverbial phrases* (Toronto 1982) all date from the second half of the fifteenth century or the beginning of the sixteenth (p.190).
[20] Villon, ed. cit., p.94, vv.193-200.

This huitain is rendered in his recent modern translation by Jean-Claude Mühlethalter as follows :

> Il est vrai que j'ai couru les filles
> et ferais volontiers encore l'amour,
> mais un cœur triste, un ventre affamé,
> à peine rassassié au tiers,
> m'éloignent des chemins amoureux.
> Eh bien ! qu'un autre en profite
> qui est plein comme une barrique :
> c'est de la bouffe que vient la baise !

Mühlethaler's translation of verse 200 – 'Car de la pance vient la dance !' – with the deliberately vulgar 'c'est de la bouffe que vient la baise' points up the implicit meaning of 'dance' in this context. Villon bemoans the fact that his weakened physical condition after five years of painful exile from Paris means that he is no longer much suited to sexual activity. He is no longer fit, he ruefully muses, for that particular 'dance'. In all likelihood, he was anything but self-denying in that respect, but the fact that he can make ironical use of the proverb in a self-consciously scurrilous context proves that its meaning (and his playful interpretation of it) will be immediately understood by his original readers. As far as bodily needs is concerned, the equation as it is normally defined is simplicity itself : the enjoyment of food and drink leads to an appetite for dancing, which leads to an appetite for sex. Perhaps the moralist would take it further and add that this urge, if not firmly controlled, leads to death. Their reasoning is, in a word, macabre. The wish to ram the message home was such that in the later fifteenth century the danse macabre may have been acted out or mimed in order to frighten onlookers into righteousness. But it is hard to imagine the precise circumstances in which such tickings-off could have taken place, especially as records of their existence are sparse and ambiguous. It is a pity that the *Farce de la Danse Macabre* mentioned by Howard Mayer Brown in a rather curious text from the later fifteenth century has not survived.[21] Was it a parody perhaps of the danse macabre ?

---

[21] See Howard Mayer Brown, *Music in the French secular theater, 1400-1550* (Cambridge MASS. 1963), p.157. Unfortunately, the reference from a sottie in *Le Recueil Trepperel*, datable to around 1480, is too ambiguous to allow any firm conclusions to be drawn from it. Brown's book is a mine of information on music in

Playing death for laughs ? Or is at an ironical reference to a dance which never existed as such, and even less a farce ? In any case, the passage - apparently a scene from a bookseller's shop - makes it clear that the work is not available. Perhaps for a very good reason...

Those who wrote for the comic theatre of the time generally had other ideas than dwelling on the fear of death. By performing in, or even by simply enjoying watching farces, men may have come to see themselves as being on the fringes of respectable society, taking pleasure in seeing a world upside down being put to rights by foolish laughter. François Villon certainly belonged to that fringe, consciously linking his own fate to those who live on the edge. Prominent among these are the 'danceurs' he appeals to in his 'Espitre a ses amis' not to forget him while typically having fun, dancing and singing :

> Danceurs, saulteurs faisans les piez de veaux,
> Vifz comme dars, aguz comme aguillon,
> Gousiers tintans clers comme gastaveaux.[22]

The mock-moralist Guillaume Coquillart similarly addresses in the prologue to the *Droitz nouveaulx*, his satirical review of the way of his particular world, those he sees as being at the heart of the new frivolity. These are the

> Frisques mignons, bruyans enfans,
> Monde nouveau, gens triumphans,

who hold sway in the prosperous Paris of the late 1470s. He also singles out for praise, from the very outset, the 'mignonnes dancerresses', the 'tresplaisantes bavarresses', in other words those young women who love to dance and to gossip. He thereby sets the tone for his work, advertising it as a guide to the new counter-morality of the age. This is a world where anything goes and where conventional moral attitudes are turned on their heads. Dancing, and the behaviour that goes with it, is at the centre of this new world.[23] A

---

the the French theatre of the fifteenth and early sixteenth centuries ; see especially ch.IV : Instrumental and Dance Music (pp.140-168).

[22] Mayer Brown, *Music in the French secular theater*, p.202, vv.2031-2033.

[23] Guillaume Coquillart, *Œuvres*, ed. M.J. Freeman (Paris and Genève 1975), p.127, vv.1-2 and pp.130-131.

gathering of young people-about-town is livened up by the arrival of 'quelque tabourin ou bourdon' who will be encouraged to 'dancer ung tourdion', the most physically animated of all the dances and one whose name inevitably gives rise to an innuendo. Elsewhere there are references to a morisque, to basses danses, to branles. Dancing was not just for the wealthy and the stately. Those who imagine themselves to be rising up the social ladder, the 'gorgias et danceurs' who wear only the very latest fashions in clothes and jewellery, insist on cavorting exclusively to the most up-to-date dances and 'se courroucent au tabourin' if the musicians get it wrong.

The fifteenth century, even at the height of the Hundred Years' War, liked to entertain itself with great occasions. Dances performed by skilled amateurs or semi-professional dancers inevitably formed part of these festivities. The lavish courts of a René d'Anjou at Saumur and Tarascon, or those of the dukes of Orléans, Bourbon and Berry in their castles, not only provided entertainments but also provided an opportunity for the aristocratic elite to glide over the dance floor in basses danses. Interestingly, it was in the middle of the fifteenth century that polyphonic dance music seems to have developed to a large extent. No more so than in the splendid courts of the Dukes of Burgundy during the long reign of Philippe le Bon. The most spectacular of his many extravaganzas was no doubt the Feast of the Pheasant held in Lille in 1454, at which exhibitions of elaborate dances took place. It is clear, however, that the pleasure of dancing had percolated down the social scale and perhaps lost some of its decorum on the way.

At the other end of the scale from these grand and elaborately orchestrated occasions there were recitals and small theatrical events such as farces, part of the repertoire of strolling players on makeshift stages. They would take their open-air theatre from town to town, and were sometimes called upon to enliven an evening's entertainment at the house of a wealthy lover of laughter. All with a view to 'exciter le monde à rire' as, Rabelais would have us believe is the purpose of 'la littérature joyeuse' in writing his gargantuan chronicles. Farces, frequently described as 'bonnes et fort joyeuses', often mention dances, and sometimes end with a 'chanson' and a dance.

Among these popular entertainments were what have come to be known as 'monologues dramatiques'. By the very nature of things we are not well informed about the organisation of private functions and parties, what the fifteenth century called, perhaps confusingly, banquets. As we have seen, 'banquets' were not necessarily grand affairs but simple social gatherings which might involve family members or companions from guilds and corporations. At weddings a mock sermon or 'sermon joyeux' might be performed. Then, as is often still the case on such occasions, the expression of a general satisfaction with life and with the quality of the food and wine consumed naturally led to a wish to take the floor and dance one's cares away.

Guillaume Coquillart is the most famous writer of dramatic monologues, most of which are anonymous. Born around 1450 and intimately involved with the law students' theatre known as the Basoche in his late twenties and early thirties, he seems to have composed and no doubt recited monologues during his youthful Paris days. The routine may not have differed all that much from that of a stand-up comedian today. It may have been a way of 'warming up' an audience before a longer and semi-serious play such as a morality. There is some evidence that it formed part of a social event which included public dancing. Monologues rarely exceed about five hundred verses and are clearly meant to be played for laughs. Coquillart is the author of one monologue which has survived and was included in the editio princeps of his works around 1513, but others were attributed to him and may well be in one or two cases authentic. At all events, his name was frequently associated with them.

In the monologues written in what was seen to be his style, a budding Lothario relates his amorous adventures in a tone which veers from self-congratulatory to self-deprecating. Variously described as 'ung fin mignon', a 'gorgias', a 'fringant', a 'fricquet', a 'gorrier',[24] the young man amuses his audience by boasting about his exploits before being brought down to earth by some mishap, usually the result of his own presumptuousness. In the one monologue which can be ascribed to Coquillart with some certainty, he muses on how best to woo young women :

---

[24] All these words, taken from Coquillart, are used to describe the elegant young men of the time in numerous contemporary texts. Similar terms exist ('gorgiase', 'gorriere', etc.) for their female equivalents.

> Vous semble il point que pour dancer,
> Fluter, ou pour parolles fainctes,
> Pigner, mirer ou s'agencer,
> Ung homme se peult advancer
> A parvenir a ses actaintes ?
>
> Vous semble il que pour mignotis,
> Aulbades, virardes et tours,
> Entre nous, mignons fringantis,
> Plaisans, gorgias et faictifz,
> Puissions jouyr de noz amours ? [25]

It is clear from the start that dancing, along with sweet words and fine clothes, is to be part of his armoury of seduction. He tells us how he intends to take advantage of the husband's absence to spend the night with the object of his desire, only to end up hiding in the loft when the husband returns home unexpectedly. But the tale finishes on a happy note, as the lady promises him that another opportunity will soon present itself. He rounds off his performance by triumphantly calling on the tabourin to strike up 'Le petit rouen', a basse danse, and presumably inviting his audience to participate.

In the *Monologue du puys,*[26] attributed to Coquillart in later (from 1532 onwards) editions, fun is had at the expense of those who occupy a humble station in life but who dress up to go dancing and put on airs :

> Ilz ne demandent que les festes
> Pour aller aux nopces dancer,
> Faire les voustes et saulter,
> Affin qu'on die : 'C'est-il, c'est mon,
> Par la mort bieu, il dance bien !'

Our hero recounts how he takes himself off to 'ung banquet' and, once on the dance floor, throws himself into having a good time :

> Quant nous fusmes tous en la salle,
> Qu'est il de faire ? De dancer -
> Et Dieu scet se on faict la galle
> A mener dancer ces bourgeoises !

---

[25] See the *Monologue Coquillart* in *Œuvres*, pp.272-299 (here, p.272, vv.1-10).
[26] *Œuvres*, pp.300-316.

Clearly pleased with himself and his prowess as a dancer, he allows himself to criticise others :

> L'ung est trop grand, l'autre petit,
> L'ung est trop lourt a desmarcher,
> L'autre a failly bien de deux pas,
> L'ung n'y scet rien ne hault ne bas,
> Et l'autre, se n'est q'un lourdault ;
> Il la meine trop lourdement,
> Et fait ses saulx ung peu trop hault.

But, in comic works of this sort, pride inevitably comes before a fall. On committing a social faux pas with a lady whom he inadvertently insults and who therefore refuses to dance with him, he prefers to withdraw and seek solace with his mistress. As in the other monologue, things do not go according to plan there either, and he is obliged to hide ignominiously in a well (hence the title) when the husband returns. Nevertheless, the piece ends with the author/actor adopting a philosophical approach to the difficulties facing him and other 'gallans amoureux' who pursue 'ceste folle vie mondaine'and calling for a basse danse to round things off :

> Aufort n'en parlons plus meshuy,
> Donnés moy une basse dance !

In another monologue thought to be by Coquillart, the young 'amoureux', wishing to impress, takes to the floor :

> Or estoit ma fin principalle
> De mener ma dame dancer.
> Et pource que devez penser
> Qu'encor a dancer j'apprenoie,
> Priay qu'on voulut commencer
> Une dance que je savoie.
> Lors, le grant desir que j'avoie
> De mener celle que je dy,
> Meslé d'une nouvelle joie,
> Me faisoit estre plus hardi.

Unfortunately, his enthusiasm and inexperience get the better of him and he manages to send a shoe skidding across the room, much to the amusement of the company. He beats a hasty retreat.[27]

The world of the dramatic monologue as portrayed by Coquillart is one of 'deduys delicieux', delicious fun where the worst thing that can happen to a young man is to be frustrated in his pursuit of pleasure and to have to postpone his enjoyment of his mistress until a slightly later date. As the protagonist of another monologue attributed to him complacently remarks, can one imagine anything more delightful than to be surrounded by attractive women ('Tant gorgiases, tant joieuses') also intent on having a good time ?

> Qu'esse que d'estre entretenu
> Parmy dames si gracieuses,
> Amygnoté et soustenu –
> Sont ce point fortunes eureuses ?
> Tant gorgiases, tant joieuses,
> Rire, gaudir, galler, dancer :
> En effet les plus sumptueuses
> Que jamais on sauroit penser.

Dancing is at the centre of this frivolous and apparently amoral existence. It is spelt out for us by our 'amoureux' who, on leaving university, embarked on a life of song and dance... :

> Mais moy, je m'en allay en court,
> Tenir mes jours, faire du gourt,
> Suivre la court, sercher plaisance,
> Et, pour le procez faire court,
> N'appetoie que chant et dance.

Youth and its carefree pleasures seem to be synonymous with dancing and having fun.[28] Of course, life was not all beer and skittles at the end

---

[27] In this monologue, the *Monologue du baing*, the 'amoureux' is also forced to flee an irate husband. His story has less of a happy ending, however, as he ruefully comments in his concluding remarks to his audience. Mistaking a bathtub for a bed, he spends a wet and miserable night before managing to escape. He vows to give up the 'miserable vie' of a serial seducer and to become 'plus sage'. Even if this monologue (known to us only in an eighteenth-century manuscript) is not by Guillaume Coquillart himself, it clearly dates from the same period and the same milieu. See *Œuvres*, pp.339-353.

of the fifteenth century, but there is plenty of evidence, if only we are prepared to look at it with an open mind, that it was not all funeral processions either.

In his satirical works and comic monologues, Guillaume Coquillart thus shows himself to be a witty and perceptive social observer, delighting in pricking the pretensions of those who, whether comfortably-off bourgeois or venal churchmen, saw the vie parisienne of their day as a stage on which to strut. Those whom he ironically calls 'noz grans gentilz hommes mondains' enjoy wearing the latest (ostentatiously expensive) fashions and displaying their dancing skills. In an amusing vignette, we are shown what happens when one of these pretentious young men seeks to dance above his station. As the only dance he knows is 'Filles a marier', he naturally asks the tabourin to play it for him so that he can sparkle. When the musician strikes up 'Ma maistresse' instead, he is left looking ridiculous :

> Et de fait, quant la dance cesse,
> Il demeure sur ung pas double.
> Dieu scet se il songe creux et trouble !
> Le povre danceur s'excusoit,
> Mais quoy ! il n'avoit pas ung double.
> Pour cela chascun s'en mocquoit. [29]

Nor does this malicious commentator on the social scene spare women and their foibles. Women are naturally seen as the promoters and adjudicators of social behaviour, as they will, incidentally, in Rabelais's Thélème some fifty years on. Coquillart's world is one in which women have a large say and in which (consequently ?) dance seemingly plays a big part. The Paris he describes and makes gentle fun of is one of shallow and capricious young women but also one of social climbers often living above their means, of hypocrites and snobs. His satire is one of an amused tolerance rather than bitterness,

---

[28] The *Monologue de la goutiere* is very much along the same lines as the other 'monologues d'amoureux'. See *Œuvres*, pp.354-363. Unfortunately, as the manuscript is incomplete, we cannot know the eventual (but reasonably predictable) outcome.

[29] The scene is amusingly described in the *Droitz nouveaulx* (*Œuvres*, pp.205-207). Coquillart's tongue-in-cheek advice to all tabourins is to make sure that they have the interests of the dancers at heart, so that even the clumsiest novice can appear in the best possible light, 'En façon que les gens diront / Que c'est ung notable danceur'.

and, unlike the moralists of the time, he is very much in favour of 'mondaines plaisances' and the largely harmless havoc they cause.

Our promenade through some less familiar but socially indicative works of the fifteenth century leads us to conclude that there never was a 'danse macabre', at least in the manner that has sometimes been casually assumed, but that there was a pronounced appetite for enjoyment in the form of good food and drink... and dancing. There would appear to have been no grisly performances, nor funeral processions accompanied by grotesquely dressed mourners indulging in mock grief or schadenfreude. There was no fifteenth-century Saint-Saëns lurking in the wings. As Jelle Koopmans points out : 'La présence de la mort visualisée comme squelette, empruntée sans doute aux danses macabres, est un poncif, bien que les rapports entre la danse macabre comme thème visuel et l'éventuelle existence d'une réelle danse soient sujettes à discussion'.[30] And even if (and it is a big if) there ever was some theatrical representation of what was essentially a visual and didactic motif, the evidence for it remains tantalisingly imprecise. At the whim of a lord such as the Duke of Burgundy a version of it might have once or twice been acted out, but the real theatre of the danse macabre was on the backdrop to graveyards and cloisters such as the Innocents in Paris or at the Chaise-Dieu (which still exists, and strikingly so) in the Auvergne. There were many others.

We shall never be sure of the exact etymology of macabre (or macabré), and in a way it does not matter very much. As for the image of the dance, it was probably used to mean life in general, as we have seen. By a process of slippage, this metaphor came to be associated with a life of debauchery and loose morals. The deadly sin of *luxuria* was only a dance-step away. Thus dance leads not to pleasure (often more specifically physical pleasure), the story goes, but to the grave. A place where none embrace. With a distinct touch of sadism, the moralist reminds us that even the powerful and the rich – and even the most beautiful – are subject to this inexorable law.[31]

---

[30] See 'L'Amour qui lie et la vanité du monde : danse, théâtre et iconographie', in *Sô wold ich in fröiden singen. Festgabe für Anrhonius H. Touber zum 65 geburtstag* (Amsterdam 1995), pp.285-295 (p.285).

[31] It is worth noting that the *Dance macabre des femmes*, which would appear to date from the 1480s, is particularly harsh and unforgiving.

The 'danse macabre' can be seen as forming part of the ecclesiastical ideology of the period and constituting a repressive idiom in a world given over to enjoyment and to a renewed joie de vivre which appeared to threaten the social fabric of society and religious conformism. Guillaume Coquillart's good-humoured monologues are a testimony to another aspect of this world. It is unlikely that the supercilious gigglers whom he portrays in his delightfully guilt-free Paris and who make fun of those hapless individuals who cannot make their way in it gave too much thought to the hereafter, until it was too late perhaps. This is an era often referred to as the waning of the Middle Ages;[32] in fact it is one which was dangerously (if almost frenetically) fun-loving. The aristocracy pursued its favourite pastimes of hunting, gambling, dalliance and... dancing. The emerging bourgeoisie of big cities like Paris revelled in their new-found prosperity and strove to ape their social superiors. For those who looked on these developments with distaste, the perfect antidote to this joyful acceptance of life was to be found in providing the many others who were prone to indulge themselves in the things of this world (whether the exercise of power or revelling in the pleasures of the flesh) with an awful warning. The 'beau seizième siècle' will dance to a different tune.

---

[32] Huizinga's famous book has now (since a new translation in 1996) been given a more appropriate title : *The Autumn of the Middle Ages*. The truncated version of the original Dutch work, with its misleading reference to 'waning', had the effect of seriously distorting the author's view of a complex period in French and 'Burgundian' history.

Dancing your way out of a tight corner :
Reflections on dance in sixteenth-century France

Stephen Bamforth, University of Nottingham

Abstract :

Towards the end of May 1562 the ten-year old Agrippa d'Aubigné found himself dancing a galliard in unusual circumstances. Taking this as my starting point, this paper is an overview of the fluctuating fortunes of dance in the sixteenth century, taking into account the evolution of dance styles but also (and principally) the passions (in both senses of the word) aroused by dance. From peasant merrymaking *à la rabelaisienne* to the quasi-divine vision of Ronsard's Hélène, dance bridges the popular and the learned, and even makes man one with the stars. But dancing, banned by public decree in 1561, is also a 'forbidden art', and the subject of a furious polemic, which I explore principally through three texts, the *Orchésographie* of Thoinot Arbeau (1589), the *Choreïde* by Berenger de la Tour d'Albenas (1556), and the *Traité des danses* of Lambert Daneau (1579). One man's 'chirosophe' is another's 'dansereau', and dance is variously condemned as lubricious and unchristian while being praised as good for the health and 'love's proper exercise'. D'Aubigné's galliard has more to it than meets the eye.

Let me first tell a story to show how in the sixteenth century it might indeed be possible to dance your way out of a tight corner. The time is June 1562, and the context that of the opening years of the French Wars of Religion. The text is the autobiographical *Sa Vie à ses enfans* by the Protestant writer Agrippa d'Aubigné. The abortive conspiracy of Amboise was fresh in the memory,[1] and the massacre of Vassy, in which the troops of Guise had slaughtered Huguenot men, women and children while they were at worship had taken place barely three months before.[2] On May 26-27 decrees had been issued by the Parlement de Paris expelling all Protestants from the capital,

---

[1] See the opening passage of *Sa Vie à ses enfans* (Agrippa d'Aubigné, *Œuvres*, ed. Henri Weber, Paris 1969, p.385-86), in which d'Aubigné tells how his father had made him contemplate the severed heads of the Amboise conspirators, and swear eternal vengeance.
[2] On 1st March 1562.

and d'Aubigné, who had been a pupil of the Calvinist humanist scholar Mathieu Béroalde, was fleeing Paris with Béroalde's family and his other pupils.[3] As the band passed through Courances, a village some 50 kilometres to the south of Paris, they were stopped, according to d'Aubigné, by a group of soldiers a hundred strong, and commanded by the chevalier d'Achon. They were detained, interrogated and imprisoned, and feared they were to be killed. D'Aubigné recounts what happened to him next (p.386-87) :

> L'inquisiteur l'interrogua à part, non sans colere de ses responces : les Capitaines qui luy voyoient un habillement de satin blanc, bandé de broderie d'argent, et quelque façon qui leur plaisoit, l'amenerent en la chambre d'Achon où ils luy firent voir que toute sa bande estoit condamnee au feu, et que il ne seroit pas temps de se desdire estant au suplice : il respondit que l'horreur de la Messe luy ostoit celle du feu. Or y avoit il là des violons ; et comme ils dançoyent, Achon demanda une gaillarde à son prisonnier, ce que n'ayant point refusé il se faisoit aimer et admirer à la compagnee, quand l'inquisiteur avec injures à tous le fit remener en prison.

So far as I know, the anecdote has not previously attracted comment, and yet it is clearly rather a strange one. Dance – and a lively dance at that, the galliard – makes a sudden and unexpected appearance in a context of high drama. We might wonder where the musicians have suddenly come from ; but what strikes above all is the incongruous juxtaposition of the threatening inquisitor and the menace of death at the stake on the one hand, and on the other the young d'Aubigné – he was only ten at the time – finely dressed in his silver-embroidered white satin, stepping out to dance his galliard with his captor. It becomes more incongruous still if we think of what an odd couple they must have made. Thoinot Arbeau, whose *Orchésographie* of 1589 is one of the best-known treatises on dance in the sixteenth century, warns explicitly against attempting the galliard if the partners are of unequal sizes :

> La gaillarde est appellee ainsi, parce qu'il fault estre gaillard & dispos pour la dancer : Et combien qu'elle se dance par une pesanteur raisonnable, les mouvements y sont gaillards : Car il la fault plus pesante pour un homme de

---

[3] For further details of this episode, see A. Garnier, *Agrippa d'Aubigné et le parti protestant*, 3 vols (Paris 1928), i.47-49. It is corroborated by Mathieu's *Livre de raison*, for which see below. The event was also a defining one in the childhood of Mathieu Béroalde's own son, the future François Béroalde de Verville.

grande stature, que pour ung petit : D'aultant que le grand mect plus de temps à faire ses pas & à getter & retirer ses pieds que le petit.[4]

We can only hope that d'Aubigné would have known instinctively what Arbeau later advises the novice dancer to remember :

> Quand vous dancerez en compagnie ne baissez point la teste pour contrerooller voz pas & veoir si vous dancez bien : Ayez la teste & le corps droit, la vheue [sic] asseuree, crachez & mouchez peu, & si la necessité vous y contrainct, tornés le visage d'aultre part & usez d'un beau mouchoir blanc : Devisés gracieusement, & d'une parole doulce & honneste, vos mains soient pendants, non comme mortes, ny aussi pleines de gesticulations, & soyés habillé proprement & nettement, avec la chausse bien tiree, & l'escarpin propre.[5]

Happily, as we have just seen, d'Aubigné did remember to pay attention to his dress. But it is reasonable to suspect that the whole affair was stage-managed. Reading the continuation of the story, we find that the dance episode was followed by further threats, and that the prisoners were even shown the executioner making his preparations for the morning. But in the end all turned out happily. Two hours later, one of Achon's men comes to find the prisoners, kisses d'Aubigné on the cheek, and confesses to Mathieu Béroalde 'Il faut que je meure ou que je vous sauve tous, pour l'amour de cet enfant'. A bribe, and the sacrifice of all their goods and baggage, is all that is then needed for the group to make good its escape.[6]

In other words, money was probably the object of the whole exercise. However, we know that the ambush at Courances was a real event, since Mathieu Béroalde records it in his manuscript journal, the *Livre de raison*.[7] There is no mention of the dance episode in Béroalde's account, but, given that d'Aubigné's text was written as a memoir for his children, and not intended for publication, there is no reason for him to have invented it.[8]

---

[4] *Orchésographie et traicté en forme de dialogue, par lequel toutes personnes peuvent facilement apprendre & practiquer l'honneste exercice des dances. Par Thoinot Arbeau demeurant a Lengres* (Lengres, Jehan des preyz, [1579]), f.39vo.

[5] *Orchésographie*, f.62vo – 63ro.

[6] See D'Aubigné, *Sa Vie à ses enfans*, p.387.

[7] See BNF ms Dupuy 630, f.179 ro.

[8] The work did not appear in print until 1729, when it was published by le Duchat under the title of *Histoire secrète* (for further details, see Agrippa d'Aubigné, *Œuvres*, p.1199).

D'Aubigné succeeds, then, in dancing his way out of a tight corner. On the other hand, given his rigidly Protestant upbringing, it is perhaps surprising that he should have been such a proficient dancer to begin with. It is even the case that had his audience been larger, he would have been on the wrong side of the law ; just one year before, at the Estates-General of Orléans, dancing in public had been banned throughout the kingdom, and in securing this interdict the role of d'Aubigné's co-religionaries had been central.[9] If it is true that for d'Aubigné dance afforded a lucky means of escape, Renaissance dance in a more general sense is a subject which could – and did – stir the passions.

The literary and social context of dancing

From the beginning dance had been a controversial subject. One of the most-quoted texts by Renaissance apologists of dance is Lucian's treatise *On Dance*,[10] and in it the satirist makes clear that the origins of dance are intertwined with those of the universe itself :

> The best antiquarians […] trace dancing back to the beginning of the universe ; it is coeval with that Eros who was the beginning of all things. In the dance of the heavenly bodies, in the complex involutions whereby the planets are brought into harmonious intercourse with the fixed stars, you have an example of that art in its infancy.[11]

In contrast, in a passage equally often cited by Renaissance critics of dance, Cicero, called upon to defend the consul-elect Murena against

---

[9] See Marie-Madeleine Fontaine, 'La danse dans la littérature de 1572 à 1636', in *Libertés et savoirs du corps à la Renaissance* (Caen 1993), p.13, 20 : 'Defendons à tous les Juges permettre qu'és jours de Dimanche et Fêtes annuelles et solennelles, aucunes foires et marchés soient tenus, ni danses publiques faites' (*Ordonnances du Roy Charles IX, leuës et publiées en la Court de Parlement à Paris le samedi treizième jour de septembre 1561*, Paris, Dailler, 1561, article XXIII). The Calvinist writer Lambert Daneau quotes the edict approvingly in his own *Traité des danses auquel est amplement resolue la question, asauoir s'il est permis aux Chrestiens de danser* (Geneva, François Estienne, 1579), p.103-104.

[10] On the attribution of the work, see Margaret M. McGowan, *L'Art du ballet de cour en France, 1581-1643* (Paris 1963), p.14 note 9. The treatise was translated into French by Filbert Bretin in 1582 (Paris, Abel l'Angelier).

[11] Text as quoted in Nan Cooke Carpenter, *Rabelais and music* (Chapel Hill 1954), note to p.130.

the charge of bribery, cites amongst other accusations made against him that of having danced in public ; he argues for Murena's innocence on the grounds that no sane man would ever think of doing any such thing.[12] These controversies have in no sense dimmed by the time of the Renaissance. Partly, this is because of the vigour with which dance itself develops in the sixteenth century ; in the words of a recent article, 'la danse a connu pendant la Renaissance un développement extraordinaire dans tous les états de la société, plus peut-être qu'à aucune autre période'.[13] Two distinct strands are at stake here. One is an evolution in the social status of dance, and the other is the evolution of dance forms themselves.

Renaissance theorists such as Arbeau, following the example of Lucian, emphasize the divine origins of dance,[14] and one oft-cited myth relates the origin of the art to the survival of the father of the gods himself. According to this story, Jupiter would have been eaten alive by his father Saturn, as each of his siblings had been, if the *Curetes* through their dancing and clashing of shields had not managed happily to distract his father's attention. Sir Thomas Elyot's *The Book named the governor*, which itself relates this story,[15] devotes a sequence of chapters to dancing presented as no less than the embodiment of the moral virtues themselves (I.xix-xxvi). To practise or even merely to behold dancing, according to Elyot, is a preparation for the study of virtue, and a training for nobility itself (I.xxii, p.79) :

> And because that the study of virtue is tedious for the more part to them that do flourish in young years, I have devised how in the form of dancing, now late used in this realm among gentlemen, the whole description of this virtue

---

[12] 'Nemo enim fere saltat sobrius, nisi forte insanit, neque in solitudine neque in convivio moderato atque honesto' (Cicero, *Pro L. Murena Oratio*, VI, 3).

[13] Fontaine, 'La danse dans la littérature', p.13.

[14] See Arbeau, *Orchésographie*, f.2vo.

[15] See Sir Thomas Elyot, *The Book named the governor*, I.xx, ed. S. E. Lehmberg (London 1962), p.71 : 'There be sundry opinions of the original beginning of dancing. The poets do feign that when Saturn, which devoured divers his children, and semblably would have done with Jupiter, Rhea the mother of Jupiter devised that *Curetes* (which were men of arms in that country) should dance in armour, playing with their swords and shields, in such form as by that new and pleasant device they should assuage the melancholy of Saturn, and in the meantime Jupiter was conveyed into Phyrgia, where Saturn also pursuing him, Rhea semblably taught the people there called *Coribantes* to dance in another form, wherewith Saturn was eftsoons demulced and appeased.' See also Sir John Davies , *Orchestra*, p.33.

prudence may be found out and well perceived, as well by the dancers as by them which standing by will be diligent beholders and markers, having first mine instruction surely graven in the table of their remembrance. Wherefore all they that have their courage stirred toward very honour or perfect nobility, let them approach to this pastime.

Dance, for that matter, was seen as no less than an imitation of the movements of the heavens. To quote Elyot once more (I.xx, p.73) :

The interpreters of Plato do think that the wonderful and incomprehensible order of the celestial bodies, I mean stars and planets, and their motions harmonical, gave to them that intensity and by the deep search of reason behold their courses, in the sundry diversities of number and time, a form of imitation of a semblable motion, which they called dancing or saltation ; wherefore the more near they approached to that temperance and subtle modulation of the said superior bodies, the more perfect and commendable is their dancing.

Dance is the organising principle of the cosmos itself, and even the definition of its existence. As the French poet Berenger de la Tour d'Albenas puts it in his *Choreïde, autrement, louenge du bal*, published in 1556 :

Les Cieus ont esté les premiers,
Et seront aussi les derniers,
Qui ont dansé, & danseront.
Et quand plus ce trein ne feront,
Quand plus ne verrons les adresses
Des sept planettes danseresses.
Leur acord, leur tour, leur cadance,
Et de tous points lairront la danse,
Tout mourra : car finie icelle,
Sera la fin universelle.[16]

The tradition is that of the cosmic dance, the 'bal des astres' evoked by Ronsard in a well-known passage of his *Hymne de la philosophie* :

Elle la premiere...
A sçeu comment tout le firmament dance,
Et comme DIEU le guide à la cadance,
A sçeu les corps de ce grand Univers,

---

[16] Berenger de la Tour d'Albenas, *Choreïde, autrement, louenge du bal : aus dames* (Lyon, Jean de Tournes, 1556), p.4-5.

Qui vont dançant de droit, ou de travers,
Ceux qui vont tost au son de l'harmonie,
Ceux qui vont tard apres leur compagnie,
Comme Saturne aggravé de trop d'ans
Qui suit le bal à pas mornes & lens.[17]

To cite just one further example, the belief that dancing re-enacts the motions of the heavenly spheres and that dance was first responsible for introducing harmony to the universe underlies the nascent *ballet de cour* at the end of the century. In the *Balet comique de la Reine* of Balthazar de Beaujoyeulx, performed in 1581, music and dance combine to recreate 'le son harmonieus de la dance celeste'.[18]

However, alongside this largely literary and philosophical theme lies the more immediate one of the elevation of the social status of dance itself. It is the Renaissance period which first sees the codification of dance, and the appearance of the first dance manuals.[19] The first known such manual is the manuscript *De arte saltandi et choreas ducendi* of Domenico da Piacenza, composed around 1450,[20] followed in 1455 by the *Libro dell'arte del danzare* of his pupil Antonio Cornazano.[21] The first printed dance manual appears in Paris in 1488.[22] From the fifteenth century onwards court dance and popular dance begin to take their separate ways. The direction of court dance becomes increasingly that of dance as spectacle. This is largely reflected in the evolution of dance-forms themselves. The predominant dance form at the end of the Middle Ages was the *basse-*

---

[17] *Hymne de la philosophie*, 11.87-94, in *Œuvres complètes*, ed. Paul Laumonier, 20 vols (Paris 1914-1975), viii.91.

[18] The phrase comes from the *Uranie* of du Bartas ; see *The Works of Guillaume de Salluste Sieur du Bartas*, ed. Urban Tigner Holmes, John Coriden Lyons, and Robert White Linker, 3 vols (Chapel Hill 1935-1940), iii.173. For the *Balet comique*, see *Le Balet comique by Balthazar de Beaujoyeulx, 1581*, a facsimile with an introduction by Margaret M. McGowan, MRTS (Binghamton NY, 1982).

[19] See Artur Michel, 'The earliest dance-manuals', *Medievalia et humanistica*, vol.III (1945), p.117-31 : 'The dance-manual, in the sense of dance-instruction combined with a collection of dance examples, is an invention of the fifteenth century' (p.117). I am indebted to Michel's article for the information in the paragraph which follows.

[20] BNF ms.ital.972.

[21] Vatican Library, codex Capponiano 203.

[22] *L'Art et instruction de bien dancer* (Paris, Michel Toulouze). A facsimile of the edition was published by Victor Scholderer in 1936 (for the Royal College of Physicians, London, British Library pressmark 07908 f.42).

danse, with its alternation of the toe-step, elevating the body, and the flat-step, lowering it once more. As its name suggests, this was an 'earthbound' dance, meaning that it was paced rather than leaped or skipped. Although its steps and movements, and the arrangement between them, were prescribed, the dancer was left considerable freedom in terms of the overall 'composition' of the dance ; like the music which accompanied it, the performance is likely to have been intuitive and spontaneous.[23] It is the *basse-danse* which continues to dominate in the early decades of the sixteenth century ; Rabelais, or his continuator, lists no less than 180 different *basses-danses* in chapter 32 of the *Cinquiesme livre*. However, it is to be noted that these apparently different *basses-danses* are listed according to the melody or tune to which they are danced ; in other words, the variation lies not in the dance as such, but in the way the music suggests a different interpretation of the dance to the dancer.

Quite different were the new courtly dances deriving from Italian folk-dance which were establishing themselves alongside the prevailing *basse-danse* over the first decades of the century. The most prominent of these were the new leaping dance the *gagliarda*, and the new striding dance the *pavana*. These were dances that had their own form, and that were danced for their own sake, not as fabrics to suit the imagination or ingenuity of the dancer. Evidence of their growing popularity in the late 1520's is afforded by the three collections of *danses et chansons* published by the Parisian printer Pierre Attaignant in 1529 and 1530, in which *pavanes* and *gaillardes* outnumber *basses-danses*.[24] As for the developing fashion for the galliard, we might note that Anthonius Arena, whose treatise on dance dates from 1529, refers to the dance as new,[25] while in 1589 Arbeau writes that 'les basse-dances sont hors d'usage depuis quarante ou cinquante ans'.[26]

In a word, dancing becomes a much more respectable activity, not to say a properly courtly one. Among the 'chiefe conditions and

---

[23] For this point, see also John Milsom, 'The pointed shoe', *BBC Music magazine* 10, n°2, p.62-63.

[24] See Michel, 'The earliest dance-manuals', p.127. Attaignant lists 40 *pavanes* and 36 *gaillardes*, but only 27 *basses-danses*.

[25] See *Anthonius Arena Soleriensis Prouincialis ad suos Compagnionnes Studiantes qui sunt de persona friantes bassas Dansas in galanti stillo composites* ([Lyon], [1529], fol.D1*vo*) ; 'Sed nova nunc venit gentissima dansa galharda / Corpora que semper nostra susare facit' (cited by Michel, 'The earliest dance-manuals', p.127).

[26] Arbeau, *Orchésographie*, f.24*vo*.

qualities in a courtier' listed by Castiglione in his famous treatise is the ability to 'daunce well without over nimble footinges or to busie trickes',[27] and dancing comes to be seen as a form of corporeal exercise to be cultivated, like fencing or horsemanship. Dancing even becomes part of the humanist curriculum, albeit in a recreative capacity. When, in Rabelais's novel of that name, Gargantua's humanist tutor Ponocrates allows him to spend a day in the countryside, dancing is prescribed along with the rest : 'Et là passoient toute la journée à fayre la plus grande chere dont ilz se povoient adviser, raillanz, gaudissans, beuvanz d'aultant, jouanz, chantant, dansanz.'[28]

The humanist doctor Rabelais would doubtless have known that dance was thought to have its part to play in the programme of 'mens sana in corpore sano'. As Arbeau reports later in the century :

> Galien dit en son livre de regime de la santé, que toute chose naturellement desire de se mouvoir, & que l'on se doibt exercer par mouvements doulx & temperés comme est la dance [...] pour ceste occasion elle sert grandement à la santé, mesmement des jeusnes filles, lesquelles estans ordinairement sedentaires, & ententives à leur lanifice, broderies, & ouvrages d'esguille, font amas de plusieurs maulvaises humeurs, & ont besoing de les faire exhaler par quelque exercice temperé.[29]

In the same way Berenger de la Tour d'Albenas believes that the exercise provided by dancing :

> Rend le corps d'autant emandé
> Qu'il le purge de ses humeurs :
> Et s'en font meilleures les meurs.[30]

As the last quotation makes clear, what is good for the body is good for the soul. Just as Sir Thomas Elyot forges a link between dancing and the moral virtues, so dance comes to be identified in general with order, harmony and equilibrium. The theme receives memorable

---

[27] Baldassare Castiglione, *The Book of the courtier*, ed. Virginia Cox (London 1994), p.368.

[28] *Gargantua*, ch.XXIV (1542 edition), ed. R. Calder and M. A. Screech (Geneva 1970), p.158-59.

[29] Arbeau, *Orchésographie*, f.6ro.

[30] Berenger de la Tour d'Albenas, *Choreïde*, p.15.

combating'[36] exercises his power in other domains of dance also. As Sir John Davies memorably remarks in his poem *Orchestra*, 'dancing is love's proper exercise',[37] and this applies to more than just the *discordia concors* of fire, air, earth and water. When in the *Orchésographie* the disciple Capriol seeks to learn the skills of dancing, it is in order to remedy his deficiencies in courtship : 'j'ay deffault de la dance pour complaire aux damoiselles, desquelles il me semble que depend toute la reputation d'un jeusne homme à marier'.[38]

What is more, his tutor Arbeau not only agrees that dance has this vital social function, but that in the natural process of selection, it has an essential practical role also :

> Vous le prenez fort bien, car naturellement, le masle & la femelle se recherchent : & n'y a chose qui plus incite l'homme à estre courtois, honneste, & faire acte genereux que l'amour : & si voulez vous marier, vous debvez croire qu'une maistresse se gaigne par la disposition & grace qui se voit en une dance […] Il y a bien plus, car les dances sont practiquées pour cognoistre si les amoureux sont sains & dispos de leurs membres, à la fin desquelles il leur est permis de baiser leurs maistresses, affin que respectivement ilz puissent sentir & odorer l'un l'aultre, s'ilz ont l'alaine souefve, & s'ilz sentent une senteur malodorant, que l'on nomme l'espaule de mouton de façon que de cêt endroict oultre plusieurs commoditez qui reüissent de la dance, elle se treuve necessaire pour bien ordonner une societé.[39]

Elyot likewise, in *The Book named the governor*, expressed the view that 'by the association of a man and woman in dancing may be signified matrimony'.[40] However, Arbeau's passage makes clear the special role of the kiss. Those who were opposed to dance in the sixteenth century frequently cite the kiss as a particularly pronounced incitement to lasciviousness, and condemn the exaggerated role of kissing in dance. The Spanish humanist Vives in his *De institutione foeminae christianae* of 1524 complains of the contemporary enthusiasm for dance, with its 'shameless touching, and kisses'. According to Vives, kisses used to be reserved for one's relatives,

---

[36] *Orchestra*, stanza 17, p.19.
[37] *Orchestra*, stanza 18, p.19.
[38] Arbeau, *Orchésographie*, f.2ro.
[39] Arbeau, *Orchésographie*, f.2vo.
[40] *The Book named the governor*, I, ch.XXI, p.77.

whereas now the French and the British alike exchange kisses indiscriminately :

> At nec illi hoc nostrum norant novum saltandi genus, immoderatum, iactabundum, libidinis accensionem, plenum impudicis contrectationibus, & basiis. Quid sibi volunt tot basia, ut columbas effingamus Veneris aves ? Olim solis consanguineis ferre osculum licebat, nunc passim in Gallia & Britannia omnibus fertur.[41]

While there is clearly some exaggeration here, public kissing certainly did form part of the ritual of dance. For example, Arbeau describes a gavotte in the course of which the male partner 'vient baiser toutes les aultres Damoiselles, & sa Damoiselle tous les jeusnes hommes, & puis se remettant en leur renc, ce fait, le second danceur en fait aultant, & consequemment tous les aultres'.[42] Furthermore, Cotgrave, in his *A Dictionarie of the French and English tongues* identifies the 'bransle du bouquet' as 'The nosegay daunce, or kissing daunce (for there is much kissing in it)'.[43]

This then is the context in which Renaissance champions and opponents of dance sharpen their respective weapons. In one of the earliest polemical treatises directed against dancing, *La Pazzia del ballo* by Simeon Zuccollo da Cologna (Padua 1549), we are left in no doubt of the association between dance and excess – as the heading to chapter 6 makes plain ('Come il vino, & la crapula incita gli huomini & le donne à ballare, & fare mill'altre pazzie').[44] The English moralist (and Puritan zealot) Philip Stubbes has a chapter in his *Anatomie of abuses* entitled 'The horrible vice of pestiferous dauncing', and he certainly pulls no punches in his depiction of the lewdness involved :

> Dauncing, as it is used (or rather abused) in these daies is an introduction to whordome, a preparative to wantonnesse, a provocative to uncleannesse, and an introite to all kinde of leaudnesse [...] what clippyng, what cullyng, what kissyng and bussyng, what smouchyng and flabberyng one of an other,

---

[41] I quote this text after Clive, 'The Calvinists and the question of dancing', p.311.

[42] Arbeau, *Orchésographie*, f.93*ro* (text cited by Clive, 'The Calvinists and the question of dancing', p.318).

[43] See Clive, 'The Calvinists and the question of dancing', p.318.

[44] *La Pazzia del ballo, composta per M. Simeon Zuccollo da Cologna* (Padua, Giacomo Fabriano, 1549), f.12*ro*.

what filthie groping and uncleane handlyng is not practised every where in
these Dauncings.[45]

The Calvinist Lambert Daneau, who in 1579 published his *Traité des
danses, auquel est amplement resolue la question, asauoir s'il est
permis aux Chrestiens de danser*,[46] sees the issue no differently : 'pour
bien faire l'amour, il faut aller à l'eschole de la danse' (p.8). But
Lambert's treatise takes its place in a tradition of Calvinist
fulminations against the evils and depravity of dance. Calvin himself
had set the tone :

> Or on sait bien, que les danses ne peuvent estre sinon des preambules à
> paillardise, qu'elles sont pour ouvrir la porte notamment à Satan, et pour
> crier qu'il vienne, et qu'il entre hardiment. Voila qu'emporteront tousjours
> les danses.[47]

Calvin in his turn is following the example of the Church Fathers.
Augustine, Basil, Chrysostome and Ambrose alike had all condemned
dance in the strongest terms,[48] and one chapter of Lambert Daneau's
treatise is given over to a paraphrase of their views.[49] A particular
bone of contention was the practice of dancing at wedding
celebrations, and, in the wake of Augustine and Chrysostome, Daneau
is quick to denounce the practice (p.146) :

> Qu'il nous souvienne tousiours de la sentence de Chrysostome, Là où sont
> les menestriers & les danses, Jesus Christ n'y est point. Bref les nopces ne
> sont point un theatre de folie & turpitude : mais une solennité saincte d'une
> chose sacree, pour mener avec l'espoux & l'espouse la vertu, la modestie, la
> chasteté, l'honneur, Dieu mesmes avec toutes ses graces en la maison.

---

[45] Philip Stubbes, *The Anatomie of abuses* (London, R. Jones, 1583), f.98*ro*–109*vo* ;
text and reference as given in Clive, 'The Calvinists and the question of dancing',
p.312.
[46] [Geneva], François Estienne.
[47] Calvin, Sermon XXXVIII on *Deuteronomy*, ch.V. This text is quoted by Clive,
'The Calvinists and the question of dancing', p.296-97, q. v. for a full discussion of
the Calvinist attitude to dance.
[48] In the words of Basil, which are perhaps the pithiest : 'ubi enim saltatio, ibi
diabolus' (*Homilia XIV. In ebriosos*).
[49] Daneau, *Traité des danses*, p.93 ; 'Les avis & tesmoignages des Peres en l'ancienne
Eglise, touchant les danses'. For a discussion of these patristic texts, see Clive, 'The
Calvinists and the question of dancing', p.306-308.

The defenders of dance did not take this imprecation lightly. In his *Orchésographie* Arbeau makes a special point of replying to it directly :

> Nous practiquons telles resjouissances aux jours de la celebration des nopces, & ez solemnités des festes de nostre Eglise, encor que les reformez abhorrent telles choses mais ilz meriteroient d'y estre traictez de quelque gigot de bouc mis en paste sans lard.[50]

But if the Protestants, according to Arbeau, deserve to be served the unpalatable dish of a leg of goat put in a pie without bacon, this is as nothing compared to the emotions stirred by what was the most fashionable of the new dances towards the end of the century, the volta. The volta was a provençal dance, and a particularly energetic form of the galliard. The mode for it was launched in France in 1572, at the marriage festivities of Marguerite de Valois and Henri de Navarre, the future Henri IV, and at the reception of the Polish ambassadors, which took place in the following year,[51] and Ronsard records the impression it made in his poem *La Charite*, written as a celebration of the Valois-Navarre union :

> L'homme pesant marche dessus la place,
> Mais un Dieu vole, & ne sçauroit aller :
> Aux Dieux legers appartient le voler,
> Comme engendrez d'une eternelle race.
>
> Le Roy dansant la volte Provençalle
> Faisoit sauter la Charite sa sœur :
> Elle suivant d'une grave douceur,
> A bonds legers voloit parmy la salle.[52]

The volta was indeed an aerial dance, for the gentleman was required to lift his partner bodily from the ground, and this in a series of whirling turns. Its difference from other dances was marked not only its high leaps and giddying rapidity, but by the physical proximity which it demanded, as these lines from the poet Guy de Tours make clear :

---

[50] Arbeau, *Orchésographie*, f.3*vo*.
[51] See Fontaine, 'La danse dans la littérature de 1572 à 1636', p.13.
[52] Pierre de Ronsard, *La Charite*, ll.153-60 (*Œuvres complètes*, xvii.172).

Quand ell' tourne la volte et qu'à bonds arrondis
Quelque jeune mignon l'esleve par le vuide
Et comme un peloton la tourne et la devide.[53]

This physical proximity brought with it moral dangers, as even
Thoinot Arbeau, the apologist for Renaissance dance, was forced to
recognise. In describing the movement of the volta to his disciple
Capriol, he clearly feels obliged to mention not only that an over-
vigorous performance might leave its mark physically on the dancers,
but that (for the lady at least) there is more than breathlessness at
stake :

> Quand vouldrez torner, laissés libre la main gaulche de la damoiselle, &
> gettés vostre bras gaulche sur son dos, en la prenant & serrant de vostre
> main gaulche par le faulx du corps au dessus de sa hanche droicte, & en
> mesme instant getterez vostre main droicte au dessoubz de son busq pour
> l'ayder à saulter quand la pousserez devant vous avec vostre cuisse
> gaulche : Elle de sa part, mettra sa main droicte sur vostre dos ou sur vostre
> collet, & mettra sa main gaulche sur sa cuisse pour tenir ferme sa cotte ou sa
> robbe, affin que cueillant le vent, elle ne monstre sa chemise ou sa cuisse
> nue : Ce fait vous ferez par ensemble les tours de la volte, comme cy dessus
> a esté dit : Et aprés avoir tournoyé par tant de cadances qu'il vous plaira,
> restituerez la damoiselle en sa place, ou elle sentira (quelque bonne
> contenance qu'elle face) son cerveau esbranlé, plain de vertigues &
> tornoyements de teste, & vous n'en aurez peult estre pas moins : Je vous
> laisse à considerer si c'est chose bien seante à une jeusne fille de faire de
> grands pas & ouvertures de jambes : Et si en ceste volte l'honneur & la
> santé y sont pas hazardez & interessez.[54]

Needless to say, opponents of dance in the Renaissance are quick to
single out the volta in particular. Lambert Daneau professes himself
scandalized, but on the other hand we might be forgiven for thinking
that his condemnation reveals as much as it condemns. This lascivious
dance is clearly one that he has observed at close quarters :

> En la volte il y aura des artifices ordinaires pour faire bondir, & lever si haut
> celles que l'on tient, qu'aux yeux de la troupe se descouvrent & prostituent
> les greves, les tymbres jusques à la cuisse, sans honte. Le bal aura ses
> passages, ses reveuës, ses rapproches, & à la rencontre les œillades, les

---

[53] Guy de Tours, *Elegie ;* see Prosper Blanchemain (ed.), *Les Premieres Œuvres poetiques et souspirs amoureux de Guy de Tours* (Paris, Nicolas de Louvain, 1598 ; Paris 1879), p.9.
[54] Arbeau, *Orchésographie,* f.64vo – 65ro.

caprioles, les gayetez redoublees, pour tesmoignages de cœurs volans d'aise de se revoir si pres de leurs desirs. Chascune sorte de danse donnera là des inventions de plaire, de voir, de toucher plus privement. Et se feront toutes ces choses avec cris & huees, avec visages rians & bruslans d'aise, avec tous indices de cœurs s'enyvrans à plains traits de tous plaisirs. Et encore ce sera au son de toutes sortes d'instrumens.[55]

So, for that matter, had Brantôme, although in a rather different perspective. He recalls, not without pleasure, how the volta 'en faisant volleter la robbe, monstroit tousjours quelque chose agreable à la veue, dont j'en ay veu plusieurs s'y perdre et s'en ravir entre eux-mesmes'.[56]

Conclusion

It is time to bring to a halt this brief and necessarily incomplete survey. This passage from Daneau's treatise serves as well as any other to remind us of the obvious truth that the opposition to dance in the sixteenth century is a sure sign of its popularity. Pleasure and laughter were doubtless rare commodities in Calvinist Geneva, and where they did appear, the authorities, of whom the university professor Daneau was one, did their best to stamp them out.[57] However, the Puritans, ultimately, were fighting a losing battle. No-one could have come from a more uncompromisingly Puritan and Protestant background than the young Agrippa d'Aubigné, and yet the telling anecdote with which I began this paper makes clear that someone, somewhere, had taught the little boy the importance of dance as a social accomplishment. Whatever the precise context of what happened in Courances, on the face of it it saved his life. More importantly in terms of our argument, however, d'Aubigné's galliard won over his audience –'il se faisoit aimer et admirer à la compagnie'. It will be no different when the duc de Nemours first meets, in the ballroom, the Princesse de Clèves :

---

[55] Daneau, *Traité des danses*, p.52-53.
[56] Brantôme, *Les Dames galantes,* ed. Pascal Pia (Paris 1981), p.304.
[57] See Max Engamarre, 'Gens qui rient, Jean qui pleure : rires de Genevois surpris dans les registres du Consistoire au temps de Calvin', in Marie-Madeleine Fontaine (ed.), *Rire à la Renaissance* (Geneva forthcoming).

> M. de Nemours fut tellement surpris de sa beauté que, lorsqu'il fut proche
> d'elle, et qu'elle lui fit la révérence, il ne put s'empêcher de donner des
> marques de son admiration. Quand ils commencèrent à danser, il s'éleva
> dans la salle un murmure de louanges.[58]

If we were to continue the story into the seventeenth century, we
would see that dancing does indeed become a vital social
accomplishment for the courtier, just as Castiglione had already
prescribed. One of the first masters acquired by the aspiring nobleman
M. Jourdain in *Le Bourgeois gentilhomme* is his dancing master.[59]
Louis XIV himself took his dancing class for twenty-five years, and
danced no less than sixty-eight separate roles in court ballets and
divertissements.[60] With Louis XIV dance and the court become one,[61]
but it can scarcely be disputed that the seventeenth century was to be
the great age of the court masque and the court ballet, in Britain as in
France. The foundations of this were laid in the evolution of court
dance in the century before.

At the end of his *Traité des danses* Lambert Daneau works
himself into a paroxysm of rage against the pernicious influence of
dance (p.147) :

> Nous exhortons nos Eglises de chasser & releguer ces vilaines coustumes
> aux enfers, dont elles sont venues aux solennitez des idoles, à vne court
> d'Herodes, bref aux bordeaux [...] Si nostre vie a quelquesfois besoin de
> relasche ou recreation, il y en a assez d'autres moyens plus honnestes.

In the same vein, the very last words of his treatise constitute a stern
warning (p.154) : 'soyons prudens au progrez de nostre salut : fuyons
es liens de peché & ses allechemens : renonçons au monde, foulans
aux pieds tous ces vains plaisirs.'

---

[58] Mme de La Fayette, *La Princesse de Clèves*, ed. N. Scarlyn-Wilson (London 1958),
p.52.
[59] *Le Bourgeois gentilhomme*, Act I, scene 1.
[60] See Régine Astier, 'Louis XIV, "Premier Danseur"', in David Lee Rubin (ed.), *Sun
King : the ascendancy of French culture during the reign of Louis XIV* (Washington
1992), p.73-102. The statistic is derived from the appendix to Astier's article.
[61] See Astier's claim that 'the lasting effects of the king's personal influence and the
breadth and depth of his vision as a sponsor and promoter of dance appear as a
monumental achievement, totally unique in dance history' ('Louis XIV, "Premier
Danseur"', p.74).

The advice of Sir John Davies, meanwhile, is precisely the opposite. Earthly rulers should follow the example of lesser creatures :

> Learn then to dance, you that are princes born
> And lawful lords of earthly creatures all.
> Imitate them, and thereof take no scorn,
> (For this new art to them is natural)
> And imitate the stars celestial ;
> For when pale death your vital twist shall sever,
> Your better parts must dance with them forever.[62]

We can safely assume that Louis XIV knew neither of these texts, but it is the spirit of Sir John Davies's poem which comes closest to informing his own career as a dancer. As for d'Aubigné dancing his galliard with his captors, we might seem to have left him far behind, and yet the Calvinist d'Aubigné in his courtier-like finery encapsulates in a single image the dichotomy of Renaissance dance. If we add that d'Aubigné was the grandfather of Françoise d'Aubigné, marquise de Maintenon, who was to curb many of Louis XIV's enthusiasms, dance included, that would be another twist. But it would also be another story.

---

[62] *Orchestra*, p.29.

Danser n'est pas jouer ?
La performance intégrale de la *commedia dell'arte*

Olivier Sécardin, Paris IV-Sorbonne, University of Chicago

Résumé :

> Miracle italien du seizième siècle, la commedia dell'arte, a mené la danse à travers toute l'Europe. La commedia dell'arte est un théâtre mais un théâtre qui danse et qui n'est pas avare en divertissements chorégraphiques, un théâtre où la danse n'est pas anecdotique, une performance intégrale où la danse est la règle et la musique la mesure. Qui a dit que danser n'est pas jouer ?

Miracle italien du seizième siècle, la séduction et l'ascendance de la *commedia dell'arte* sont remarquables : en Europe, son influence[1] – « immédiate et sans précédent »[2] – déborde les cadres qu'une certaine critique pseudo historicisante lui assigne communément, celle qui autorise les contentements commodes des manuels de lycée. Mobile, turbulente, volontiers indécise, la *commedia dell'arte* opère une véritable contamination générique du théâtre européen. Aux canons de la scène liturgique du Moyen Age (loucr ct illustrer un culte donné par des prêtres pendant les offices) elle oppose une esthétique davantage profane et comique. Son hétérodoxie composée de charades, de fragments de l'Arioste ou du Tasse, d'idiolectes italiens, de danses, de morceaux joués, configure une nébuleuse culturelle qui n'a rien de très orthodoxe. De la sorte, cette introgression de la comédie italienne dans le théâtre européen constitue une impulsion métamorphosante qui n'aura rien de transitoire. Cette transaction n'engage pas seulement le théâtre

---

[1] La base de données Frantext entretenue par le CNRS, par exemple, relève 31 occurrences de ce terme, avec un panel d'auteurs très différents : de Copeau à Claudel, en passant par Paul Morand, Albert Thibaudet, Georges Duhamel, Michel Leiris, Jean Vilar, Derrida, ou encore Jean d'Ormesson.

[2] R. Lebègue, 'Premières infiltrations de la *commedia dell'arte* dans le théâtre français', *Cahiers de l'association internationale des études françaises* 15 (1963), p.167.

européen – la comédie allemande et espagnole, l'arlequinade anglaise, la pantomime française, le théâtre russe et polonais[3] sont influencés de concert par cette disposition italienne – mais également la peinture, la danse et la musique. Pour emprunter à des domaines aussi différents, les œuvres de Molière, Marivaux, Beaumarchais, George et Maurice Sand, Verlaine, Meyerhold, Vakhtangov, Picasso, Gris et Severini, Braque, Derain, Metzinger, Ravel, Rouault, Léger, Brecht, Schoenberg... jusqu'à Stravinsky et son *Pulcinella* sont traversés par le souvenir d'un théâtre italien d'autant plus influent qu'il est perdu. Pas étonnant alors que ce phénix *dell'arte* renaisse en période de crise. Au point sans doute d'aboutir à quelques méprises et, en 1968, Evert Sprinchorn note à juste titre :

> When the thoroughly rehearsed, minutely directed naturalistic play attained its fulfilment about the time of the First World War, a reaction set in and directors rediscovered the world of the Commedia with its gaudy colours, its frankly theatrical and often grotesque masks or types, the vigorous presence of the actor ... and the virtual absence of any troublesome playwright. The Commedia provided a total theatre in which colour, ... music, and acrobatics contributed to the overall effect. It was a circus with a plot, and compared to it the realistic theatre seemed a pale fragment of lost art.[4]

Les personnages *dell'arte* sont pareillement mythifiés et infiltrent indifféremment l'imaginaire social et les avant-gardes. Au début du siècle, Apollinaire consacre un essai au théâtre italien[5] et intronise Arlequin en métaphore du texte comme acrobatie, c'est-à-dire en figure de la modernité : un personnage libre et libertaire, dégagé des conventions, joueur et jouissant sur le vide, plein d'une énergie physique et en même temps foncièrement métaphysique. Ce détour par la *commedia dell'arte* constitue précisément une métaphore. Il y a un mythe de la *commedia dell'arte*, une nostalgie de l'archaïque, une conscience à la fois affective et esthétique, « une image riche et confuse d'une galerie de fragments qui semblent provenir d'un grand spectacle unique, jamais décrit et mystérieux » dit Taviani. La

---

[3] « La commedia dell'arte renaît une fois de plus au théâtre de la rue Arbet, à Moscou, en 1922, témoignant d'une longue présence, et de celle de son mythe, sur la scène des réformateurs du théâtre russe, Meyerhold en tête. » (F. Taviani, *Le Secret de la commedia dell'arte : la mémoire des compagnies italiennes aux XVI*e*, XVII*e*, XVIII*e *siècles*, traduit par Yves Liebert, Paris 1984, p.74).
[4] E. Sprinchorn et G. Oreglia, *The Commedia dell'arte* (Londres 1968), p.xii-xiii.
[5] G. Apollinaire, *Le Théâtre italien* (Paris 1910).

postérité du théâtre des Italiens est sans doute au prix de quelques malentendus : le fantasme d'une mimésis absolue, le mythe de l'improvisation, la prééminence du geste sur la parole sont autant de lieux communs qui parasitent l'intelligence de cette disposition. En revanche, depuis plus de quatre siècles – quand bien même elle n'a plus lieu – la *commedia dell'arte* semble reconduire le dieu de son désir, celui « où se reconstruit, à ciel ouvert, sa propre scène dans sa propre histoire archaïque qui n'intéresse que lui et transforme chaque exercice de danse en avatar de son mythe ».[6]

Commedia : sémiotique polymorphe

Si l'on convient que l'une des caractéristiques fondamentales du signe est son aptitude à stimuler des interprétations, dans ce domaine la *commedia dell'arte* n'a jamais souffert aucun déficit. Cette enfance du théâtre est une jeunesse du corps dont des siècles de civilisation se sont efforcés d'effacer la trace. Mais le corps fait mémoire, et le libérer c'est délivrer cette nature. Pour le critique, la danse ne dit pas l'origine de la littérature (elle n'est pas originaire). Ce qu'elle indique c'est la mémoire du corps.[7] Elle ne dit pas le destin de l'humanité, en premier lieu elle n'exige pas l'anthropologie ou la sociologie, pas même une poétique, mais intervient comme un effet de sourdine pour rappeler le corps en mouvement, capté par la sémiosis. Dans la *commedia dell'arte* la danse n'est pas un système sémiotique secondaire, elle ne constitue pas un recours anecdotique. La moresque, le branle, l'allemande à rythme binaire dont Thoinot Arbeau indique qu'elle est « pleine de médiocre gravité » ou encore la pavane à rythme ternaire ne constituent que quelques figures d'un répertoire varié. La danse est la règle. D'où un embarras certain de la critique. Le sens et la valeur que l'on accorde à un texte dépendent de la réponse qu'on apporte à la question de son origine. On ne peut pas partager les différentes valeurs éthiques véhiculées par l'œuvre de l'art de la valeur qu'on peut lui attribuer en tant qu'œuvre de l'art. Le jugement esthétique se fait au prix d'un jugement éthique, le jugement littéraire est au prix d'un jugement culturel méta-littéraire. Or, la

---

[6] P. Legendre, *La Passion d'être un autre : étude pour la danse* (Paris 1978), p.267.
[7] En particulier W. Salmen, *Tanz und Tanzen vom Mittelalter bis zur Renaissance*, Hildesheim (Zürich et New York 1999).

gestualité promeut un mode de signifiance dévalorisé par la civilisation occidentale : depuis quatre siècles, le discrédit attaché à la *commedia dell'arte* est un discrédit généralisé porté à des dispositifs sémiotiques dits secondaires. La *commedia* ne répond certes pas à une simple *praxis* représentative, elle ne consacre pas non plus le modèle linguistique ou textuel. Trop instruite par le médiéval, elle n'est pas non plus radicalement moderne. Elle est médiane. Elle puise dans un fond de représentations populaires de la danse, de la fête, du folklore qui n'arrache toujours que très peu de considérations. Pour le moderne, sa rencontre manifeste toute l'étrangeté d'une réminiscence d'enfance : l'idée d'une connivence, un proche inaccessible, un lointain immédiat qui manifeste l'inattendu d'une différenciation dont on ne sait au préalable de quoi elle se constituera.

La naissance de la *commedia dell'arte* se précise dès la fin de la première moitié du seizième siècle en Italie. Le premier contrat d'une compagnie date de 1545 à Padoue. En quelques décennies, de nombreuses compagnies d'acteurs professionnels s'organisent avec l'objectif avoué de vivre et de faire commerce de leur art sur des scènes de fortune, en plein air ou dans des théâtres aménagés. Ce mouvement est particulièrement sensible dans le nord de l'Italie mais également en Europe de l'Ouest et en Espagne. La création théâtrale passe d'une économie de fête à une économie de marché. Désormais, le théâtre est un produit culturel, un objet de commerce qui répond à des attentes particulières et qui ambitionne de satisfaire un public.[8] Selon la formule de Taviani, la troupe *dell'arte* est placée sous « le signe de Mercure ».[9] Elle s'organise selon une hiérarchie interne, comme une entité économique et bureaucratique mercantile. Elle s'ajuste sur plusieurs saisons successives et engage des comédiens de façon plus ou moins ponctuelle :

> The carefree life of travelling comedians, dividing the takings at the end of the day, had to come to terms with the world of engagement diaries and cash flow charts. Undoubtedly the moment when companies began performing

---

[8] L'acteur est donc moins qu'un personnage et le spectateur davantage qu'un récepteur passif. Stratégie immersive (entre scène et public) et sur-sollicitation du pôle conatif constituent les deux faces d'une même pratique. Cette conjonction est propre à l'art populaire et jusqu'à la *pop culture*.

[9] F. Taviani, 'Positions du masque dans la commedia dell'arte', dans *Le Masque : du rite au théâtre* (Paris 1999), p.122. Voir également Sergio Parini, *Alcatraz news* 1, (novembre 1985), p.15-16.

indoors was the most significant step in the movement towards the privatisation of the theatre, or the transition from 'l'economia della festa' to 'l'economia di mercato' : it was the moment in which theatre indisputably became a commercial business, selling its products to whoever could be persuaded to buy them : 'la vendita del teatro', as Professor Ferrone has called it.[10]

Ces troupes itinérantes composées de dix à vingt acteurs parcourent l'Europe en déjouant l'hostilité des gouvernements espagnol et français qui dès la fin du seizième siècle essayèrent de censurer ce répertoire.[11] Malgré une audience croissante et un accès relativement public, la *commedia dell'arte* est menacée de basculer dans la clandestinité. A la mobilité géographique répond donc la mobilité textuelle du répertoire : l'unique du texte fait défaut. La *commedia dell'arte* n'est pas au rendez-vous de la loi prévoyant sa transgression et sans doute l'identification de son corpus est tout autant problématique que l'idée d'une théorie unifiée de sa dramaturgie. Au censeur comme au critique littéraire, l'objet manque.

Cette « fugitivité » ou « variabilité » du texte accuse le désarroi de la censure que résume ainsi Paleotti, cardinal de Bologne : « Toujours ils ajoutent des paroles, des bons mots qui ne sont pas écrits ; bien plus, ils ne mettent rien par écrit, si ce n'est le sommaire ou l'argument, et le reste, ils le jouent *all'improvviso*. »[12] Au protocole génétique, ce défaut impose un défi radical. En s'instituant comme un fait potentiel, inachevé, comme possibilité et imminence, sa stratégie est de l'ordre du secret et de la performance :[13] le spectacle *dell'arte* est essentiellement voué au singulier et traduit toujours un contenu employé dans son individualité. Ce contenu est lui-même un

---

[10] M. Anderson, 'Making a room : commedia and the privatisation of the theatre', dans Ch. Cavins, éd., *The Commedia dell'arte from the Renaissance to Dario Fo : the Italian origins of European theatre* (Lewinston, Queenston, Lampester 1988), p.82.

[11] Notons également l'interdiction pour les Gelosi de se produire en France. En 1571, les Gelosi donnent une représentation à la cour, d'abord à Paris puis à Nogent-le-Roy, mais le Parlement les condamne et ils s'enfuient immédiatement.

[12] Cité par F. Taviani, *La Commedia dell'arte e la società barocca : la fascinazione del teatro*, (Rome 1969), p.39.

[13] En particulier T. Fitzpatrick, 'Flaminio Scala's prototypal scenarios : segmenting the text/performance', dans Domenico Pietropaolo (éd.), *The Science of buffoonery : theory and history of the commedia dell'arte* (Toronto 1989), p.177-98 ; *Performance : from product to process* (Sydney 1989) ; *The Relationship of oral and literate performance processes in the commedia dell'arte : beyond the improvisation/memorisation divide* (Lewinston 1995).

processus consistant à établir une corrélation nécessairement unique entre une forme et une substance. De la sorte, la performance n'actualise pas seulement le texte, elle l'invente. Son moment correspond à la médiation entre un dire et un faire, entre un projet initial et une réalisation particulière : un texte formulé lors d'une performance qui se laisse appréhender par des univers virtuels successifs qu'il projette au fur et à mesure de son déroulement. Les canevas qui initialisent la textualisation ne sont que des matrices de textes. Ils engendrent un univers qui demeure virtuel tant qu'il n'est pas actualisé par et dans la performance.[14]

Cette modalité déictique-performative correspond à l'exigence plus ou moins respectée de la conciliation, de la virtualisation, de la réalisation et de l'actualisation. Cette stratégie est nucléaire et fractale. Les *scenarii* à disposition du critique sont davantage des fragments de notes, des indications scéniques faites d'ellipses, des embryons de récits qu'un texte (le texte comme unité de discours) véritablement cohérent.[15] On y trouve des morceaux de récits contradictoires ou de simples indications scéniques, le tout dans un style télégraphique, souvent écrit au présent de l'indicatif, c'est-à-dire au temps de la régie. A défaut d'un texte en autorité, à défaut d'auteur, il y a donc un phénomène de textualisation, un devenir texte, un *work in progress* qui permet de refaire chaque fois œuvre et exige un effort considérable de la critique. Il est séduction d'une résistance qui promet d'éclore à chaque mise à jour de la production signifiante.

Il faut donc admettre que ce théâtre nous ne le comprenions que par formules, sans souci monologique ni intégrité sourcilleuse, sans espoir non plus d'une concorde finale. Autoriser l'infinité des parcours c'est accepter de faire danse avec le texte, comme premier niveau de la métaphore du discours de et sur la *commedia dell'arte*. Pratique signifiante polysémique et collective, la *commedia dell'arte* est aussi une formulation culturelle trans-linguistique et poly-géographique. Système transversal et pluriel, elle articule la double modalité du *poly* et du *trans*. Elle inaugure enfin le procès par lequel la profession théâtrale arrache le spectacle des cadres de la fête pour l'agréger à l'univers de la culture et des arts. En caractérisant le

---

[14] A. Helbo parle de cette « actualization of textual virtualities » dans *Theory of performing arts* (Amsterdam et Philadelphie 1987), p.46.
[15] En particulier O. Ducrot et J.-M. Schaeffer, *Nouveau Dictionnaire encyclopédique des sciences du langage* (Paris 1995), p.419.

moment où émerge le théâtre comme profession, elle figure l'enfance du théâtre moderne. Mais cette modernité économique, marchande, culturelle envisagée par la *commedia dell'arte* reste placée sous les auspices de la Renaissance. La *commedia dell'arte* n'est naturellement pas une avant-garde et sa pratique théâtrale ne s'arrache que lentement des représentations du monde médiéval.

Cette double articulation du *poly* et du *trans* produit un effet d'hétérologie dont la règle est la mobilisation de matériaux hétérogènes :[16] textes, gestes, acrobaties, chants, danses... sont convoqués et combinés au *devenir texte*. Deux problèmes s'imposent alors au regard de l'analyse des codes de la structure textuelle : d'un côté, leur distinction et leur énumération, de l'autre leur classification. Disons que le texte *dell'arte* est doublement hétérogène : il est composé de plusieurs codes et de plusieurs matières. Cette double saisie refuse la correspondance bi-univoque des deux hétérogénéités : celle des matières expressives utilisées par le texte et celle des codes qui sont présents dans ces matières. Il ne s'agit donc pas de confondre le point de vue formel-fonctionnel avec le point de vue matériel : un tel malentendu mènerait à la confusion des codes. Il faut renoncer à métamorphoser le code théâtral en Saint-Graal de l'étude sémiotique. La sémiotique doit accepter le deuil de la stratégie œcuménique qui postule une catégorie générale du signe et une classe unique d'interprétation. Il n'y a pas un code mais une pluralité de codes et sous-codes qui se combinent les uns aux autres. Le code, objet d'une appréhension herméneutique, n'est jamais qu'une procédure d'association d'un système à un autre. Il n'est pas pour autant l'unique de la signification, il représente simplement la règle qui associe les éléments d'un système aux éléments d'un autre système. Le code spectaculaire, c'est-à-dire le code qu'implique un texte théâtral, est une convention qui, dans le spectacle, permet d'associer des contenus déterminés à des éléments décidés d'un ou plusieurs systèmes expressifs. Plus un code singulier est spécifique à

---

[16] Cette permutation des régimes, la combinaison des régimes qu'elle induit est l'analogue du dispositif cybernétique que Barthes attribue au spectacle théâtral et que remarque Gustav Attinger en 1950 : « C'est une forme de théâtre bien curieuse que la comédie italienne dans cette seconde moitié du siècle : un composé d'éléments hétéroclites, assemblés pour les besoins de la cause, dont certains sont aux antipodes des autres » (G. Attinger, *L'Esprit de la commedia dell'arte dans le théâtre français*, Paris, Neuchâtel 1950, p.167).

un aménagement sémiotique, plus il influence les matériaux dont il se constitue. C'est en ce sens qu'il peut servir d'indice à l'interprétation sémiotique, mais non de découpe mimétique entre le plan de l'expression et le plan du contenu.

C'est ainsi faire le pari d'un théâtre du corps vivant, en mouvement, d'une polyphonie sémiotique qui joue au corps à corps. Pour le contemporain, la migration des pratiques sémiotiques se révèle même quelque peu confondante. L'identité de l'acteur est ainsi amalgamée à celle du danseur de corde. En 1604, Tinghi écrit dans son journal de cour : « une commédie représentée par certains Zanis sauteurs et où l'on accomplit maints sauts ». Constant Mic cite également un certain Rogna qui écrit dans une lettre datée du 1er juillet 1567 : « Aujourd'hui on joua pour la concurrence deux comédies ; l'une – dans le local où l'on donne d'ordinaire la comédie ; jouèrent signora Flaminia et Pantalon avec signora Angelica qui sait si bien sauter. » Cinq ans plus tard, en 1572, le livre des dépenses de Charles IX mentionne le salaire de l'acteur florentin Soldino et sa troupe « en considération des comédies et saults qu'il fait journellement devant Sa Majesté ». En 1873 Gandini précise enfin dans sa *Cronistoria dei teatri di Modena* que le premier contrat théâtral que nous connaissions exige de l'acteur des tours acrobatiques. Ce document est conclu en 1545 entre l'actrice Marie Fairet et l'impresario l'Espéronnière.[17] Marie Fairet s'engage à jouer pendant une année des anciennes pièces romaines, ainsi que des farces et des « soubressaults ». Elle s'engage à exécuter tout cela de telle façon que les spectateurs puissent y prendre du plaisir. « Pour cela elle sera nourrie, logée et recevra douze francs par an. Si ces admirateurs lui offrent quelques cadeaux après la représentation, elle doit partager ceux-ci avec la femme de l'Espéronnière. »

Faire sauter le corps, le faire voltiger, c'est solliciter la couche indicielle des signes. Pour la *commedia*, c'est faire appel à l'expression du plaisir par l'expressivité du corps. Pas étonnant alors que le geste fasse l'objet d'une valorisation toute particulière. Luigi Riccoboni note ainsi que la qualité essentielle du mime est un corps bien formé ainsi qu'une agilité innée des membres. Désormais, il s'agirait de décourager les comédiens qui n'auraient pas les dispositions naturelles pour jouer la pantomime ou pour imiter les

---

[17] Ce document est publié dans Les *Mémoires* de la Société historique du Cher, 4e série, 4e vol., 1888.

gestes des autres comédiens : « Cosi del Comediante. Se adeguata / Non avrà figura, non imprenda / Un'Arte si gentile e delicata. »[18] En fait, c'est la quasi-totalité des documents d'époque qui atteste la grande virtuosité des comédiens *dell'arte*, capables d'acrobaties et de chorégraphies répétées. A la différence d'un acteur traditionnel qui se propose un « modèle rhétorique basé sur l'art de l'orateur » et qui observe « les mêmes restrictions que le prêtre ou l'avocat quant aux mouvements du corps », les acteurs *dell'arte*, en «affranchissant le geste de l'hégémonie de la parole (écrite) […] faisaient du geste et de la parole deux modes de communication complémentaires ».[19] De la sorte, le sens se coagule à différents niveaux du système grâce à des jonctions de matières signifiantes co-occurrentes. La forme est le résultat de cette connivence entre systèmes signifiants hétérogènes : geste,[20] danse, mimique, et musique s'associent les uns aux autres dans une unité composite, en une totalité, divisible certes selon la matière du signifiant, mais solidaire et interdépendante. La performance est l'espace unifié mais en procès d'une telle cybernétique inter-discursive. Dans la *commedia dell'arte*, du texte se produit arrangé à des actes de communication extra-verbaux. La structure spectaculaire *dell'arte* est le premier laboratoire sémiotique, sémantique, pragmatique du théâtre moderne. Constant Mic note encore ces quelques remarques qui nous font apprécier l'importance de la kinésique dans le procès de la signifiance :

> Les acteurs italiens conservèrent ce style acrobatique jusqu'à la fin du XVIIIe siècle. T. Visentini ne se contentait pas de la scène, mais allait aussi exécuter ses exercices aux étages supérieurs, en faisant le tour de la salle, ce qui, d'ailleurs, lui fut plus tard interdit, car les spectateurs s'en montraient plus effrayés qu'amusés. N. Menichelli qui vivait dans la seconde moitié du XVIIIe siècle possédait dans son répertoire une comédie intitulée *Arlequin qui fait le singe* (*Arlecchino finto scimmioto*) et où il exécutait différents

---

[18] « S'il n'a pas un corps bien formé, qu'il n'entreprenne pas un art aussi charmant et délicat que celui du comédien » (L. Riccoboni, *Dell'Arte rappresentativa capitoli sei*, Londres 1728, p.11).

[19] S. Taylor, 'Le geste chez les maîtres italiens de Molière', *XVIIe siècle* 132 (1981), 285-301 (p.288-89).

[20] Or, le geste, comme paramètre de la conjoncture déictique-performantielle répond au plan de l'expression, entre substance et forme (signifiant). Il faut donc s'écarter d'une systématisation trop stricte et la réduction de la performance à l'exploitation systématique de la grammaire, à la manifestation logique de la compétence linguistique.

tours sur une corde. G. Marliani, pendant le jour, dansait avec sa femme sur une corde sur la place St-Marc à Venise, mais le soir tous deux jouaient au Théâtre San Moise, lui, faisant Brighella, et elle – la soubrette Corallina.

Enumérant les qualités que doit posséder un acteur, Cecchini cite l'adresse du corps (*destrezza del corpo*), et de Sommi conseille à ceux qui jouent les rôles de valets, d'exécuter un saut gracieux lorsqu'ils apprennent soudain quelque nouvelle joyeuse. L'acrobatisme était étroitement lié au jeu même de l'acteur et contribuait pour une grande part à son succès. Ce ne fut pas seulement son talent expressif et comique qui rendit célèbre Tiberio Fiorilli, mais aussi l'adresse toute juvénile avec laquelle, à l'âge de quatre-vingt ans, il portait un coup de pied au visage de son partenaire.[21]

Cette propension naturelle à *exprimer* par le truchement du corps ne doit pas pour autant faire oublier que la gestualité répond d'une procédure complexe d'encodage et que la « décadence de la *commedia dell'arte* » est peut-être un surcroît des conventions régissant la gestualité. On voit aussi, note Mic (p.124) :

Qu'avec le temps le caractère naturel et spontané de ces mouvements tend à se perdre : au début le geste est expressif, direct et sincère ; mais à mesure que nous nous rapprochons du XVIIIe siècle, il se fait conventionnel, se stylise et revêt cette élégance quelque peu mièvre qui distingue les ballets de l'époque rococo. Et l'on constate cette évolution non seulement à l'étranger, mais aussi en Italie. Seul, semble-t-il, Sacco possédait cette puissance d'expression qui fit la gloire des anciens Zanis. Quant à l'Arlequin de la fin du XVIIIe siècle, avec ses pieds en troisième position, et sa main reposant gracieusement sur son batocchio, on comprend bien qu'il était destiné à être reproduit dans quelque manufacture de porcelaine pour orner ensuite les boudoirs du faubourg Saint-Germain.

La « décadence » de la *commedia dell'arte* serait ainsi signifiée par le glissement de la structure prototypique à l'emploi stéréotypique du geste. A la façon de Courtine : le passage de la marque au signe :

Il semble soudain que le corps ne pare plus un langage naturel et aussitôt accessible ; qu'il ait perdu son sens premier, son innocence littéraire, en se chargeant d'une lisibilité plus réglée, plus abstraite, mais aussi plus rigoureuse. Et tandis que le regard se pénètre d'une distance nouvelle, l'indice paraît se détacher du corps morphologique où il était inscrit comme marque. Il semble – littéralement – se désincarner : la marque devient signe et cesse de se confondre avec les traces morphologiques portées par l'épiderme. Avec l'éloignement du regard et de la désincarnation du signe,

---

[21] C. Mic, *La Commedia dell'arte ou le Théâtre des comédiens italiens des XVIe, XVII^{e,} XVIIIe siècles* (Paris 1927), p.122-23.

c'est le régime tout entier des perceptions et des visibilités corporelles qui se modifie : on ne lit plus sur le corps *l'inscription gravée d'un texte, mais on y voit jouer les règles articulées d'un code.*[22]

C'est ce régime du pré-signifiant que la *commedia dell'arte* exploite volontiers : elle montre le moment de la signification, plutôt qu'elle ne délivre un sens déjà tout fait. Elle est l'avènement d'une signification, le lieu d'un engendrement. Elle pose donc la problématique persistante d'un *devenir*. Dans ce dispositif, tout système extra-verbal est connexe au processus de la sémantèse, mais cette sémantèse constitue précisément une transgression des dépôts traditionnels du sens. D'abord, parce que le sens doit traditionnellement répondre d'un énoncé plutôt que d'une énonciation ; d'autre part, parce que cette sémantèse s'élabore à partir d'un double fonctionnement : d'une part, elle instaure des réseaux de connexion puissants entre les matières et les systèmes signifiants ; elle est donc une manifestation de l'hétérogène qui se fixe dans la forme, qui se formalise en un sens. D'autre part, elle est une puissance de dissolution ou de perturbation du symbolique. Elle donne accès à un mode de pensée essentiellement transgressif, schizé entre la représentation et la contestation de la représentation, le jeu et la mort, la nature et la culture.

Ce théâtre occupe donc une position médiane : il exprime trop ou trop peu de contenu pour être métaphysique, mais il en exprime suffisamment pour être social. Il offre donc l'accès à un mode de pensée contestataire, mais dont la continuité compensatrice ne se dément pas. La *commedia dell'arte*, sa vigueur, oscille entre deux bornes : d'un côté, elle célèbre le corps en mouvement, proche des rythmes naturels et dont l'expressivité des gestes n'est qu'un élément appareillé à la production de sens ; d'un autre, elle tend à codifier (répéter) la gestualité qui supporte et alimente le frayage de l'énonciation et la possibilité symbolique. D'abord parce que le texte lui-même passe par le corps, ensuite parce que le corps lui-même tend à se constituer en texte,[23] la mesure de tout discours est la prise en compte d'une position subjective comme double saisie d'un maintien dans le langage et d'une exposition du langage dans le corps.

---

[22] J.-J. Courtine et C. Haroche, *Histoire du visage* (Paris 1988), p.96.
[23] Cl. Gandelman, 'Bodies, maps, texts', dans *Reading pictures, viewing texts* (Bloomington, IN, 1991).

Commedia : divertissement du corps

A défaut d'un texte – l'unique du texte – capable de restituer la performance, les gravures d'époque sont précieuses à la critique.[24] Par exemple, la Bibliothèque de l'Opéra de Paris possède un exemplaire imprimé du scénario *La Folle supposée*, joué par les Italiens au Petit-Bourbon, en 1645, d'après la pièce de Strozzi. Il existe aussi vingt estampes de danses créées par Giovanbattista Balbi et exécutées dans les intermèdes de ce spectacle. Elles sont gravées par Valério Spada. Il faut également compter sur les fresques, les almanachs et autres recueils. Ces gravures mettent presque toujours en relief les mimes dansant, des gestes rythmés ou des pas de danse. Avec les altérations qui leurs sont propres, les dessins de Callot reproduisent même certaines danses de la première époque, celle des histrions du Moyen Age.[25] Héritiers des jongleurs médiévaux et des bouffons, les comédiens *dell'arte* introduisent effectivement des danses traditionnelles comme la *moresque* ou le *mattaccino* dans la performance. Cette introduction se rattache à des représentations populaires de la danse et de la fête qui sont au cœur de la société médiévale. Elle confère au jeu théâtral les ressources d'un fond historique médiéval : l'expression du fantastique, du grotesque, du rire, du carnaval alterne avec la libre création artistique.

Ces exemples de danses s'insèrent dans le système diégétique des canevas. Ceux-ci contiennent des duos ou des quatuors de personnages. De même que les répliques sont concertées, gestes et postures se trouvent appareillés et concourent au rythme dramatique. Isabella Servili, célèbre comédienne de l'*Arte*, figure bien cette intersection des compétences et des emplois puisqu'elle est à la fois danseuse et chanteuse. En fait, tous les comédiens, quel que soit leur

---

[24] T. Heck, 'Les instruments musicaux de la commedia dell'arte : un rapport iconographique préliminaire', communication, colloque 'De l'image à l'objet : la méthode critique dans l'iconographie musicale' (Paris, septembre 1985).

[25] Cette conception, qui considère les gestes comme signes de l'âme, se prolonge dans l'histoire de l'art et participe d'un nouvel esprit à la Renaissance. Si de mauvais gestes existent (gesticulatio), de bons gestes (gestus) doivent être pratiqués. Le moto, pour l'artiste baroque, possède deux aspects : le mouvement visible et l'émotion cachée. Les moti sont des mouvements du corps aptes à communiquer ceux de l'âme, « l'affect intérieur » par « empathie immédiate ». Voir A. Chastel, 'Sémantique de l'index', *Storia dell'arte* 38-40, 1980, p.416.

emploi, savent danser. De nombreux *scenarii* prévoient des danses, au même titre que certains passages chantés. Par exemple, dans le scénario de Scala, *Il Vecchio geloso,* un emploi récurrent de la musique, de la danse et du chant est consacré. Ainsi, au deuxième acte ce sont :

> Trois gueux mal vêtus, avec leurs instruments de musique, de ceux qui vont d'une campagne à l'autre en jouant et en chantant pour gagner de quoi vivre ; ils font entendre leurs instruments ; sur ce […] tous se mettent à danser, tantôt l'un avec l'autre, ainsi qu'on le fait avec les femmes ; en plein milieu de la danse, Orazio prend congé de la compagnie, annonçant qu'il est obligé de se rendre chez Tofano, et s'en va. Buratino va chercher son instrument de musique, puis ils renvoient les musiciens ; Flavio les paye ; ils s'en vont. Buratino veut que tous aillent se promener avec lui, il jouera de la musique […] on se met ensuite à danser la danse du guetteur tandis qu'Isabelle prie Orazio de prendre son luth, ou sa théorbe, et de chanter quelques-unes de ses mélodies à la romaine, afin de ravir la compagnie. Orazio, enchanté, envoie Pedrolino chercher l'instrument. […] Orazio entre en chantant, suivi de toute la compagnie.[26]

Cette insertion répond sans doute aux attentes du public : en intercalant ainsi des divertissements *choré-graphiques*, le spectacle est rendu plus festif. Mais c'est précisément ce divertissement du corps qui suscite les critiques et excite la censure. Ainsi, le Père Bianchi fulmine contre « les ballerines qui dansaient en compagnie des hommes dans les théâtres et qui, par les mouvements de leurs corps, de leurs visages et de leurs cous, représentent certaines actions qu'on ne pourrait pas décrire honnêtement avec des mots ». Thoinot Arbeau stigmatise de la même façon les « grand pas et ouvertures de jambes » :

> Ces voltes et aultres dances lascives et esgarées que l'on a amené en exercice, en dançant lesquelles on faict bondir les Damoiselles de telle mode, que le plus souvent elles montrent à nud les genoulx, si elles ne mettent la main à leurs habits pour y obuier. […] La volte, de sa part, mettra sa main droicte sur vostre dos ou sur vostre collet et mettra sa main gaulche sur sa cuisse pour tenir ferme sa cotte ou sa robbe, afin que cueillant le vent elle ne monstre sa chemise ou sa cuisse nue… Et après avoir tournoyé par tant de cadances qu'il vous plaira, vous restituerez la damoiselle en sa place, ou elle sentira (quelque bonne contenance qu'elle face) son cerveau

---

[26] F. Scala, *Il vecchio geloso*, in *Teatro delle favole rappresentative, ovvero la ricreazione comica, boscareccia, e tragica, diviso in cinquanta* giornate (Venezia, Pulciani, 1611).

esbranlé, plan de vertigues et tournoyements de testes et vous n'en aurez peultestre pas moins. Je vous laisse à considérer si cest chose bien séante à une jeune fille de faire de grand pas et ouvertures de jambes : et si en ceste volte l'honneur et la santé y sont pas hazardez et interessez.[27]

A la dépréciation contre-réformiste s'oppose aussi un courant plus partisan et dont les motivations varient selon les époques et les interprétants : au dix-septième siècle, on exalte volontiers la *commedia dell'arte* comme théâtre d'action ; au dix-huitième siècle comme jeu d'improvisation *ex nihilo ;* au dix-neuvième siècle en « tant que démonstration emblématique de l'éphémère et de l'inconnaissable sentiment du théâtre, qui épuise son rapport et sa signification dans le moment de l'interaction acteur-spectateur ».[28] Mais au seizième siècle, le théâtre *dell'arte* est très concrètement menacé par l'Eglise[29] inquiète que le théâtre détourne et confisque son propre public. Comme dans toutes les crises de la légitimité – du crédit – c'est l'économie symbolique qui est visée. Le mode de vie des comédiens est ainsi accusé d'être l'image de l'antisociété, de la dépense, de l'irruption des pulsions dans la vie sociale, du retour à l'anarchie propre à la fête. Il est l'image d'un désordre dommageable pour l'ordre moral et économique :

> Les comédiens professionnels sont dommageables à la population de nombreuses manières, parce qu'ils font sortir de la ville une assez grande quantité d'argent et donnent occasion aux jeunes gens et aux enfants de voler de l'argent à leurs parents pour payer la comédie ; ils fuient ensuite l'école et la boutique et ils introduisent partout de mauvaises mœurs.[30]

---

[27] T. Arbeau, *Orchésographie et traicté en forme de dialogue, par lequel toutes personnes peuvent facilement apprendre et practiquer l'honneste exercice des dances* (Lengres, J. Des Preyz, 1589).

[28] L. Falavolti, *Commedie dei comici dell'arte*, Classici UTET 54 (Torino 1982), p.12.

[29] « Ils négligent le fait que les plus résolus de leurs adversaires, reprenant par-delà les siècles les arguments des Pères de l'Eglise, considèrent en bloc les comédiens comme des empoisonneurs publics, et tiennent toutes leurs productions pour également dangereuses en ceci qu'elles occupent un temps qu'il serait plus utile d'employer à la prière, allant même, dans certains cas, jusqu'à considérer la décence morale et la qualité littéraire comme une périlleuse séduction de plus » (G. Luciani, 'L'acteur dans la commedia dell'arte', dans D. Souiller et Ph. Baron, éd., *L'Acteur en son métier*, Dijon 1997, p.68).

[30] Propos du cardinal G. Paleotti (1578), cités par Nicolò Barbieri dans *La Supplica. Discorso famigliare a queli che trattano de' comici* (1634), édité par F. Taviani (Milan 1971).

Ce qu'il importe de relever ici c'est que l'accusation d'obscénité incrimine la dépense et sa mise en scène du corps, du « non-dit », du « refoulé », du malentendu. L'obscène signale obliquement ce que le langage ne peut objectiver : son vouloir-dire. Ignoré de l'ancien français, et même du latin médiéval, le mot n'apparaît d'ailleurs qu'à la Renaissance, toujours rivé à une dépréciation référentielle. Mise en scène de la parole et du corps dans ce qu'il a de conjectural, de symptomatique et d'obvie, l'obscène est au sens propre un *monstrum*, instance de pure désignation qui « monstre » ce qui, dans la langue, échappe à toute représentation. Cette obscénité au moment de la représentation renvoie tout aussi bien à l'équivoque fondamentale du langage dont l'objet est impossible à médiatiser. L'obscène dont la *commedia dell'arte* est accusé serait-il le processus même de la figurabilité ? Le démantèlement du système théologique ? Pas étonnant dès lors que la condamnation de la *commedia dell'arte* porte toujours sur son *ob*-scénité, c'est-à-dire sur la modélisation théâtrale du discours. En somme, ce que la Contre-Réforme reproche à la *commedia dell'arte*, c'est sa structure spectaculaire. L'obscénité de ce dispositif c'est le dispositif lui-même : l'instance performative qui vise l'irreprésentable du discours.

Commedia : activité musico-expressive du corps

A l'intérieur de la pluralité des systèmes signifiants se produisant dans le spectacle *dell'arte*, si une place particulière est réservée à la danse, celle-ci est toujours soutenue par la musique. Mario Apollonio, Duchartre, Angelo Solerti et Irène Mamczarz ont essayé d'aborder ce sujet avec toute la diplomatie que réclame la critique lorsque les documents font parfois défaut. Les rapports de la *commedia dell'arte* avec la musique, et en particulier avec l'opéra, sont encore mal connus. Diverses formes musicales sont adaptées aux spectacles *dell'arte* : depuis certaines *frottole* aux madrigaux « à la mode de Padoue »[31] que chantent vers 1520 les acteurs de la compagnie de Ruzzante, des *Villotte* du style de celles d'Azzailo aux formes plus sophistiquée des morceaux d'opéra. Plusieurs fresques représentent les comédiens de l'*Arte* jouant des instruments de

---

[31] « *alla pavana* ».

musique. La guitare et la mandoline remportent la faveur des acteurs. Les comédiens Calmo et Ottavio jouent tout aussi bien de l'orgue, guitare, cymbalum, flûte, harpe, hautbois. Notons aussi que Flautino (Ghérardi père) jouit d'une *phoné* mimétique et imite toutes sortes d'instruments en s'accompagnant de sa guitare. Brigitte Bianchi ainsi que la quasi-totalité des femmes chantent et dansent en s'accompagnant de la guitare et du violoncelle. Une grande partie de la musique des fêtes de la Renaissance est composée pour les comédiens *dell'arte*. Pour emprunter deux exemples : Angelo Michele de Bologne et le Marc-Antoine dont parle du Bellay forment à Gênes une *societatem insimul recitandi comedias*, promettant aux acteurs de se produire « jouant, chantant, dansant ». Andrea Perrucci à qui l'on doit le traité *Dell'arte rappresentativa, premeditata ed all'improvviso* prescrit des intermèdes en musique, ballets ou intermèdes comiques à la fin de chaque acte :

> Finito ogni atto si deve suonare o farsi qualche ballo ed alle volte intermedi ridicoli, de'quali dirassi qualche cosa, essendo stato il suono nella fine degli atti introdotto invece dei cori e questo servirà per riposo de'rappresentani e per diletto degl'uditori.[32]

Souvent, plusieurs instruments de musique se combinent entre eux, mais il ne s'agit pas d'une règle. Ici, ce sont les compétences particulières de chaque comédien qui se trouvent sollicitées. Enfin, la mutation socio-économique qui régit la *commedia dell'arte* – qui fait d'elle une institution indépendante, mercantile, financièrement décidée c'est-à-dire déterminée par le pôle conatif – lui permet également d'inviter des danseurs et des musiciens virtuoses étrangers quand les compétences des comédiens de la troupe font défaut. Toutefois, ce privilège n'est réservé qu'aux troupes les plus célèbres, les Gelosi par exemple. Même si ce recours n'est pas généralisé, il suggère toutefois l'importance accordée à ces systèmes dits secondaires. Selon Ottonelli :

> Questi comici mercenari e cantatori recitanti, secondo la comune relazione hanno le seguenti condizioni : Sogliono esser virtuosi o nel cantar o nel

---

[32] (Naples, Muzio, 1699). « Une fois chaque acte achevé, on doit exécuter de la musique ou quelques pas de danse, et parfois même des intermèdes ridicules, ainsi que mentionné ; après la musique, on introduit en revanche des chœurs, et cela servira au repos des acteurs et charmera les auditeurs ».

sonare, o nel ballare, o nell'inventar nuovo architetture, o nel condur machine ammirabili, o nel disporre, e variar con graziosa facilita le scene, o in altre cose concernenti alla musicale rappresentazione.[33]

Danse et musique se conjoignent ainsi lors de la performance : il s'agit d'une convention quasi-générique soutenue par les compétences particulières de chaque comédien et concourant à la performance intégrale.

L'insertion des danses, des chorégraphies et des lazzi gestuels intervient parfois comme une pause dans l'action dramatique, un peu à la manière des pauses de la description dans le récit dont parle Genette. Ces « moments » sont à la fois arbitraires et motivés : d'une part, ils n'assurent pas toujours l'efficacité dramatique, même s'ils servent presque toujours l'efficacité scénique ; d'autre part, ces « moments » sont fortement codés. Cela signifie que le spectateur identifie ces moments à des scènes de genre. Selon Adolphe Appia, plus il y a d'éléments dans une œuvre, plus celle-ci a de chances de paraître cohérente. Ainsi la combinaison de la musique avec la danse, avec le geste et le mot, dévoile la danse comme une activité musico-expressive du corps humain, et comme une pantomime, dans laquelle cette activité devient compréhensible. Ainsi, le rythme de la parole, qui conduit à la parole récitée ou chantée ; le rythme du geste qui génère les mouvements du corps, le mime et la danse se conjoignent dans le système de la performance. De cette façon, un geste peut donner à entendre un texte et réciproquement. Finalement, note Claude Bourqui :

> A prendre la question dramaturgique de plus loin, on peut présenter la *commedia dell'arte* comme un théâtre qui procède, en matière de « disposition », par agencement plus que par composition. Agencement, c'est-à-dire ordonnation des unités sur des critères élémentaires de commodité : les péripéties se mettent en place dans l'ordre le plus naturel, corrigé par des impératifs externes comme la disponibilité de tel acteur à tel moment de la représentation, la mise en place d'une machine ou l'insertion

---

[33] « Ces artistes de comédie, mercenaires et chanteurs, doivent, dit-on, remplir les conditions suivantes : ils doivent être de véritables virtuoses dans la pratique du chant, de la musique ou de la danse, dans la création de nouvelles architectures, dans le maniement de machines extraordinaires, ou dans l'aisance et la grâce de varier les scènes, ou bien dans tout ce qui peut encore concerner la représentation musicale » (D. Ottonelli, *Della cristiana moderazione del teatro*, cité par F. Taviani, *La Commedia dell'arte e la società barocca*, p.512).

d'un ballet ; on parlerait de composition, par contre, dans le cas où la disposition serait élaborée sur le critère d'un effet d'ensemble subsumant les divers éléments.[34]

Soit la distribution suivante :

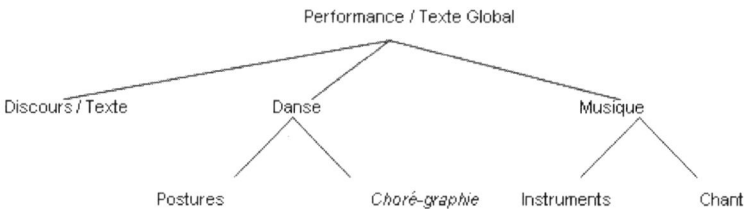

Tout spectacle est fondé sur la véhémence intersémiotique,[35] mais il faut dire davantage. Le théâtre, remarque Barthes dans ses *Essais critiques*, est le lieu d'une « polyphonie informationnelle » où s'opère la transmission de messages multiples, différents par nature, simultanés mais transmis par des rythmes spécifiques. Le spectateur est donc confronté à une « polyphonie informationnelle », c'est-à-dire à la combinaison de plusieurs canaux d'informations qui lui parviennent simultanément, constituant cette « épaisseur du signe » qui constitue l'essence même de la théâtralité par opposition à la « monodie littéraire » qui, elle, n'utilise que le code de la langue écrite. Toute représentation est un acte sémantique fort. Toutefois, entre le texte, le théâtre et le spectacle, la légitimité n'est pas la même. Et Pavis remarque à juste titre que le « spectacle prend une signification toujours péjorative, face à la profondeur et à la

---

[34] C. Bourqui, *La Commedia dell'arte : introduction au théâtre professionnel italien entre le XVIe et le XVIIIe siècles* (Paris 1999), p.29.

[35] M. Carlson fait remarquer que toute tentative de créer un spectacle vraiment non sémiotique (en supprimant l'intentionnalité à l'émetteur, la signification au message ou le cadre spectaculaire au public) est plus ou moins vouée à l'échec. « On devrait imaginer une expérience créée entièrement par le hasard, impliquant des éléments privés de signification et perçue par des publics auxquels la culture n'aurait pas donné les moyens de trouver un sens à cette expérience' ('Semiotics and nonsemiotics in performance', *Modern drama* 28, n°4, décembre 1985, 670-676 (p.675).

permanence du texte ».[36] Spectaculaire et théâtral exprimeraient une essence inférieure et ne seraient pas des gages de la littérarité d'une expression. Le spectacle désignerait simplement une réalité d'ordre phénoménologique entachée à la représentation – c'est-à-dire à l'instance performative –, alors que le théâtre relèverait d'un genre, de canons littéraires en vertu desquels il serait possible d'établir une hiérarchie des textes, de les classer en corpus et de juger leur valeur. Cette acception est dominante depuis trois siècles, c'est-à-dire depuis le classicisme français, et même l'intervention récente des sémiologues a fait les frais d'une telle tradition. Ainsi Barthes dans sa préface aux projets de théâtre de Baudelaire qui utilise le concept de théâtralité pour confirmer la distinction historique de la théâtralité et du texte :

> Qu'est-ce que la théâtralité ? C'est le théâtre moins le texte, c'est une épaisseur de signes et de sensations qui s'édifie sur la scène à partir de l'argument écrit, c'est cette sorte de perception œcuménique des artifices sensuels, gestes, sons, distances, substances, lumières, qui submerge le texte sous la plénitude de son langage extérieur.[37]

Nous suivons donc la remarque de Guy Spielmann :

> Il suffit de s'écarter du théâtre au sens le plus strict pour que ce modèle devienne inopérant ; s'il existe bien des textes associés à pratiquement toutes les pratiques spectaculaires, ils offrent une variété de formes qui, dès lors qu'on s'abstient de les juger inférieures parce que non-littéraires, nous permettent d'abolir la primauté incontestée d'un type textuel sur un autre, et surtout de réfléchir sur la notion du texte. Qu'il s'agisse de la fête, du Carrousel, de la commedia dell'arte, du ballet de cour ou du premier théâtre forain, nombre de représentations ne reposent pas sur un texte « à réciter » exactement, même si un texte existe, non plus qu'elles débouchent *a posteriori* sur un texte transcriptif du discours. En réalité, la relation de spectacle est un genre en soi, qui ne relève ni ne prétend relever d'un effort de transcription exacte ; si l'on donne éventuellement le détail des répliques qui ont été prononcées, c'est secondairement à la description d'ensemble qui relate moins ce qui a été vu que ce qu'il y avait à voir, et ne s'assimile donc pas au témoignage.[38]

---

[36] P. Pavis, 'Spectacle', *Dictionnaire du théâtre*, édition revue et corrigée (Paris 1996).

[37] R. Barthes, 'Le théâtre de Baudelaire', dans *Essais critiques* (Paris 1964), p.41-42.

[38] G. Spielmann, 'Spectacle, théâtre, texte : esquisse d'une problématique', 'Spectacle et spectaculaire à l'age classique', *L'Esprit créateur* 39, n°3 (automne 1999), 76-88 (p.86).

Dans l'histoire de la littérature européenne, c'est-à-dire dans l'histoire de l'idéologie littéraire, la *commedia dell'arte* est tout naturellement perdante. Précisément parce qu'elle offre une forme qui est moins composée que disposée. Précisément parce qu'elle présente plusieurs matières et plusieurs dimensions, outre plusieurs codes, la textualité *dell'arte* offre une série de niveaux textuels discriminés matériellement, historiquement et esthétiquement : gestualité, scénographie, musique... A défaut de prétendre à la littéralité, la *commedia dell'arte* serait reléguée au domaine du théâtre. Puis à défaut de prétendre au théâtre, elle serait reléguée au patrimoine du texte. En fin de course, à défaut du texte, il ne lui resterait plus que le spectacle. Guy Spielmann a très justement analysé la coupure esthétique et épistémologique entre spectacle et théâtre (p.80) :

> La démarche classique vise en effet à tirer le théâtre vers une poétique, c'est-à-dire à placer au centre de l'activité dramatique non pas la représentation, domaine des acteurs, ni moins encore la mise en scène, domaine des décorateurs, mais la composition, qui appartient en propre à l'auteur. Nombre de choix esthétiques et de règles découlent de ce décentrement du spectacle vers le *Logos*, à la fois langage et, pour reprendre le terme de Barthes, intellection ; remarquons qu'on retrouvait dans ce parti pris la défiance cartésienne envers les sens, et en particulier la vue, si trompeuse, et la dérive vers un dualisme qui recoupe et renforce la dichotomie déjà évoquée : le spectacle relèverait du corps, le théâtre de l'esprit.
>
> L'aboutissement du processus consiste à affirmer une coupure proprement ontologique : cirque, mime, prestidigitation, marionnettes ou danse [...] [le spectacle] se définit toujours comme ce qui donne à voir, alors que le théâtre est un lieu où l'on fait plus que montrer. Mettant en jeu un processus d'identification et un retour vers une possession plus ou moins décidable, il établit quant à lui un rapport avec l'immortalité.

***

Le théâtre « où l'on fait plus que montrer » ne représente pas seulement la communication discursive des situations dans lesquelles quelqu'un dit ou chante quelque chose à quelqu'un d'autre. Si les différents systèmes signifiants se combinent les uns aux autres et participent d'une façon ou d'une autre à l'efficace dramatique, il faudrait peut-être proposer un modèle d'indépendance de ces systèmes. L'analyse serait tentée de croire que la musique, la danse ou le simple corps reflètent les actions des actants et, à partir de là, opérer la distinction entre thèmes-objets, thèmes-sujets, thèmes-adjuvants… Peine perdue. Bien sûr, la danse peut se produire de façon indépendante, comme la musique ou le mime, mais le spectacle est un dispositif : une unité organique et disposée qui rive l'événement des segments à l'ensemble des dispositifs sémiotiques. Cela signifie que derrière la musique, la danse, le discours, le geste,[39] se discerne un facteur qui n'est réductible ni à la syntaxe ni à la grammaire. Ce facteur est peut-être bien une modalité. Par modalité, Greimas désigne toutes les intentions par lesquelles l'émetteur qui élabore un énoncé peut colorer son discours. Les modalités constituent les agents de certaines positions évaluatives à l'égard du contenu d'un énoncé. Les articulations modales sont créatrices de forme, si la forme est interprétée comme l'état de *tension* qui existe à l'intérieur de la configuration externe manifeste. Pour le critique, il est cependant dérisoire d'essayer d'isoler les modalités du spectacle seulement par induction, c'est-à-dire en rassemblant tous les types d'énoncés modaux. Si, au contraire, le critique préfère une démarche déductive, les catégories modales pourraient-elles s'appliquer à des systèmes secondaires sans sacrifier à un structuralisme ? Désormais, préciser un transfert d'une considération du texte (écrit) comme spectacle à celle du spectacle comme texte (sémiotique), puis comme théâtre et littéralité rassemblera toutes les forces de la critique.[40] L'héritage de la *commedia dell'arte* est aussi une enfance – un programme vital : la convocation des différents arts comme condition d'invention de la littérature. Si la collusion de la danse avec les autres textes ne diminue pas le spectacle, pourquoi diminuerait-elle la textualité ou la littérarité alors même qu'elle indique peut-être la propre fondation de la littérature ? Engager cette critique à rebours n'est pas seulement une façon de désapprendre le malentendu moderne – la condition, pour

---

[39] Le traité sur le geste de Bonifacio, en 1616 : « L'arte de'cenni, con la quale formandosi favella visible, si trotta della muta eloquenza, che non è altro che un facondo silenzio » (« l'art des gestes, où grâce à la formation d'un langage [rendu] visible, on traite de l'éloquence muette, c'est-à-dire d'un silence bavard ») me semble significatif. Dans cette optique, on pourrait parler de sémiotique du silence. Le fait même que le geste est silencieux mais parle signifie qu'un telle sémiotisation implique une tension. Ce fait est dû à la continuité que le niveau profond donne à ce qui se passe sur scène. Le « silence bavard » ne fait que souligner ce niveau modal, qui est caché mais présent à tout moment.

[40] Voir E. W. Goellner et J. Shea Murphy, *Bodies of the text : dance as theory, literature as dance* (New Brunswick 1995).

nous, de rester vivant donc – mais également une façon de jouissance de la culture que ni la bureaucratie littéraire ni le budget culturel ne peuvent administrer.

Danser le roman :
Allégorie et fiction dans le ballet
au dix-septième siècle

Françoise Lavocat, Université Paris VII-Denis Diderot

Résumé :

Cet article a pour objet la relation entre la danse et les romans au dix-septième siècle et plus précisément l'exploitation par le ballet burlesque (autour des années 1640-1650) de motifs et de personnages empruntés aux romans de chevalerie, à Rabelais et aux romans contemporains, héroïques, picaresques et pastoraux. La fonction de ces emprunts n'est pas d'importer une trame narrative, incompatible avec l'esthétique allégorique du ballet de cour telle que la théorise à cette époque le père Ménestrier. Ils induisent plutôt une confrontation entre ces deux arts en quête de légitimation et alimentent la dimension puissamment auto-réflexive du ballet. Les personnages de roman émigrés dans le ballet servent aussi à dessiner le périmètre, d'ailleurs mouvant, du territoire de la fiction. S'esquisse ainsi sur la scène de ballet une perspective critique sur le roman. Enfin, la vogue des personnages romanesques dans le ballet prépare la sortie de celui-ci du système de l'allégorie

Les rapports entre danse et littérature au dix-septième siècle ont jusqu'ici fait l'objet de deux types d'approche. L'une consiste à interroger la représentation de la danse dans la littérature, en confrontant éventuellement les ressources de l'écriture aux difficultés de la description du corps dansant ;[1] l'autre, magistralement illustrée par Mark Franko,[2] s'est attachée à éclairer les transformations du ballet à travers les écarts entre la danse et le texte (livret, vers, descriptions de ballets). La thèse bien connue de Mark Franko est que la distorsion entre le texte et la danse, dans le ballet de cour baroque, fonde conjointement l'autonomie du corps dansant dans un spectacle aux effets essentiellement visuels, et la dimension auto-réflexive,

---

[1] Voir les ouvrages collectifs dirigés par Alain Montandon, *Sociopoétique de la danse* (Paris 1998) ; *Écrire la danse* (Clermont-Ferrand 1999).

[2] *Dance as text : ideologies of the Baroque body* (Cambridge 1993).

théorique et subversive du ballet de cour à partir de 1620 et jusqu'au milieu du siècle où sa force poétique et critique s'affadit. Cette force poétique est liée, toujours selon Mark Franko, au primat de l'allégorie, qui, dans le ballet burlesque, n'exclut pas l'imagination et la fantaisie, mais au contraire, fait grincer la *mimesis* et opère une dissolution du sens.

Dans la lignée de ce travail fondateur, je voudrais proposer ici une autre perspective, en évoquant un aspect mineur, mais jusqu'ici passé inaperçu, du ballet de cour : l'exploitation par le ballet de motifs, de personnages, en rapport avec la littérature, qui s'intensifie dans les années 1640-1650. Certes, on connaît depuis longtemps la faveur des épisodes tirés de Rabelais,[3] ou de l'Arioste et du Tasse[4] qui excède largement, comme on sait, le cadre du ballet.[5] Je m'attacherai plutôt, dans le cadre d'une réflexion plus générale sur les rapports entre allégorie et fiction, à cerner le rôle, le statut, de personnages littéraires, en particulier romanesques, dans le ballet burlesque, dans une période qui est justement marquée par le déclin de celui-ci.

J'essaierai donc de montrer que l'utilisation de personnages littéraires, en particulier romanesques, contribue à la dimension auto-réflexive du ballet, à travers une révision, thématisée dans le ballet lui-même, de la hiérarchie des arts. J'aurais pu mener cette réflexion autour des Orphée burlesques, ou des personnages de poètes, souvent représentés dans le ballet de cour sous la forme de fantômes ; mais outre le fait que je l'ai déjà esquissée dans un autre cadre,[6] je voudrais essayer de montrer que l'exploitation de la matière romanesque joue un rôle spécifique dans l'évolution du ballet. Elle coïncide en effet avec la disparition de l'allégorie à travers la mise en place d'un univers de fiction (essentiellement non narratif) qui paraît provisoirement commun à la danse et au roman, et dont il s'agira d'interroger la fonction. Peut-être, et ce sera une de mes hypothèses, prépare-t-il l'apparition du ballet en action.

---

[3] Voir H.-E. Clouzot, 'Les ballets tirés de Rabelais au XVIIe siècle', *Revue des études rabelaisiennes* (Paris 1907 ; Genève 1974), p.90-97.

[4] Mark Franko, 'Jouer avec le feu, la subjectivité du roi dans *La Délivrance de Renaud*', dans *La Jérusalem délivrée du Tasse : poésie, peinture, musique, ballet*, actes du colloque du Louvre (Paris 1999), p.159-75.

[5] Margaret MacGowan, *L'Art du ballet de cour en France, 1581-1643* (Paris 1963).

[6] 'Les fantômes du ballet de cour', dans *Dramaturgies de l'ombre*, éd. François Lecercle et Françoise Lavocat (Rennes 2005), p.177-200.

Je procéderai en deux temps, en revenant tout d'abord brièvement au traité du Père Ménestrier, théoricien majeur, avec l'italien Tesauro, du ballet comme allégorie,[7] afin de cerner le statut des romans par rapport à la danse dans le contexte plus général de l'esthétique des divertissements de cour. Puis j'évoquerai plusieurs ballets qui, autour des années 1640, se donnent les romans pour objet.

Si l'on en croit le Père Ménestrier, les romans, à côté de « l'histoire » et de « la fable », fournissent aux créateurs de ballets une réserve de sujets naturel et inépuisable. Cette triade (l'histoire, la fable, le roman)[8] est familière à Ménestrier : il la mobilise à propos des tournois, des carrousels[9] et de tous les divertissements de cour. Par « romans », il entend exclusivement ce qu'il appelle aussi les « vieux romans », c'est-à-dire ce qui compose la bibliothèque de Don Quichotte : les romans de chevalerie auxquels s'ajoutent les épopées de l'Arioste et du Tasse. Dans ce système cohérent, qui pense l'ensemble de la culture de cour grâce au concept unificateur, mais lâchement défini, de l'allégorie, ce corpus se caractérise explicitement par un déficit bienvenu de la narration (p.61) :

> La conduite du Ballet peut être une espece de Roman comme ceux des Amadis, des Chevaliers du Soleil, de Primaleon, &c. c'est ce qui fait que l'Arioste a fourni un grand nombre de sujets de Ballets, dansez en France &

---

[7] Tesauro parle plus exactement de métaphore agissante. Ménestrier se réfère explicitement à Tesauro : « Ce sont ces choses que l'on doit imiter dans les Ballets, ce qui fait dire à l'Abbé Tesoro [sic] dans son *Canocchiale Aristotelico* qui est une espece de Commentaire que la Rhétorique et la Poëtique d'Aristote pour l'Elocution des inscriptions & des devises, & pour l'art des Symboles, que le Ballet est une action metaphorique qui exprime les affections de l'âme & les actions exterieures de l'homme par ses gestes. *Il Ballo è metaphora attuosa significante col gesto, e col movimento gli affetti interiori, o l'esteriori attioni humane* » (*Des ballets anciens et modernes selon les règles du théâtre*, Genève 1972 [fac-similé de l'édition de Paris, Guignard, 1682], p.43).

[8] Ménestrier ajoute « l'invention » à laquelle il accorde une extrême importance (*Des ballets anciens et modernes*, p.56, 58, 67, 71 etc.) ; elle est sous sa plume synonyme de « fable », « sujet », « fiction ».

[9] « Comme les Sujets des Carrousels sont historiques, fabuleux, ou Emblematiques, les Tenans, & les Assaillans y prennent ordinairement des noms conformes au sujet qu'ils représentent. [...] On y peut prendre des noms de Romans, comme ceux des chevaliers du Lys, qui se nommerent, Roseleon le Valeureux, Clarisel le Fortuné, Alberin le Courtois, Belloglese le Hardi, Valdante le fidele, Riveglose le Dangeureux » (*Traité des tournois, joustes, carrousels ; et autres spectacles publics*, Lyon, Jacques Muguet, 1659, p.225-26).

en Italie depuis un siècle, parce le dessein de son Poëme n'ayant point
l'unité d'action que demande la Poësie narrative, il s'est proposé de décrire
en vers tout ce qui peut servir naturellement de sujet aux Ballets,
Mascarades, Carousels, & autres divertissemens.

Dans ce contexte, l'allégorie se définit moins par son contenu,
effectivement disparate (Ménestrier, comme tous ses contemporains,
ne distingue pas symbole et allégorie), que par son effet structurant
(ou, dirait Franko, destructurant). Elle est en effet intrinsèquement liée
au découpage du ballet par entrées successives. Le primat de la
« figure » sur l'intrigue implique la juxtaposition des séquences et ne
tolère pas l'élaboration d'un lien narratif, justement parce qu'un ballet
n'est pas une pièce de théâtre : chaque personnage, dans un ballet, ne
doit faire qu'une seule apparition, car une fois déchiffrée sa « figure »,
il n'apportera plus rien de nouveau, alors que le personnage de théâtre,
par la parole, continue à susciter un intérêt qui se porte sur la
progression diégétique.[10] Ménestrier donne justement un contre-
exemple, selon lui pitoyable, d'un ballet tiré d'un poème épique sur
l'empereur Constantin. L'erreur du Père Maubrun (auteur du ballet et
du poème épique) est justement d'avoir cru que le ballet pouvait
représenter une action conformément aux préceptes aristotéliciens.
Ménestrier lui oppose le *Ballet de la nuit* ou celui de la *Vérité ennemie
des apparences* (1654) : leur beauté réside dans la déclinaison, par
exemple, de l'idée de nuit dans les situations les plus variées et les
plus inattendues possible ;[11] il admire également la symbolisation
surprenante du mensonge et des apparences par des costumes de coqs
et de poule, ou celle, particulièrement ingénieuse, de l'Horizon par un
vêtement par moitié blanc et noir. Ménestrier privilégie explicitement

---

[10] « C'est que le même personnage ne doit paroître qu'une seule fois, du moins sous le
même habit [...] La raison de cela est que le Ballet ne representant que par les figures
& les mouvemens ; quand le personnage paroît une seconde fois, il n'exprime rien de
nouveau quant à la figure, & il faut que les mouvemens soient diversifiez, que l'on
puisse entendre ce qu'il represente de nouveau. Il n'en est pas de même dans la
Tragédie, où l'intrigue se mene & se conduit par les paroles & la diction, aussi bien
que par l'action » (*Des ballets anciens et modernes*, p.141-42).
[11] « On y voit les caractères de toutes sortes de personnes. Des Divinités, des Heros,
des Chasseurs, des Bergers, & des Bergeres, des Bandis, des Marchands, des Galands,
des Coquettes, des Egyptiens, & des Egyptiennes, des Gagnepetits, des allumeurs de
lanternes, des Bourgeoises, des Gueux & des Estropiez, des personnages Poëtiques,
les Parques, la Tristesse, la Vieillesse, des Pages, des Païsans, des Astrologues, des
Montres, des Demons, des Forgerons, &c. » (*Des ballets anciens et modernes*, p.176).

l'invention poétique par rapport à la convention. Il regrette le mauvais goût de son époque (son ouvrage est publié en 1698, mais il affirme l'avoir conçu dès 1658) et le déclin de l'allégorie, de plus en plus réduite à de plats attributs (un caducée pour Neptune, la foudre pour Jupiter…). La danse risque de se borner à une suite de mouvements en cadence, qui ne solliciterait plus aucune démarche interprétative de la part du spectateur. Généralement accusé d'avoir totalement manqué la poétique du ballet burlesque,[12] le Père Ménestrier me semble au contraire en avoir explicité une donnée fondamentale : le primat de la variété et de l'imagination sur la linéarité du sens (telle que l'exprime une pièce de théâtre), en un mot l'incompatibilité de l'allégorie, telle qu'il la conçoit, et de la narration.

Une telle esthétique devrait exclure les romans comme sujets de ballets, à moins, et c'est évidemment ce que Ménestrier a en tête, que cette matière romanesque ne soit réduite à un répertoire onomastique et aux idées d'enchantement, d'amour et de bravoure s'exprimant sur un mode hyperbolique. C'était d'ailleurs déjà le cas dans les tournois, auxquels Ménestrier s'intéresse également. Les deux grands ballets tirés de l'Arioste et du Tasse du début du dix-septième siècle, le *Ballet de Monseigneur de Vendôme* de 1610 et le *Ballet de la délivrance de Renaud* de 1617 ne retiennent de leur source livresque qu'une donnée extrêmement lâche (le combat contre la magicienne), où Alcine et Armide sont d'ailleurs parfaitement interchangeables. Dans le ballet de 1610, on peut cependant noter, parmi le défilé de divinités, de monstres et d'objets incongrus que suscite la forêt des enchantements, une entrée de moulins à vents, ce qui ne peut être qu'une allusion à *Don Quichotte :* ce jeu d'échos esquisse un univers des romans indépendant du dessein allégorique de l'œuvre.

Les ballets des années 1620-1650 expérimentent plusieurs façons d'exploiter la matière des romans, et par conséquent d'articuler allégorie, fiction et narration, ce qui montre que leur rapport est dans les faits plus complexe que ne l'admet la théorie. Ménestrier fait lui-même état d'un ballet dansé en 1628 par les pensionnaires du collège des jésuites de Reims, bâti à la manière des « vieux romans ». Il en loue l'originalité, quoique ce ballet de collège, intitulé *La Conquête du char de la gloire par le grand Théandre,* semble bien éloigné du modèle du ballet de cour qui a sa préférence. Il en rapporte en détail

---

[12] Franko, *Dance as text*, p.77.

l'argument.[13] L'intérêt principal de ce ballet allégorique, historique et politique (Théandre est Louis XIII et la conquête du char de la gloire représente la prise de la Rochelle) est qu'il a été conçu, selon Ménestrier, « en forme de vieux roman » : les personnages sont en effet des géants enchantés, des bergers, des chevaliers (l'un d'eux, censé représenter Henri III, porte le nom d'un personnage de l'*Astrée*, Lindamor). Comme rien n'est dit de la nature et de l'ordre des entrées, on ne sait pas comment la complexité de l'action, indéniable, était prise en charge sur le plan chorégraphique. Mais c'est bien ici l'articulation des épisodes, et non l'ingéniosité des figures qui retient l'attention de Ménestrier. Il est clair, par exemple, que les personnages n'y font pas qu'une seule apparition. Or, c'est bien le modèle structurel du ballet « formé sur le dessein des vieux romans » qui est responsable du caractère narratif, si ce n'est du ballet lui-même (puisque l'on n'en sait rien), mais du moins de son argument.

Le ballet de cour est plus ostensiblement fidèle à une composition non-narrative, peut-être parce que sa parenté avec d'autres divertissements aristocratiques conçus sur le modèle du défilé, comme les carrousels, informe sa structure. Cette proximité, préparée de longue main par les échanges entre les romans de chevalerie et la culture des emblèmes, des devises et des tournois, est évidente, par exemple, dans *L'Entrée en France de Don Quichot de la Manche* (1626), qui n'est pas un ballet, mais une mascarade qui se présente sous la forme d'un défilé : le livret contient des lettres et des cartels de défis qui pastichent le style tourné en dérision dans le roman de Cervantès, mais qui est encore de mise dans les tournois. Le dernier défi est lancé par un chevalier suédois qui met en fuite Don Quichotte et prend sa place : les vers qui illustrent ce final dans le livret ne laissent aucun doute quant à la signification allégorique et politique que prend *in extremis* la mascarade (la victoire sur l'Espagne avec l'aide de la Suède). Mais cette allégorie est bien loin de s'appliquer à l'ensemble du cortège. Celui-ci, en effet, fait se succéder en quelque sorte les volumes d'une bibliothèque virtuelle qui est à peu près celle de Don Quichotte, celle des lecteurs des années 1620, et qui sera encore celle de Ménestrier : tout ce que recouvre, à peu près, le mot de « roman » dans la première moitié du dix-septième siècle. Après les chevaliers de la Table ronde, qui ouvrent le cortège, se succèdent en

---

[13] Voir annexe.

effet les Amadis (ainsi qu'Urgande la déconnue), les héros des principaux romans de chevalerie (Ogier le Danois, Roland, Olivier, les quatre fils Aymon…), puis Astolphe qui porte dans une fiole non pas la raison de Roland mais celle de Don Quichotte ; il est d'ailleurs suivi d'autres personnages de l'Arioste (Bradamante, Marphise) et des principaux personnages du roman de Cervantès, (Sancho Panza, Don Quichotte, Dulcinée du Toboso, le licencié, le barbier, la princesse Micomicona). Certains ont d'ailleurs tendance à se démultiplier, illustrant cette capacité des personnages de fiction, dans le ballet, à en générer d'autres, absents de l'œuvre source : Sancho Panza est flanqué de nains chevauchant des mules, Micomicona précède plusieurs princesses de terres lointaines ou inconnues. L'apparition de Carême et de Carême-prenant (que Don Quichotte, selon le livret, prend pour Gargantua !) souligne enfin la proximité de l'univers des romans avec celui du carnaval.[14] A l'évidence, la mascarade n'a pas pour fonction principale d'illustrer l'allégorie politique claironnée par le final. Non seulement se dessine un univers du roman, mais il est mis en scène, autour de la figure emblématique de Don Quichotte, de façon étonnamment perspicace. La structure paratactique de la mascarade autorise en effet des rapprochements pénétrants, comme celui de Roland et de Don Quichotte, par l'intermédiaire de la fiole d'Astolphe.

Cet exemple suggère la sortie du système de l'allégorie (ou du moins sa relégation à un rôle secondaire) par la construction d'un univers de la fiction cohérent dont Don Quichotte est bien la figure-clef. Don Quichotte opère le lien entre les anciens et les nouveaux romans ; une généalogie du roman s'organise autour de sa présence spéculaire. Il associe également la danse et une certaine idée de la fiction comme séduction, folie, faux enchantement, et peut-être déjà, comme le comprendra surtout le dix-huitième siècle, charme du passé.[15] Dans la période qui nous occupe, Don Quichotte incarne aussi

---

[14] La parenté entre Don Quichotte et le carnaval a été soulignée par la critique contemporaine, qui ne s'est cependant pas intéressée à ces ballets. Voir Augustín Redondo, 'El Quijote y la tradición carnavalesca', dans Miguel de Cervantes : la invencion poetica de la novela moderna· *Estudios de su vida y obra* (Barcelona 1989).·

[15] C'est le cas, par exemple, dans un ballet beaucoup plus tardif (1743), qui eut un grand succès, *Don Quichotte chez la duchesse*. Les danses du deuxième acte sont exécutées par des amants prétendument désenchantés par Don Quichotte, qui chantent ses louanges en regrettant les amours et les « longs romans » du temps jadis. « De

la rencontre entre les univers connexes du roman (ancien et nouveau), de la chevalerie, des divertissements de cour et du carnaval. Il apparaît d'ailleurs, sous la forme d'allusions plus ou moins développées, dans presque tous les ballets où il est question de romans. C'est le cas dans plusieurs ballets rabelaisiens des années 1638-1645.

*La Bouffonerie rabeleisque (*1638), le *Balet de l'oracle de la sibylle de Pansoust* (1645) et le *Ballet de la vénérable sibylle de Panzoust* (vers 1645)[16] illustrent en effet de façon passionnante trois aspects principaux de la confrontation entre la danse et les romans au dix-septième siècle. Ils sont tout d'abord porteurs d'une perspective critique, même allusive, sur les romans ; celle-ci inclut une représentation problématique de la hiérarchie des arts ; enfin, dans une période qui ne correspond pas à une diffusion importante de l'œuvre de Rabelais,[17] ils construisent, par son intermédiaire, un univers de la fiction non narratif qui s'émancipe de l'allégorie. On peut se demander si cette vogue des ballets rabelaisiens est liée à l'expérimentation de nouveaux dispositifs herméneutiques pour la danse. La citation chorégraphique d'une œuvre qui est liée à la crise de l'allégorie au milieu du seizième siècle aurait-elle eu un effet délétère sur le ballet allégorique au milieu du dix-septième siècle ?

Ces trois ballets sont ordonnés autour de l'idée de prophétie et de la figure de la sibylle de Panzoust, sœur grotesque des Armide, des Alcine et Circé de la période précédente. Armide et « Urgande la descognuë », « magiciennes », forment d'ailleurs la suite de la sibylle dans le *Balet de l'Oracle de la sybille de Pansoust* de 1643. Urgande est la fée des Amadis, qui apparaît aussi la plupart du temps dans l'entourage de Don Quichotte (comme en témoigne la mascarade de 1628). Cette relation de subordination entre les anciennes magiciennes et la sibylle rabelaisienne rappelle l'héritage des « vieux romans ». Il est difficile de savoir si l'œuvre de Rabelais est rangée parmi ces « vieux romans », ou si, comme Don Quichotte, elle fait le lien entre

---

tous les amans du vieux temps / la constance estoit le partage :/ l'amour ne suit plus cet usage,/ On ne voit plus de longs romans./ Ainsi que les preux Amadis / Don Quichot est tendre & fidele : /son cœur sensible se modele / sur les amants du temps jadis » (*Don Quichotte chez la duchesse*, Paris, Ballard, 1743).

[16] Il y a en 1633 un *Ballet des pantagruelistes* qui ne fait presque pas allusion à l'œuvre de Rabelais.

[17] Voir la mise au point, à cet égard, et la bibliographie de Stephen Bamforth, 'Molière et Rabelais', dans *Molière et la fête*, éd. Jean Emelina, actes du colloque international de Pézenas, 7-8 juin 2001 (Pézenas 2003).

l'ancien et le nouveau. L'opposition entre les anciens et les nouveaux romans est en tout cas le motif principal du *Ballet de la vénérable sibylle de Panzoust*, dont le sujet est le remplacement de la sibylle de Rabelais par un nouveau prodige, Alcidiane, princesse de l'île inaccessible et héroïne du roman-fleuve de Gomberville, *Polexandre* (publié entre 1619 et 1637). Polexandre et ses compagnons font irruption eux-mêmes dans le ballet (ils dansent la deuxième entrée), pour demander à la sibylle déchue le chemin de l'île inaccessible. Il est tout à fait curieux que dans le *Balet de l'oracle de la sibylle de Pansoust*, la douzième entrée soit aussi dansée par Polexandre et sa suite, cherchant l'île inaccessible et demandant leur route à l'oracle.

La coïncidence est trop frappante pour qu'un des ballets n'ait pas emprunté à l'autre l'idée de cette confrontation curieuse du Polexandre de Gomberville et de la sibylle de Rabelais. L'auteur de la relation du *Ballet de la vénérable sibylle de Pansoust* met en tout cas l'accent avec beaucoup d'emphase sur la déchéance de la sibylle (pourtant consultée à tour de rôle par les personnages hétéroclites qui se succèdent dans les entrées) et l'intronisation d'Alcidiane comme nouvel oracle, placé avec insistance sous le signe de l'amour. Est-il excessif de voir dans cette substitution l'apparition d'une esthétique galante, sous l'égide des romans modernes, aux dépens du ballet burlesque et des vieux romans ? Les deux dernières entrées mettent en tout cas particulièrement en lumière la dimension auto-réflexive de ce ballet, qui engage bien une réévaluation de la hiérarchie des arts. Font en effet leur entrée, successivement, « trois chevaliers errans » à la recherche de la Table ronde, qui vont consulter la sibylle de Panzoust, puis « quatre baladins embarrassez de leur dessein » qui s'inquiètent de leur succès : la sibylle les renvoie à Alcidiane. Ce final suggère l'association, d'une part, des « vieux romans » et de la grotesque sibylle, et d'autre part des nouveaux romans à la mode et de la danse. Dans le *Balet de l'oracle de la sibylle de Pansoust* sont également congédiés des chevaliers errants, que la sibylle envoie aux Petites-maisons sous la conduite de Don Quichotte.[18] On trouve dans ce même ballet, dans une étonnante mise en abyme, une version

---

[18] « Quatorzième entrée : Deux chevaliers errans cherchans leur maîtresse […] Reponse de l'oracle : 'Sortez du royame des Fables / et coulez-vous sans dire mot / Au logement des Incurables / Que vous a marqués Don Quichot' » (*Balet de l'oracle de la Sibylle de Pansoust,* dans Paul Lacroix, *Ballets et mascarades de cour sous Henri IV et Louis XIII (1581-1652)* (Genève 1868-1870 ; réimprimé 1968), vi.114.

ambivalente de la place respective de la littérature et de la danse. C'est en effet Rabelais en personne qui consulte la sibylle pour connaître le succès du ballet tiré de son œuvre.[19] La réponse de l'oracle semble entériner l'infériorité de la danse, en reprenant le *topos*[20] d'une entreprise rapidement conçue, exécutée de façon presque impromptue :

> Il n'est pas juste qu'il se flatte
> De l'espoir de donner du plaisir,
> On l'entreprit trop a la haste
> On le danse trop à loisir.[21]

Mais le fait que Rabelais distribue à ce moment-là aux spectateurs les vers du ballet (que semble lui avoir donné la sibylle) met plutôt en scène l'annexion de l'œuvre et de son auteur par l'éphémère et fantasque spectacle.

Cette inféodation exhibée de la littérature à la danse est cependant contrebalancée par la fidélité tout à fait inédite de ces ballets à l'égard de l'œuvre dont ils se réclament. Cela est particulièrement vrai de la *Bouffonnerie rabeleisque* de 1638, où défilent les personnages principaux du *Tiers Livre*, dans l'ordre même,[22] à de rares exceptions près, de leur apparition dans le roman : outre Pantagruel et Panurge, font successivement leur entrée la sibylle de Panzoust, Triboullet, Rondibilis, Trouillogan, Raminagrobis (désigné par le livret comme « Poète extravagant ») et le juge Bridoye. Un personnage imaginaire, Morecafalabarbacan, la maîtresse de

---

[19] « Troisiesme entrée : Rabelais va consulter sur le succes du Balet, et revient donant les vers du Balet : 'Je viens consulter la sorcière / Pour sçavoir, touchant ce Balet,/ Dont on prit chez moi la matière,/ S'il doit estre agreable ou laid' » (*Balet de l'oracle de la Sibylle de Pansoust*, p.105).

[20] Repéré par Franko dans de nombreux vers ou relations de ballet (*Dance as text*, ch.4 'Political erotic of burlesque ballet').

[21] *Balet de l'oracle*, p.106.

[22] Ch.xvii : 'Comment Panurge parle à la sibylle de Panzoust' ; ch.xx : 'Comment Nazdecabre par signes respond à Panurge' ; ch.xxi : 'Comment Panurge prend conseil d'ung vieil poëte françois nommé Raminagrobis' ; ch.xxix : 'Comment Pantagruel faict assemblée d'un Théologien, d'un Medicin, d'un Legiste et d'un Philosophe pour la perplexité de Panurge' ; ch.xxxi : 'Comment Rondibilis, medicin, conseille Panurge' ; ch.xxxv : 'Comment Trouillogan, Philosophe, traicte la difficulté de mariage' ; ch.xxxviii : 'Comment par Pantagruel et Panurge est Triboullet blasonné' ; ch xxxix : 'Comment Pantagruel assiste au jugement du juge Bridoye [...]', *Tiers Livre*, dans *Œuvres complètes*, éd. P. Jourda (Paris 1962), t.i.

Panurge, dont le nom mime ostensiblement l'invention langagière de Rabelais, danse cependant la première et la dernière entrées, comme pour affirmer la liberté du ballet par rapport au texte source, dont l'existence est continûment rappelée. Pantagruel fait d'ailleurs lui aussi son entrée avec « sa maîtresse », invention du ballet. Dans un jeu subtil de dépendance et d'autonomie exhibées du ballet par rapport au texte rabelaisien, le livret s'essaie au pastiche, avec des mots comme « emburelucoqué ».[23] Dans la tradition du ballet burlesque, il décline aussi avec des variations l'idée de prophétie (avec des sorcières, des astrologues, des physionomistes, des chiromanciens...), et inclut des personnages porteurs d'une forte dimension spéculaire, comme l'afficheur, les messagers, l'Amour grotesque. Les vers du livret confrontent sous tous leurs aspects le texte littéraire et la danse, dont la relation est ici compliquée par le fait que les personnages empruntés au *Tiers Livre* illustrent tous une débâcle du langage et du sens. Les vers qui commentent l'entrée de Naz de Cabre le muet suggèrent ainsi une danse exprimant le non-sens obscène du corps (p.175) :

> Peut-estre n'entendez-vous rien
> Aux signes que je fais, pour leur extravagance ;
> Il en est toutefois dans l'amoureux silence
> Que vous entendez bien.

Les vers qui concernent les messagers et l'afficheur mettent l'accent sur l'excellence de l'exécution chorégraphique, en opposition avec leur fonction sémiotique. Les messagers, dans une syllepse galante, opposent la légèreté de leurs jambes à la constance de l'esprit ;[24] l'afficheur montre si bien cadence qu'il n'a pas besoin d'affiche.[25] D'autres vers posent la contradiction entre la parole signifiante et l'absurdité de la danse, comme ceux attribués à Triboulet (« Bien que par des pas estourdis / je desmente ce que je dis »).[26] Pantagruel

---

[23] Selon le teneur d'affiche, Panurge est « emburelucoqué » de la noble Morecafalabarbacan (*La Bouffonerie rabeleisque*, Lacroix, v.170).

[24] « Nous avons pour faire un message, / outre l'adresse et le courage, / une extreme legereté. / Mais pour cesser d'aymer vos beautez adorables,/ Nos pieds ont une qualité, / dont nos esprits sont incapables.» (*La Bouffonerie rabeleisque*, Lacroix, v.170).

[25] « Tout ce que la cadence a de noble et de riche, / Je le montre sans peine, avec beaucoup de fruict, / Et mon nom sur ce point s'est acquis tant de bruit / Que je n'ay que faire d'affiche» *(La Bouffonerie rabeleisque*, p.176).

[26] *La Bouffonerie rabeleisque*, p.177.

(toujours dans les vers que lui prête le livret), oppose le plaisir que donne « son ombre », par l'intermédiaire des livres, et celui qu'il prodigue en dansant, la présence étant comme toujours, dans le ballet burlesque, associée à l'éros.[27]

Cette confrontation permanente entre le prestige du texte écrit, mort, et la transgression passagère que représente la danse, inévitablement inscrite dans le non-sens érotique du corps présent, n'est pas l'apanage de ces trois ballets. Mais elle s'y exprime de façon particulièrement intense du fait de l'exceptionnelle proximité qu'ils affichent avec le livre dont ils tirent leur argument, et qui représente précisément une crise du langage. Ces ballets burlesques se trouvent donc être en adéquation avec leur modèle, coïncidence dans laquelle s'amorce certainement, si ce n'est le congédiement du burlesque lui-même (ce que je verrai volontiers dans le remplacement de la sibylle de Panzoust par Alcidiane), du moins sans aucun doute l'allègement de sa charge subversive. La dissolution de la subversion passe peut-être par le remplacement de l'allégorie (telle que, par exemple, les enchantements d'Armide représentaient, entre autres, les désordres de la Fronde) par un univers de la fiction habité par des personnages de roman qui ne renvoient qu'aux livres dont ils sont issus. Cet univers se désigne lui-même avec insistance comme faux : Panurge, dans *La Bouffonnerie rabeleisque*, répète qu'il « feint » d'aimer Morecafalabarbacan,[28] tandis que dans le *Balet de l'oracle de la sybille de Pansoust*, Esope le fabuliste s'est glissé parmi les docteurs qu'il consulte ;[29] la présence presque inévitable de Don Quichotte ou de ses doubles, les chevaliers errants, va dans le même sens.

Ces trois ballets rabelaisiens sont contemporains de deux ballets à succès, le *Ballet du libraire du Pont-neuf*, ou *Les Romans*, vers 1643, et la *Boutade des comédiens*, vers 1646, visiblement inspirée du précédent. Ils confirment la vogue, au milieu du siècle, des ballets ayant pour objet la littérature.[30] La facture du ballet des

---

[27] « Dans le moindre conte où je suis / Mon ombre chasse les ennuis. /Toutesfois, les plaisirs que mon histoire donne. / N'estans pas bien propres pour vous / Retirez-les de ma personne, / Et vous les trouverez plus doux » (*La Bouffonerie rabeleisque*, p.174). Ce motif est très présent dans les vers que prononcent les fantômes et êtres surnaturels dans les ballets burlesques.

[28] *La Bouffonerie rabeleisque*, p.175.

[29] Lacroix, vi.107.

[30] Une longue épître anonyme en vers burlesque adressée à Scarron (peut-être de main de Colletet ?) narre sur le mode comique les différentes représentations et le succès

Romans est inédite : se succèdent en effet, après le libraire et deux pédants à la recherche de livres, des personnages qui dessinent les contours d'une bibliothèque romanesque idéale, à dominante espagnole. Cervantès et le roman picaresque y occupent une place dominante (cinq entrées), à côté du roman pastoral (deux entrées) et du roman héroïque moderne (une entrée). La modernité l'emporte sur le vieux fonds des romans de chevalerie, qui n'est cependant pas oublié. Dans l'ordre défilent en effet Amadis, les chevaliers de la Table ronde, le chevalier du Soleil, Astrée et Céladon, Melusine, les quatre fils Aymon, l'Illustre Bassa,[31] Don Quichotte et Sancho Pança, Diane de Montemayor, Cardenio, Buscon et le berger extravagant, Esope, Guzman, la Belle Egyptienne et Andres. Les « femmes illustres » qui ferment le ballet appartiennent au territoire intermédiaire de l'histoire et du roman héroïque ;[32] elles sont précédées d'un trio « logogriphigeois », auquel sont associés des vers composés dans un sabir hispanisant ou italianisant, où dominent des notes de musique et des mots formés sur le modèle des noms inventés par Cervantès ou Rabelais : ce non-sens burlesque et musical[33] semble contredire la sujétion de la danse au texte. Deux autres entrées, celles de « L'Algouëzil et quatre démons » et des « amants volages » ne réfèrent pas à un roman particulier mais contribuent à meubler l'univers des romans, en renforçant ses traits espagnols et picaresques (avec l'alguazil) ou en mettant en valeur un motif romanesque par excellence, l'inconstance.

Cette série est passionnante pour ce qu'elle suggère du statut du roman en France au milieu du dix-septième siècle. La présence d'Esope, emblème de la fable, la cohabitation de la vieille fée médiévale (Mélusine) et de modernes picaros (Guzman, Buscon), l'annexion de la nouvelle exemplaire (avec les héros de la *Petite*

---

grandissant du ballet, de la ville à la cour, pendant le carnaval de 1643. Elle n'est pas retenue par Lacroix. Elle se trouve à la Bibliothèque nationale de Paris sous la cote YF-829.

[31] Il s'agit du personnage éponyme du roman de Madeleine de Scudéry (*Ibrahim ou l'Illustre Bassa*, Paris, A. de Sommaville, 1641).

[32] Elle ont en effet sûrement pour origine les *Les Femmes illustres, ou les Harangues héroïques de M. de S* [Georges de Scudéry], dont la première partie était parue en 1642.

[33] Les vers du trio Logogriphigeois sont : « Ut re mi fa sol sol re mi fa / Alcaminanda romanti Calliparifa / Gran nazo mostrara mollinero / Et beherto farfanti cimusi. / et almenalo deviassol, / In re mi fa sol re mi fa sol » (Lacroix, vi.70-71).

Gitane), la redondance des figures de Don Quichotte et du Berger extravagant, sont révélatrices d'un certain type de lecture qui privilégie la dimension comique, auto-réflexive et critique du roman indépendamment des critères formels. Elle désigne la fiction romanesque comme participant à la fois de la fable (Esope, Mélusine) et de l'histoire (Les femmes illustres). On retrouve ainsi la triade de la fable, de l'histoire et du roman désignée par Ménestrier comme la matière des ballets, avec ici un primat absolu accordé aux romans.

La représentation de l'univers des romans s'accompagne de la disparition de l'auto-commentaire traditionnel du ballet sur lui-même. Les vers ne font absolument pas allusion à la danse elle-même et n'évoquent en rien la traditionnelle rivalité entre les arts : les personnages de roman du ballet ne font allusion qu'à leur histoire. Ainsi, malgré le curieux trio « logogriphigeois », la subordination du ballet à la littérature est totale, même si elle pouvait être partiellement subvertie, de la part des danseurs, par une interprétation bouffonne que le texte du livret ne laisse en rien deviner. La relation en vers de ce ballet adressée à Scarron[34] laisse même entendre que certains personnages, comme Dariolette, une servante dans les Amadis, ou plus curieusement, la Diane de Montemayor étaient costumés, ou dansés de façon grotesque ; cela devait aussi être le cas des héros picaresques et des personnages de fous (Cardenio, le berger extravagant). En cela, ce ballet n'apportait peut-être pas d'innovation chorégraphique majeure par rapport aux ballets antérieurs, même si la composante burlesque y était sans doute, malgré tout, moindre.[35]

L'essentiel est plutôt que l'objet de la référence n'est plus le même. Le ballet des romans n'est pas un ballet allégorique, à moins de considérer que ces personnages sont des allégories de la fiction. Mais c'est aussi la qualité de la référence et sa codification dans l'ordre du visible qui ont changé : ce n'est sans doute pas la même chose de danser Astrée et Céladon que de danser la Justice, Vénus ou l'Horizon. Le costume ne joue plus un rôle aussi déterminant, il n'est plus le support essentiel de l'identification. Les personnages ne sont plus non plus dans un rapport métaphorique avec un propos politique ou une notion abstraite, mais plutôt dans un rapport métonymique avec des histoires. Ce ballet n'est pas narratif, mais les vers (qui ont

---

[34] Voir *supra*, note 30.

[35] On peut aussi noter que les vers du livret ne sont plus adressés à un public féminisé, sur le mode invariable du double-sens obscène.

d'ailleurs totalement délaissé les double sens obscènes des livrets des ballets burlesques) font allusion à des récits ; par rapport à ces récits, les personnages des entrées jouent un peu le rôle de vignettes illustrées.

La *Boutade des comédiens* de 1647 fait défiler les personnages de « vingt ou trente comédies », pour reprendre les mots du premier récit, parmi lesquels on retrouve d'ailleurs plusieurs personnages romanesques du *Ballet du libraire du Pont-neuf,* comme la Petite Gitane et l'Illustre Bassa.[36] Les vers du livret consistent désormais en d'assez longs pastiches des pièces auxquelles ils font allusion : toute dimension auto-réflexive et burlesque semble avoir disparu, la galerie monotone des personnages s'éternise, sans aucun intrus. Ce ballet révèle à la fois les limites de la formule et l'engouement qu'elle suscita. Elle annonce aussi peut-être le remplacement du roman par le théâtre comme matière des ballets en action. On sait qu'au dix-huitième siècle c'est le théâtre qui nourrira la pensée théorique des rapports entre danse et littérature ainsi que l'expérimentation chorégraphique concernant la pantomime.

La danse se pensera cependant encore longtemps des affinités avec la fiction romanesque. Au dix-huitième siècle, un nouveau *Ballet des romans* (opéra-ballet de Michel de Bonneval créé en 1736 et repris en 1776), organise à nouveau la confrontation du roman et de la danse, sous l'égide inédite de la Fiction.

Le prologue se déroule en effet dans le palais de la Fiction, où celle-ci trône en personne, entourée des « amateurs de la fiction » qui chantent ses louanges. Elle essuie cependant, de façon plus convenue,[37] les reproches de l'Histoire. Les deux rivales comparent leurs mérites. Suivent ensuite trois actes, respectivement intitulés « La bergerie », « La chevalerie » et « La féerie », accumulant des *topoï* qui dessinent ce qui constituait l'essence de ces genres aux yeux des spectateurs du dix-huitième siècle. Les danses sont exécutées par des bergers et bergères, des guerriers et guerrières (leur danse est censée

---

[36] Une tragi-comédie intitulée *Ibrahim ou l'Illustre Bassa* paraît en 1643 sous le nom de Georges de Scudéry (à Paris chez N. de Sercy). Elle connaît plusieurs rééditions jusqu'en 1645.

[37] La querelle de la fiction (ou de la fable) et de l'histoire est un *topos* des traités de poétique depuis le seizième siècle. On en trouve déjà une version dramatique chez Calderón. L'auto sacramental d'*El verdadero Dios Pan* (1670) fait intervenir, dans la « Loa », l'Histoire, La Fable, la Vérité, la Poésie, et la Musique.

être « pyrrhique »), des fées et des génies. Ce nouvel univers de la fiction est donc exclusivement constitué par des « vieux romans » et des genres où le merveilleux et le sentimental dominent. La modernité, qui avait fait son entrée en force dans le ballet de 1643, a disparu, de même que toute dimension comique et critique, esquissée malgré tout dans la querelle de la Fiction et de l'Histoire : mais cet intéressant prologue disparaît justement dans la reprise du ballet en 1776. Il ne s'agit plus du tout de faire allusion à des romans particuliers, mais de cerner le territoire fictionnel commun de la danse et de la littérature, réduite à sa composante idéalisatrice et ornementale.

La rencontre entre ballet et romans ne pouvait en effet être que provisoire. Elle participe peut-être du discrédit commun de ces deux arts dans la première moitié du dix-septième siècle, l'un et l'autre en quête de légitimation. Elle s'explique aussi par l'héritage ancien des divertissements de cour. Elle est enfin certainement liée à un moment historique de transition, qui marque la fin du ballet allégorique et burlesque et précède la révolution chorégraphique de la danse narrative. On a d'ailleurs vu que le ballet de collège de 1628, par le biais du pastiche des « vieux romans », innovait déjà par la dimension narrative de son argument.

Dans le ballet de cour, l'invention d'un territoire de la fiction romanesque, à la fois émancipé de l'allégorie et de la narration, a des enjeux qui excèdent le cadre de la danse. On peut en effet penser que la représentation chorégraphique des romans permet de mettre en place une perspective critique, qui contraste avec l'absence de toute prise en compte théorique des romans dans la première moitié du siècle. On pourrait presque avancer que les ballets pallient en partie cette lacune. C'est bien les ballets, quelques décennies avant Pierre-Daniel Huet, qui dessinent un corpus des anciens et des nouveaux romans, tracent une généalogie, suggèrent des rapprochements. La représentation des romans sur la scène du ballet crée un univers autonome, moderne (on n'y trouve aucun dieu du paganisme) et créatif, où non seulement les romans dialoguent entre eux mais où sont librement générés de nouveaux êtres de fiction. Aucun autre espace scénique, au dix-septième siècle, n'était assez libre pour mettre en scène cette faculté de l'imaginaire.

ANNEXE

Argument du ballet *La Conquête du Char de la gloire par le grand Theandre*, cité par Ménestrier, *Des ballets anciens et modernes*, p.62-64 (voir la note 13) :

« Les Geans de la Tour noire se fiant à la force de leurs charmes firent publier un cartel plein de vanité, par lequels ils invitoient tous les Chevaliers errans à la conquête du Char de la gloire. Lindamor desirant de châtier l'insolence de ces Sauvages fait une partie avec trois de ses amis pour les aller combattre. La Tour noire étoit remplie de charmes, & il n'y avoit nul moyen de l'ouvrir qu'avec le son d'un cor enchanté que les Geans avoient attaché à la porte. Lindamor le sonne, les Geants sortent sur lui & sur ses compagnons, & la partie n'étant pas égale, Lindamor est contraint de se retirer, & de laisser ses compagnons entre les mains des Geants, qui les chargent de fers, & les lient à la porte de la Tour pour y servir de trophée à leur vanité. Quelques bergers de la contrée qui avoient vû l'avanture de Lindamor, & de ses Géans, persuadent Caspis de s'employer en faveur de ces infortunés Cavaliers. Ce Berger qui étoit plus fort que toute la Magie, se présente aux captifs & d'abord brise leurs fers & les met en liberté. Lindamor satisfait de la courtoisie de Capsis, traite avec lui des moyens de se vanger des Geans de la Tour noire, il apprend de ce Berger que l'épée de Cloridan est fatale à cette entreprise, & que pour l'avoir il faut endormir le Dragon à qui les Geans l'ont donnée en garde : le Berger offre lui-méme de le faire, & y réüssit, mais pour avoir l'épée de Cloridans il falloit quelque chose de plus que d'endormir le Dragon, le Berger évoque l'ombre de Cloridan pour sçavoir de lui-méme ce qu'il falloit faire pour se servir utilement de cette épée. L'ombre évoquée leur apprend que Theandre seul est capable de s'en servir. Le bruit de cét oracle s'étant répandu, Vulcain avec le Cyclope prépare des armes pour Theandre, qui étant conduit par la Renommée, & suivi de Lindamor, va où l'épée de Cloridan étoit gardée, se saisit de cette épée apres avoir enchaîné le dragon, se présente avec cette épée à la porte de la Tour noire, la fait ouvrir au son du cor, défait les Geans, tire de la Tour le Char de la Gloire, y attache les Geans & triomphe enfin des armes, & des enchantemens de ses ennemis. Ce dessein qui tient de l'air des anciens Romans est une allégorie de la prise de la Rochelle. Le feu Roi est Théandre, le Berger Caspis le Cadinal (sic) de Richelieu premier & principal ministre de ce Prince, Lindamor, le roi Henri III qui n'étant encore que Duc d'Anjou avoit vainement tenté ce siège ; l'épee de Cloridan est celle de Clovis, la Tour noire est La Rochelle, les charmes l'Hérésie & la Rebellion. »

Grace I
The notion of grace in the early eighteenth century : Mademoiselle Guiot's dances in Lully's *Atys*

Jennifer Thorp, New College, Oxford

Abstract :

The notion of grace in dance was rarely discussed as a subject in its own right by late seventeenth and early eighteenth-century dance theorists, although it seems clear that most of them concurred with definitions of grace current in art and literature at the time. Some went further, and associated the qualities of grace with specific dance types and steps, a notion expressed most strongly in the writings of the influential French dancing-master Pierre Rameau. The qualities he described may be examined within the context of theatrical performance by looking at the dances devised for Marie-Catherine Guiot to perform in new operas and revivals of older works during the early part of the eighteenth century. In several of these dances she epitomised the character or qualities of grace, and of particular interest is her role as a follower of the goddess Flore in the allegorical prologue of Lully's *Atys*.

For a subject so deeply imbued with the concept of grace, late seventeenth and early eighteenth-century writings on dance contain surprisingly little information about it, and attempt no definitions. Although several French treatises on art and at least one on literary criticism published before 1730 include detailed discussions of the notion of grace, as an indefinable quality which derives from nature and enhances beauty,[1] nothing comparable in relation to dance appears until Charles Compan's *Dictionnaire de danse* of 1787.[2]

---

[1] For example Roger de Piles, *Abrégé de la vie des peintres* (Paris 1699), whose comments on grace were later quoted by Hogarth in his *Analysis of beauty* ; André Félibien, *Entretiens sur les vies et les ouvrages des plus excellents peintres* (Trévoux 1725) ; Lambert ten Kate, *Le Beau idéal des peintres, sculpteurs, et poètes* (Amsterdam 1728). Similar observations concerning the notion of grace had already appeared in the work of literary criticism by Dominique Bouhours, *Les Entretiens d'Ariste et d'Eugène* (Paris 1671), discerning a close similarity between the *je ne sais quoi* and grace. Translated extracts of all these works are published in Charles

Despite this lack of published comment, it is clear that some dance theorists in the late seventeenth and early eighteenth centuries were aware of, and agreed with, the notions of grace current in the art and literary worlds. Moreover, some of them associated the qualities of grace with specific dance types, even specific steps and ways of moving. In 1668 Michel de Pure, trying to define a dancer of quality, noted : 'Qu'il n'est rien qui soit de meilleure grace pour une belle Dame, et qu'elle doit infailliblement reüssir dans les Courantes & dans les Sarabandes',[3] thereby reiterating the widely-acknowledged connection between grace and beauty, but now extending it to two specific dance types. The association with sarabandes is particularly interesting, given the emotive account of a danced sarabande published in 1671, in which the dance was described as beginning 'avec une grace tout à fait charmante', and exhibiting the beauty and majesty that invited respect and pleasure, before moving on to express the emotions of the soul through the dancer's body – face, eyes, steps and every action.[4]

Although they never defined it precisely, the references that dancing-masters of the time made to the notion of grace in dancing suggest that they thought of it as having three elements : a physical element (deriving from a sense of beauty through proportion and harmony), a spiritual element (deriving from a sense of inner poise, and awareness by the dancer of the purpose of the performance – a transformation, perhaps, from simply 'doing' to 'meaning' or even 'pursuading'),[5] and an element of balance (by which nothing extreme should occur, and any technical feats, ornamentation, or even

---

Harrison, Paul Wood, and Jason Gaiger, *Art in theory 1648-1815* (Oxford 2001), p.166, 220-22, 228, 411, 494.

[2] Charles Compan, *Dictionnaire de danse* (Paris, Cailleau, 1787), 'La grace', p.167-71. Furetière's *Dictionnaire universel* (Hague, A. et R. Leers, 1690), even in its expanded edition of 1727, defined dance without reference to grace, and grace without reference to dance apart from one quotation to support the definition of grace as 'le bon air' : 'cette femme marche, danse, s'habille de bonne grace'.

[3] Michel de Pure, *Idée des spectacles anciens et nouveaux* (Paris, Michel Brunet, 1668), p.179.

[4] François Pomey, in *Le Dictionnaire royal augmenté* (Lyon 1671), quoted in full in Patricia Ranum, 'Audible rhetoric and mute rhetoric : the 17th-century French sarabande, *Early music* 14, n°1 (February 1986), 22-36 (p.35).

[5] Claudia Jeschke, 'From ballet de cour to ballet en action : the transformation of dance aesthetics and performance at the end of the seventeenth and beginning of the eighteenth centuries', *Theatre history studies* 11 (1991), 107-122 (p.116).

expressiveness itself should conform to accepted notions of good taste). These attributes remained constant in dance writing throughout the seventeenth and eighteenth centuries, even though their aesthetic and intellectual contexts changed. One can recognise them in Compan's later definition of grace as something coexisting with good taste, existing within the harmony deriving from a balance between beauty (an external attribute, manifested in proportion and symmetry) and expressiveness (an internal attribute, manifested in responses to feelings of the soul and states of mind), deriving from nature and thus shunning affectation by exhibiting itself in restraint – small gestures, an occasional smile, the slightly nonchalant air.

The English dancing-master and writer John Weaver discussed the source of grace when describing stance and movement in his *Rules and institutions for dancing* of 1721,[6] noting that (p.131-33) :

> There are some certain Rules we cannot deviate from, without breaking in upon that Harmony arising from the regular Disposition of the Parts [i.e. the limbs], which produce Gracefulness [...] In Walking gracefully I shall only remind you that [...] the Heel always moves first from the Ground, and is first put down again. The Motion of the Body is continued, and should be very easy and natural [...] the Motion of the Arms and Feet contrasted ; which Contrast seems to me to be the very Soul (if I may be allow'd that Expression) of Gracefulness. It is worth our observing, that the Rules laid down, for these and the following Actions, or Motions, are according to the dictates of Nature ; agreeable to the Laws of Mechanism ; and consonant to the Rules of Proportion.

Kellom Tomlinson was to expand on these observations over a decade later.[7] But both Weaver and Tomlinson were still describing the manner of executing physical movement, rather than grace for its own sake or specific dance steps with the attributes of grace.

Although dancing-masters did not go so far as to identify the notion of grace in dance with that of the *je ne sais quoi* in art, the idea

---

[6] Appended to his *Anatomical and mechanical lectures upon dancing* (London 1721). Richard Ralph notes that the sources on which Weaver drew for the 'Rules and institutions for dancing' included English translations of Italian and French treatises on painting (*The Life and works of John Weaver*, London 1985, p.856). If so, this is another instance of Weaver being quite avant-garde in his application to dance of aesthetic theories from other countries and other visual arts.

[7] Kellom Tomlinson, *The Art of dancing* (London, the author, 1735), p.131,130, 135, 141 in particular.

that grace somehow sat outside definable rules because it derived from nature was fully accepted. Nevertheless, early eighteenth-century dancing-masters, unlike Compan later in the century, did not necessarily attribute the ability to reflect the passions of the soul to grace, but preferred to stress on a more practical level that the quality of grace helped soften or hide inherent faults of presentation in dancing. In his treatise *Le Maître à danser* of 1725, the dancing-master Pierre Rameau noted 'C'est la Danse qui donne la grace aux avantages que nous reçevons de la nature, en reglant tous les mouvemens du corps, & l'affermissant dans ses justes positions ; et si elle n'efface pas absolument les défauts que nous apportons en naissant, elle les adoucit, ou les cache'.[8] Rameau's work proved extremely influential, being republished in 1734 and 1748, translated into English by John Essex in 1728 and 1731,[9] and inspiring several other publications for several decades. Among these was Borin's *L'Art de danse* (Paris 1746), which summarised his own reflections on the grace and perfection of the steps described by Rameau.[10]

What sort of dance were these writers describing ? The connotations of beauty of form, and nobility of nature, implicit in the notion of grace within dance had given rise in the seventeenth century to descriptions of the most respected dance style as either 'la belle danse' (a term coined by Michel de Pure in 1668),[11] or 'la danse noble' (the term introduced by the Académie française in 1694).[12] Both terms describe the genre of dancing urged in training by the Académie royale de danse, established in 1661, through its codification of steps and the development (in the 1680s) of notation systems to record them. In the theatre this genre of dance[13] was the

---

[8] (Paris, Jean Villette, 1725), p.ix.

[9] John Essex, *The Dancing master* [...] *done from the French of Monsieur Rameau* (London, n.p., 1728 ; 2nd edition 1731). The passage in question appears on p.xx.

[10] Described in Judith L. Schwartz and Christena L. Schlundt, *French court dance and dance music : a guide to primary source writings 1643-1789* (Stuyvesant 1987) p.19. The various editions and translations of Rameau's *Le Maître à danser* are described on p.64-66.

[11] De Pure, *Idée des spectacles anciens et nouveaux*, p.180-81 ; see also discussion of the term in Francine Lancelot, *La Belle Dance : catalogue raisonné* (Paris 1996), p.xi.

[12] *Dictionnaire de l'Académie française* (Paris 1694), p.304. I am grateful to Kimiko Okamoto for tracing this reference.

[13] Whether serious, comic, or character dance. If it was capable of being notated, it was 'belle danse' ; acrobatic and truly grotesque dance remained outside the capacity

antithesis of acrobatic or grotesque dance, and in the ballroom it was the only acceptable genre. So what was graceful about it ?

Central to the notion of grace in dancing was the idea of balance and harmony. This is readily visible as the balance and harmony between the limbs of a dancer. Such total co-ordination can be illustrated by Rameau's description of one step, a *pas balancé*, made particularly graceful by the co-ordination of head, arms, and footwork :

> Il est composé de deux demi-coupez, dont l'un se fait en avant & l'autre en arriere [...] mais en faisant ce pas au premier demi-coupé l'épaule s'efface, et la tête fait un petit mouvement ; ce que donne l'agrément de ce pas [...] Si vous le commencez du pied droit, le bras droit qui est devant, s'étend en prenant son mouvement de haut en bas, & le bras gauche se tournant au dessous, se plie & s'oppose au pied droit en revenant de bas en haut ; ce qui est le mouvement contraire de l'un à l'autre ; mais au second demi-coupé la tête se tourne un peu de côté droit, pois se baisse doucement, & se releve de même ; ce qui accompagne ce pas, puisque dans le tems que vous vous relevez sur le pied gauche, la tête se releve aussi & fait voir un accord parfait de l'un avec l'autre.[14]

Rameau was similarly insistent that the proper use of arm movements was essential to a graceful performance (p.194, 196) :

> Rien n'est plus avantageux à ceux qui ont de l'inclination pour la danse, & et de la disposition pour l'executer, que de s'attacher à bien conduire leurs bras [...] ainsi quelque bien qu'un Danseur fasse les pas, s'il n'a point les bras doux & gracieux, sa danse ne paroître pas animée, et par consequent fera le même effet que le Tableau hors de sa bordure.[15]

---

of the notation systems, and probably required performers with a different sort of training.

[14] Rameau, *Le Maître à danser*, p.153-54, 248. Essex translated this as follows : 'It is composed of two half Coupees, the one made before and the other behind [...] But at the first half Coupee the Shoulder is shaded and the Head makes a small Motion, which gives a Grace to this Step [...] If you begin with the right Foot, the right Arm which is before extends taking its Movement from above downwards, and the left Arm turning down bends and opposes the right Foot in returning from below upwards, which is the common Movement ; but at the second half Coupee the head turns a little to the Right, then inclines easily, and rises again agreeable to this Step ; for at the Time you rise on the left Foot the Head rises also and shows a perfect Harmony' (*The Dancing master*, p.89, 146).

[15] 'Nothing is more advantageous to those who have an Inclination for Dancing, and a Disposition to perform well, than to take care to move their Arms with a Grace [...] how well soever a Dancer may perform with his Feet, if his Arms are not easy and

Such co-ordination should show poise and physical grace, but it can become mannered and predictable. So it is tempered by two other aspects of grace, which introduce variety. The first is the balance and harmony between steps and music. The steps must move either in conformity with, or in counterpoint to, the music – in other words, both steps and music must have a distinct and rational connection. For example, a *pas de menuet* was usually performed over two bars of triple-time music, that is, six counts, but required four transfers of weight within those six counts. There were many ways in which the four transfers of weight could be fitted into six counts of music, but there had to be a rational connection. One way was what became the mid-eighteenth century's favoured version, of making one transfer at the beginning of the first bar (count 1) and three more transfers on the second bar (counts 4, 5, 6), so that the barline was respected. Another way was to use hemiola, in which the transfers of weight were made on counts 1, 3, and 5, and so ignored the barline in favour of moving on every alternate count, plus a resolution on count 6 to avoid ending up on the wrong foot. And the dance treatises make it clear that there were a number of timings other than these two options.[16]

The second is the balance between contrasting movements to give light and shade to dancing. Writers such as Rameau discussed the value of contrasting speed and dynamic in dance steps, by which grace could alternate with liveliness (which he called gaiety). Perhaps this is best illustrated by his description of a movement called *ouverture de jambe* :

> L'ouverture de jambe est une action, que la jambe fait pour montrer l'agilité qu'il faut avoir en conservant le corps dans son équilibre, pendant qu'on se tient sur l'autre, & aussi pour faire voir que l'on sçait la mouvoir avec grace et liberté, sans que le corps se dérange ; ce qui est encore une des perfections de la danse [...] de plus ce tems se faisant très-lentement, lorsque

---

graceful, his Dancing will appear heavy and dull, and by consequence will have the same Effect as a Picture without its Frame' (Essex, *The Dancing master*, p.113-14). The additional subtleties of wrist, elbow, and shoulder movements were thought to give even greater precision and grace : Rameau, *Le Maître à danser*, p.202-203, 206, 213 ; Essex, *The Dancing master*, p.118, 121, 125 ; Tomlinson, *The Art of dancing*, p.154.

[16] Summarised in Jennifer Thorp, 'In defence of danced minuets', *Early music* 31, n°1 (February 2003), 100-108 (p.106 and note 6).

l'on fait un autre pas qui se fait avec vitesse, cela fait une varieté qui donne à connoître le bon goût que l'on a pour la danse.[17]

The contrasts can be achieved by changing speed – for example making a sustained *ouverture de jambe* serve as a dynamic pause after more rapid steps – or by rhythmic variation, perhaps by means of adding ornamentation. Such aspects of variety, manifested through changing speed or rhythm, stop the dancing looking lifeless or predictable, yet, if kept within reason and good taste, should not obstruct its sense of grace.

For all the above reasons, Rameau considered certain dance steps more graceful than others, and specifically identified them. In addition to the *pas de menuet* and *ouverture de jambe* he drew attention to three other steps which he associated closely with grace, albeit without defining what he meant by that term :

(i) the *pas grave* or *temps de courante*, and particularly when advocated as an appropriate embellishment (known in England as a grace step, and in France as an agrément) in the formal ballroom minuet :

> Quoique le menuet le plus uni selon le goût de beaucoup de personnes, soit le mieux dansé : cependant, j'y ai vû faire quelques agrémens, qui lui donnent plus d'enjoüement, & plus de grace, & comme je voi qu'ils sont fort en usage, c'est ce qui m'engage de vous donner l'intelligence de les faire [...] Ainsi pour faire cet agrément dans le Menuet, je commencerai par celui qui se fait en avant. Ayant fini votre pas de Menuet en avant, & le corps posé sur le pied gauche, vous approchez le pied droit auprès vous pliez, & vous vous relevez du même tems, ensuite vous glissez le pied droit devant jusqu'à la quatrième position, et vous élevés dessus, & faites un jetté échapé du pied gauche, & reprenez votre pas de Menuet.[18]

---

[17] Rameau, *Le Maître à danser*, p.187 ; 'The opening of the Leg is an Action which the Leg performs to shew the Agility requisite to keep the Body in its Equilibrium or Poize while one stands on the other Leg, and also to make it appear that one knows how to move with Grace and Ease without disordering the Body, which is one of the Perfections of Dancing [...] besides, this Step or Action being made very slow after another Step which has been performed quick, affords a Variety that denotes a good Taste of Dancing' (Essex, *The Dancing master*, p.109).

[18] Rameau, *Le Maître à danser*, p.92-93 ; 'Though to dance the Minuet plain is by some thought the best, yet I have seen some Graces that more it more airy and genteel ; and as I find they are very much used, it has engaged me to inform you how to make them [...] Having finished your Menuet Step forwards, and the Body on the left Foot, bring up the Right ; afterwards sink and rise at the same Time ; then slide

(ii) the *coupé du mouvement* or *à deux mouvements* :

> Ce pas est un des plus gracieux & le plus gai qui soit dans tous les differens
> pas que l'on a inventé, tant par la varieté des ses mouvemens qui sont
> moderez ; ce qui facilitite en quelque façon d'acquerir beaucoup de grace
> lorsque l'on les sçait bien faire... Il n'est composé que de deux pas, & ces
> deux pas renferment deux mouvemens differens. Le premier est plié sur un
> pied, & passer l'autre en vous élevant dessus ; ce qui vous engage à la faire
> avec grace : le second est de plier sur ce pied, & de vous relever avec plus
> de vivacité pour retomber sur l'autre en sautant à demi, ce qui donne à ce
> pas la gayeté.[19]

(iii) the *contretems balloné* or *à deux mouvements* :

> Cette manier de Contre-tems est des plus gracieuses & des plus gaies, sur
> tout aux personnes qui ont de la legereté, & même elle en procure à ceux
> qui n'en ont pas, quand ils veulent s'y appliquer, & pour en donner
> l'intelligence necessaire [...] ainsi ce pas est composé de deux mouvemens
> differens, sçavoir, plier & sauter sur un pied ; puis plier sur le même pied, &
> se rejetter sur l'autre.[20]

Rameau also noted the *pas de bourrée* and the *contretemps de gavotte*
as steps which conveyed aspects of grace when executed well,[21] and

---

the right Foot forwards to the fourth Position, and rise upon it, making an easy Bound
on the left Foot, and reassume your Menuet Step' (Essex, *The Dancing master*, p.52).
[19] Rameau, *Le Maître à danser,* p.139-40 ; 'This step is one of the most graceful and
gay of all the different Steps that have been invented, for the Variety of its
Movements, which are easy and give a great Grace when understood [...] it is
composed but of two Steps, and those two Steps contain two different Movements.
The first is sinking on one foot, and making a Step with the other and rising on it,
which obliges you to do it gracefully. The second is sinking on that Foot, and rising
with more Life to fall on the other with a half Bound, which makes this Step gay and
airy' (Essex, *The Dancing master*, p.80-81).
[20] Rameau, *Le Maître à danser*, p.171-73 ; 'The Contretems or Composed Hop of two
Movements is the most becoming and gay, especially for those that are light and
active, and also makes those who are not so naturally, would they but make a close
Application [...] this Step is composed of two different Movements, to wit, to sink and
hop on one Foot, and then to sink on the same Foot and throw the Body on the other'
(Essex, *The Dancing master*, p.101-102).
[21] Rameau, *Le Maître à danser*, p.126, 131 ; Essex, *The Dancing master*, p.72, 75. It
is uncertain however whether there is any significance in Rameau's choice of the
adjective 'gracieux' rather than the noun 'grace' in connection with *pas de bourrée* ;
and his comment about *contretemps de gavotte* makes it clear that these steps only
acquired 'toute la grace qu'ils ont aujourd'hui' because the great dancing-masters had
taken pains to make them do so.

also praised the half-turn pirouette on two feet, for its graceful use of the head and arms : 'Ce pas est tres-agréable lorsqu'il est fait avec soin, il doit estre accompagné d'un contour de bras, & d'une maniere de porter sa tête avec grace, ce qui fait une des plus grande perfection de ce pas.'[22]

All these steps occur frequently in extant dances of the time, and particularly in theatrical solos for women. One Paris Opéra dancer, Marie-Catherine Guiot, was judged as follows by the *Mercure de France* when she retired : 'Le public trouve beaucoup à redire à la Demoiselle Guyot, qui vient de se retirer, avec une pension, apres avoir brillé tres-longtemps dans les Ballets de l'Opéra. C'étoit une des plus excellentes Danseuses que l'on ait vû sur ce Théatre. Elle joignoit à beaucoup de noblesse des graces infinies.' Rameau also noted of her that she showed in any single one of her dances 'tant de grace, tant de justesse, tant de legereté, tant de precision, qu'elle peut-être regardée comme un prodige dans ce genre. Elle merite avec justice d'être regardée comme Terpsichore'.[23] It is therefore worth looking more closely at her work, and particularly at two of her surviving solos set to music from one work, the Prologue to Lully's opera *Atys* of 1676.

As was often the case, the scenes depicted in the prologues to Lully's operas were not directly related to the main story,[24] but rather were a means of expressing adulation for the king, Louis XIV. The prologue of *Atys* is set in the palace of the god of Time, who sings of the king as the greatest of war heroes (1676 falling in the middle of the Dutch war) and the greatest of lawgivers. To the music of a sarabande, the goddess Flora appears with a troupe of nymphs, and sings of the cruelty of winter preventing her from paying her homage of flowers to the king before he departs for war in the spring. She offers a series of games comprised of dancing and singing. Her followers dance a gavotte, followed by the Zephirs singing of Spring, before the gavotte music is repeated. All is suddenly interrupted by the appearance of Melpomene (the muse of tragedy) and a company of

---

[22] Rameau, *Le Maître à danser*, p.150 ; 'This step is very agreeable when made carefully, and ought to be attended with a Movement of the Arms, and a graceful Inclination of the Head to make it perfect' (Essex, *The Dancing master*, p.87).

[23] *Mercure de France* (April 1722), p.119. Rameau, *Le Maître à danser*, p.xvi ; Essex, *The Dancing master*, p.xxiv.

[24] In *Atys*, the main story of the opera concerns the ill fated love of Atys, Sangaride, and the goddess Cybelle, as reinterpreted by Quinault from the story in Ovid : Buford Norman, *Livrets d'opera Philippe Quinault* (Toulouse 1999) I, p.173ff.

legendary war heroes, including Hercules and others associated with conflict and strife. She drives Flora away, saying that she (Melpomene) has come to relate a story of lost love, and her followers resume their ancient battles until the goddess Iris restores harmony. A chorus sings that the respite provided by games and leisure simply directs thoughts towards new conquests (that is, the king's Dutch war again), and so the prologue ends, with a minuet.

Quinault and Lully's concept of this prologue is particularly interesting in connection with the notion of grace, if we compare its scenario with symbolic representations of Grace such as appear in Cesare Ripa's *Iconologia*. This study of pictorial imagery was first published in 1593, republished with illustrations from 1603 onwards, and was still widely read in the mid-eighteenth century. Several French editions appeared during the second half of the seventeenth century, and so were in currency at the time that *Atys* was staged. Both the 1677 and 1681 editions of Ripa include images of the Grace of God and Divine Grace. The former is depicted as a beautiful young woman with long flowing fair hair, surrounded from head to foot by rays of heavenly light, and holding in her hands an overflowing cornucopia. Divine Grace, also depicted as a beautiful woman, stands with an open book and an olive branch in one outstretched hand, and offers a chalice with the other. She is looking upwards, as the holy spirit in the form of a dove hovers above her head, encircled by rays of heavenly light. The association of Grace with beauty and peace (the dove, the olive branch) can be transferred quite plausibly to the *Atys* prologue since they are attributes of Spring in that opera.[25] Thus, in the opera, the goddess Flora and her followers might themselves be personifications of Grace, albeit not in any religious sense.

---

[25] Further comparison can be made with the later, much more theatrical, illustration of Grace (now just one image) in Hertel's German edition of *Iconologia*, 1758-60, reproduced in facsimile in Edward Maser (ed.), *Cesare Ripa baroque and rococo pictorial imagery : the Hertel edition of Ripa's Iconologia* (New York 1971) p.100. There are striking visual parallels between this image and the *Atys* prologue : the personification of Grace beside a cornucopia, flowers and trees, invites comparison with the goddess Flora, herald of Spring ; the cloud on which she is seated brings to mind a common form of stage-machine for bringing deities on stage in seventeenth-century operas and ballets. The rays of the sun and its implied power to transform the world are also the attributes accorded to Louis XIV as le Roi Soleil, while the storm clouds depicting conflict and the rainbow that emerges from the coming together of sun and rain can be associated with Melpomene's warlike heroes and the appearance of the goddess Iris (whose emblem was the rainbow) to urge calm.

Atys remained a very popular opera until the middle of the eighteenth century. Even during Louis XIV's reign there were, as well as private performances for the court at Saint-Germain and Fontainebleau, major revivals of the work at the Paris Opéra, including one in 1708 and 1709. One dancer in the first, 1676, production was Guillaume-Louis Pecour, who became the main choreographer at the Paris Opéra after Lully's death in 1687, and probably created most of the dances for revivals of Lully's operas during the first two decades of the eighteenth century. That he himself had a fine understanding of grace in dance is suggested by Rameau's later comment that 'Pecour remplissoit toutes sortes de caracteres avec grace, justesse & legereté'.[26] The two dances he created for performance by Mlle Guiot, probably in the 1708-1709 revival of *Atys*, still survive in notated form.

According to the theatre historians Claude and François Parfaict, writing in 1756, Mlle Guiot made her debut at the Paris Opéra in 1705, and was one of its leading dancers for almost two decades.[27] Her dance career has been well researched by Paige Whitley Bauguess,[28] who noted that Mlle Guiot is named as a dancer in the libretti of sixty-four operas.[29] That fourteen of them were by Lully, and another twelve by Campra, is a clear indication of her importance. She performed a wide variety of dancing roles, including that of a Grace in seven different operas between 1706 and 1716 (see Appendix, Table 1). Given her other 'Grace-related' roles as a follower of Venus or Flora, or as one of the nine Muses, or a Nymph, or a similarly graceful personnage, in twelve Paris Opéra productions (see Appendix, Table 2), one might be forgiven for thinking that she was in some danger of being typecast.

Sixteen theatrical dances, including four solos, created for Mlle Guiot by Guillaume-Louis Pecour were published in notated

---

[26] Rameau, *Le Maître à danser*, p.xii ; Essex, *The Dancing master*, p.xxiii.

[27] 'Mlle Guyot étoit d'une tres aimable figure, elle à passé pour une des premières danseuses de son temps. Elle fut obligée de se retirer à la clôture du Théatre en 1722' (F. Parfaict, and C. Parfaict, *Dictionnaire des théatres de Paris*, 2nd edition (Paris, Rozet, 1763), iii.55.

[28] Paige Whitely Bauguess, 'The search for Mademoiselle Guiot', *Proceedings of the 11th annual conference of dance history scholars* (North Carolina 1988), p.32-67.

[29] See p.61-66 for a complete list of Guiot's roles 1705-1722.

form in 1713[30] but created during the previous decade. They include the two solos set to music from the Prologue of *Atys* referred to earlier. So we have, suggested by Ripa's allegory, an opera prologue which might itself be read as a secular emblem of Grace, and, demonstrated from Mlle Guiot's career, a dancer who epitomised the qualities most associated with grace. It is therefore valuable to take a closer look at the two extant dances from *Atys* that Pecour created for her.

The gavotte is probably the solo that Guiot danced in either the staging of November 1708, or that of November 1709, or both, since they are the only years prior to 1713 when she is known to have performed in *Atys*. The first page of the dance notation is headed 'Entrée pour une femme seul[e] dancée par Mlle Guiot a lopera d'athis', and the tune engraved along the top of the notation is in the same key as in the opera scores,[31] so we can perhaps assume a direct connection between this choreography and the opera. Mlle Guiot appears in Parfaict's cast lists for both the 1708 and 1709 productions, as a nymph of Flora. In the listing for 1708 she is accompanied by four other female nymphs of Flora, and four male followers of Flora ; and her name heads the list of nymphs, which suggests a solo role. In the listing for 1709 she is the only dancer named. The music for the gavotte occurs twice in the prologue, so it is quite possible that one playing was for a group dance, and the other for her solo. Or she may have danced a solo section within a group dance,[32] the music being repeated more times than the scores indicate – the scene depicts the games of dance and song decreed by Flora, and the alternation of solos, group dances and sung passages was quite usual in such scenes. In terms of the overall structure of the *Atys* gavotte as written for Mlle Guiot, it (like many baroque dances) conforms to definitions of grace through taste and ingenuity exhibited through the sparing use of repetition. For example, the music, 28 bars long, is in rondeau form

---

[30] Michael Gaudrau, *Nouveau Recueil de dance de balle et celle de ballet* [...] *de Mons. Pecour* (Paris, Gaudrau, *c.*1713). The collection is described in Francine Lancelot, *La Belle Dance*, p.126-27, and Meredith Little and Carol G. Marsh, *La Danse noble : an inventory of dances and sources* (New York 1992), p.111-13.

[31] Jean-Baptiste Lully, *Atys* (Paris, Ballard, 1676 ; 1708).

[32] One example of such a notated dance for soloist plus eight dancers survives in Feuillet's 'Entrée pour neuf danseurs', to music from Lully's *Bellérophon* (Raoul-Anger Feuillet, *Recueil de dances* (Paris, the author, 1700), p.67-84.

(ABACAA),[33] but the steps of each A section are different each time, so the music repeats never become tedious. Moreover, the phrases are of uneven lengths,[34] and as in many danced gavottes, there is a half-bar upbeat which allows a tension between steps and music that sometimes resolves, and sometimes adds to the sense of surprise. In terms of Rameau's descriptions of steps and movements particularly associated with the notion of grace, this dance contains several interesting examples. The opening section (A, bars 1-5) begins with a modified *contretemps balloné*, and goes on to include *pas de bourrée*, *contretemps*, and *ouverture de jambe* (which ends the section and gives a sense of pause or suspense).[35] Thus four out of its five steps are chosen from those later described by Rameau as having qualities of grace to some degree or other. The C section which opens the second half of the dance (bars 15-18) also employs *ouverture de jambe,* now on alternate bars (16 and 18) interspersed with repeated *pas glissé ;* so not only does that section end with a graceful step but the whole section also has an internal symmetry punctuated by graceful steps, which is very pleasing. In this way particularly strong statements of steps related to grace can be seen right at the beginning of the dance, and again half way through it, while additional echoes of the quality occur elsewhere. Other steps in the dance include small springs and hops, often ornamented with beats, which thus conform to Rameau's allusions to steps which bring together grace and gaiety.[36]

The other solo that Pecour wrote for Mlle Guiot to music from *Atys* is a sarabande, a dance form that had been specifically associated with grace by Michel de Pure back in 1668.[37] In the opera score it is the music for Flora and her suite to make their first entrance on stage

---

[33] Guiot's dance has the musical structure ABACAA, whereas the score is published as ABACA. Such partial repeats or even repeats of entire dance pieces were not uncommon, particularly in revivals of operas when new choreographies were presented.

[34] The A sections are each 5 bars long, the B and C sections each 4 bars long.

[35] Paige Whitley Bauguess, 'An eighteenth century dance reconstruction : performance by Mlle Guyot', *Dance notation journal* 5, n°1 (1987) p.19.

[36] It is also interesting to note that, next to the minuet, the gavotte was cited by some eighteenth-century writers for its graceful affect : Pierre Dupont, *Principes de violon* (1718 ; Paris, the author, 1740), p.39 ; Jean-Jacques Rousseau, *Encyclopédie* (Paris 1757) and *Dictionnaire de musique* (Paris 1768), 'Gavotte', and reappearing verbatim in Compan's *Dictionnaire*, p.163.

[37] See above, note 3. The courante had largely ceased to be performed by the early 1700s.

in the prologue, but there is no indication in either score or libretto whether this music included or was repeated as a dance for soloist or group. The dance notation is simply headed 'Entrée seul[e] pour une femme dancée par Mlle Guiot' without any reference to the opera *Atys*, but it seems likely that either Mlle Guiot danced it in the opera, or as an exhibition dance in a private performance, perhaps at Court. Whatever the case, the dance still contains several characteristics of grace. Like the gavotte already described, it is in rondeau form consisting of six sections of differing lengths (ABACAA, 35 bars in total).[38] A wider range of Rameau's graceful steps are employed, and again a very strong statement is made in the opening section (A, bars 1-5) by *ouverture de jambe* on bars 1, 2, and 5, and *contretemps* on bar 3. The B section too is dominated by graceful steps : a repeated sequence of hops incorporating *ouverture de jambe* followed by *pas de bourrée* (bars 6-9). Forms of reiterated *pas de bourrée* are also used cadentially to end the second A section (bars 16-17) and the C section (bars 24-25), while the third A section ends with *coupé à deux mouvements* followed by *ouverture de jambe* (bars 29-30). Another *pas de bourrée* ends the entire dance (bar 35). Half turn *pirouettes* occur in the C section (bars 22-23). Several steps are ornamented with added beats, and small jumps (often turning on the spot) provide if not exactly gaiety then at least lightness to some of the phrases.

***

In conclusion, these two dances are able to convey an idea of how Mlle Guiot may have depicted grace in dance. The extant dance notation and later descriptions of steps by Rameau and others allow us to imagine what must have been the beauty of her steps and harmony of every part of her body, her poise, her awareness of what it meant to be dancing as a nymph attendant upon a goddess, and the tasteful restraint she brought to the ornamented steps of the choreography. Hopefully, by looking at these two dances within the basic aesthetic of 'la belle danse', we might also come a little closer to understanding what constituted the notion of grace in early eighteenth-century dance. But perhaps, as several writers on art and aesthetics of the time noted, it will always be too intangible a quality to put into words, and one

---

[38] The A sections are each 5 bars long, the B section 7 bars long, and the C section 8 bars long.

should take refuge in Watelet's later comment that 'Beauty can withstand constant and repeated attention [...] grace by contrast flees examination, and the very project of examining it closely will cause it to disappear'.[39]

---

[39] Claude-Henri Watelet and Pierre-Charles Lévesque, *Dictionnaire des arts de peinture, sculpture et gravure* (Paris 1792), translated by Jonathan Murphy in Harrison, Wood, and Gaiger, *Art in theory*, p.688.

APPENDIX

Table 1 : Mlle Guiot's performances as a Grace, 1706-1716	
1706 18 May	Campra's *L'Europe galante :* Entrée 'Les Graces' (with Mlles Prévost & Subligny)
1706 21 Oct.	Collasse's *Polyxène et Pyrrhus :* Act II 'Les Graces' (with Mlles Prévost & Lefevre)
1710 28 April	Bertin's *Dioméde :* Prol. 'Les Graces' (soloist leading Mlles Chaillou, Le Mère, Menès)
1711 29 Jan.	Batistan's *Manto la Fée :* Act IV 'Les Graces' (soloist leading Mlles Chaillou, Le Mère, Menès)
1712 11 Oct.	Lully's *Achille :* Prol., 'Les Graces' (with Mlles Prévost & Isecq)
1715 29 April	Bourgeois' *Les Plaisirs de la paix :* Prol. 'Graces' (soloist leading Mlles Isecq, La Ferrière, Haran)
1716 12 June	Monteclair's *Les Fêtes de l'été :* Prol. 'Graces' (soloist leading Mlles Menès, Isecq, La Ferrière)

Table 2 : Mlle Guiot's performances as a grace-related dancer 1705-1717	
1705 11 Sept.	Lully's *Triomphe de l'amour :* Entrée 'Nymphes de Diana' (one of five dancers)
1705 26 Nov.	Lully's *Triomphe de l'amour :* Entrée 'Nymphes' (one of four dancers), Entrée 'Nymphes de Diana' (one of five dancers)
1707 20 Oct.	Campra's *Tancrède :* Act III 'Nymphes' (one of four dancers)
1708 16 April	Collasse's *Thétis et Pelée :* Act V 'Suite de Flore' (one of four dancers)
1708 29 Nov.	Lully's *Atys :* Prol. 'Suite de Flore' (soloist leading eight dancers)
1709 8 Oct.	La Coste's *Philoméle :* Prol. 'Suite de Vénus' (duet with Dumoulin), Act II 'Plaisirs' (with four male dancers)
1709 28 Nov.	Lully's *Atys :* Prol. 'Suite de Flore' (soloist)
1714 29 Nov.	Destouches' *Télémaque :* Prol. 'Les Muses' (soloist leading eight other dancers)
1715 7 Mar.	Lully's *Proserpine :* Act II 'Nymphes' (soloist)
1715 18 June	Louis Lully's *Zéphyre et Flore :* Act I 'Suite de Flore' (soloist leading six dancers)
1716 16 Jan.	Lully's *Alceste :* 'Nymphe des bordes de la Seine' (soloist)
1717 17 Aug.	Desmarets' *Vénus et Adonis :* Act I 'Habitans de l'Isle de Cythere' (one of eight dancers)

Grace II
Poetry and the choric analogy in eighteenth-century France

Edward Nye, Lincoln College, Oxford

Abstract :

The previous article by Jennifer Thorp was about the *nec plus ultra* of graceful dancing ; my article is partly about what one might call the 'degré zéro' of graceful dancing and the subsequent analogy between this and the worse kinds of poetry. An uninspired poet who seeks to appeal only by rigorous application of the rules of versification is no better than a rope dancer, a circus performer who satisfies only a superficial taste for spectacle and meaningless virtuosity. In contrast, a poet who seeks genuinely to move his reader is akin to the famous eighteenth-century dancer Marie Sallé who cultivated an expressive rather than a technically brilliant style. Implicit in a variety of further analogies between dance and poetry are recognizable neoclassical principles of grace : a certain tension between freedom and constraints of artistic expression, an engaging brevity of expression or 'piquant', and a desire to please rather than to impress. Such images of dance arise in the broad context of the *querelle des anciens et des modernes*, and more specifically, in the *querelle du vers* of the first half of the eighteenth century. Inherent in these debates are the assumptions that poetry is about the cultivation of grace, that grace is fundamentally about movement, that dance is exemplary of graceful movement, and that poetry should therefore emulate dance.

Jennifer Thorp has convincingly shown how the notion of grace in dance is more than a flattering but empty platitude ; it is a defining aesthetic characteristic of 'la danse noble', the dance of court and state theatre (see previous article). Her research has filled a notable lacuna in previous work concerning grace in the neoclassical arts.[1] The purpose of our present article is to explore the ways in which grace is used as the basis of an analogy between the arts, and in

---

[1] In painting, see Anthony Blunt, *Théorie des arts en Italie* (Paris 1988), p.129-36 ; for a range of artistic examples, see J. Lafond, 'La beauté et la grâce : l'esthétique platonicienne', *RHLF* 3-4 (May – August 1969), p.475 ; and Jean-Pierre Dens, '"Beauté" et "grâce" au XVIIe siècle', *RHLF* 5 (September 1975), p.795.

particular between dance and poetry. Dance appears to be such a compelling instance of grace that it is used as an aesthetic measure of poetry. The qualities which are measured have been identified by Jennifer : a tasteful way of physically manifesting spiritual values ; harmony (e.g. between steps and the use of the arms) ; variety (e.g. in the interaction between dance and music) ; and dynamic or rhythmic contrasts.

In some ways, the choric analogy for poetry is a further example of the prevalence of the sister arts theory, and indeed its spread, since there are now at least three sisters in the family, not only Horace's poetry and painting. The particular analogy between poetry and dance, however, has its distinctive characteristics. As often as not, the comparison is meant to demonstrate bad poetry and dance, which is not true of Horace's maxim 'ut pictura poesis eret'. This fact ought to contribute to our general understanding of the cultural role of dance in the neoclassical period, since it is clearly not only a 'noble' art. On the other hand, dance obviously enjoys a pre-eminent status in the minds of those who use a choric analogy for poetry. It is the best illustration of grace, because like grace, it is inescapably a matter of physicality and motion. However much one tries to discuss them in abstract terms, they never entirely divest themselves of the idea of physical motion. On the principle that poetry should be graceful, therefore, it should by extension be like dance.

One might say, therefore, that the purpose of the choric analogy is to demonstrate poetry in motion, and that the heuristic reason behind this analogy is that poetry is understood necessarily to be in motion, or else it ceases to be poetry. It is like a dancer who is only a dancer as long as he or she keeps moving. If he becomes still, he is something else, like Watteau's *Pierrot* who is so motionless and characterless as to be no Pierrot at all.

Querelle d'Homère, querelle des vers

It is the *querelle d'Homère* in the first half of the eighteenth century which brings together dance and poetry most clearly.[2] The

---

[2] For a general treatment of the *querelle d'Homère* and the *querelle des vers*, see Georges Lote, *Histoire du vers français*, ed. Joëlle Gardes-Tamine and Lucien Victor, 8 vols (Aix-en-Provence 1992), vii.143.

fervour of public debate is such that the image of the dancer, perhaps the most animated of public performers, seems peculiarly appropriate. It fulfils the need for a strikingly physical representation of an essentially theoretical debate concerning the merits or otherwise of prose and verse, and in particular, of prose and verse translations of Homer. It is also symptomatic of the desire to vulgarise abstruse ideas for the benefit of a polemic which is as remarkable for its widespread nature as it is for its vivacity. Homer is all the rage all over Paris, and as a contemporary visitor points out, the naïve observer would be forgiven for thinking that the subject of debate was a major issue of State or religion :

> [Ils débattaient] avec la même ardeur sur *l'Iliade* d'Homère que sur la *Constitution* de Clément XI [...]. Je comparerais volontiers leur dispute aux combats entre les Troyens et les Grecs qui à la prise de Troie se battaient dans les ténèbres, sans se connaître et sans savoir où ils allaient ni ce qu'il cherchaient.[3]

According to this observer, at least, the debate is as badly informed as it is heated.

L'abbé Faure agrees, and uses a choric image to satirise the vulgarity of a debate in which the divine poet once favoured by Alexander the Great is reduced to an object of public entertainment, a circus display, a crowd-pulling exhibit. Or, as he succinctly puts it in his title : *Homere danseur de corde* (Paris, Pierre Prault, 1716). There is nothing flattering in this choric image of the poet. It is true that the 'danseur de corde' is more than a tightrope walker. He is as adept at performing on slack ropes and vertical ropes as he is on a tight rope, and he often fills an important function as either the opening gambit to the main theatrical performance, or else the crowd-puller outside the theatre.[4] They were certainly able and appreciated acrobats at the *foire*, but the relative esteem in which they were held is suggested by a

---

[3] Abbé Antonio Conti, *Journal étranger* (August 1761), p.155 ; quoted in Raymond Naves, *Le Goût de Voltaire* (Paris 1938), p.7.

[4] For a discussion of the role of the 'danseur de corde', see Bonnet, *Histoire générale de la danse sacrée et prophane* (Paris, Houry, 1723), ch.VII. The archives of the Bibliothèque de l'Opéra de Paris contain a police report on a certain 'Languicher danseur de corde', who is prosecuted for the illegal performance of a *commedia dell'arte* play, preceded by a rope act which he performs to attract spectators to the play (16th March 1681 ; see Barry Russell's *Le Théâtre de la foire à Paris*, http://foires.net/mss_cf02.shtml, 20.06.2004).

passage in Scarron's *Le Roman comique*, in which a member of the travelling troop of actors gives a sharp reply to a contemptuous inn-keeper : 'l'hoste l'avoit appellé danseur de corde et [...] pour demeurer pas sans repartee, il l'avoit appelé cocu'.[5] Faure's verdict, then, that Homer has been turned into nothing more than a rope dancer is an indictment of the level of popular debate surrounding the relative merits of prose and verse translations of Homer.

One of these lowly contributions to debate may, in fact, have been the direct inspiration to Faure's text. The previous year, Fuzelier's *Arlequin défenseur d'Homere* is performed at the Saint-Laurent *foire*. Fuzelier has Arlequin licking a copy of Homer and exclaiming : 'quel plaisir d'embrasser Homere !'.[6] It is this crude treatment of the Homeric debate which Faure seeks to take to its grotesque limits by characterising Homer as the most lowly form of dancer imaginable, the rope dancer.[7] In this way, Faure hopes to tackle the epidemic of vulgarity with a curative dose of distilled cheapening of Homer. To use a contemporary analogy, he inoculates against vulgarity.

To this end, Faure goes one step further than the analogy between a poet and a rope dancer. He mixes his metaphors and puns on the idea of a 'danseur de corde' in order to suggest that there is a still more lowly form of dancer : a body 'dancing' on the end of the hangman's noose. Homer's fate in this *querelle* is as ignominious as that of a common criminal, 'un Fouleur de Lesses patibulaires', swinging from the gallows : 'Homere s'est vu cruellement condamnez à la corde, pour avoir esté loué par les unes, & pour avoir esté blame par les autres avec trop d'entêtement' (p.6). The image of Homer could hardly be more dire. He is no better entertainment (nor worse !)

---

[5] In A. Adam (ed), *Romanciers du XVIIe siècle*, (Paris 1958), p.579.

[6] L. Fuzelier, *Arlequin défenseur d'Homere*, in *Le Théâtre de la foire, ou l'Opéra comique. Contenant les meilleures pièces qui ont été représentées aux foires de S. Germain & de S. Laurent* (Paris, Etienne Ganeau, 1721). See the review in the *Mercure galant* (August 1715). For a synopsis of Fuzelier's play, see Isabelle Martin, *Le Théâtre de la Foire; des tréteaux aux boulevards* (Oxford 2002), p.199-203. Faure does not refer directly to this play, but does complain on several occasions that Homer has become 'un plastron d'Arlequin' and a character in 'vaudeville' (p.10 and 16).

[7] Arthur Goldsmith makes a similar use of the rope dancing theme, except on this occasion it is an acrobatic Pindar who makes a spectacle of himself, and bony Scalinger in the crowd below who eventually helps him down from his precarious perch (Goldsmith, 'A dream. Visit to Elysium – mansions of poetry and taste', *The British magazine*, July 1760, p.421).

than the spectacle of a common criminal hanging from the noose 'en présence de la plus vile populace' (p.7). It is the same analogy that André Chénier is later to make between himself, the condemned poet, and a particularly morbid rope dancer who is doomed to perform with 'la meilleure grâce', but 'sous la corde' rather than 'sur la corde'. 'Grâce', here, is distinctly ironic, of course : it is the sordid grace of a hanged body on the gallows. This choric image is what we might call the 'degré zéro de la grâce', and also of dance. The hanged body swinging on the gallows has about as much chance of achieving aesthetic grace as it does religious grace.[8] As an image of the poet, it seems irredeemable, the ultimate expression of poetic abjection, without even the residual dignity which Villon musters in his epitaph, 'Ballade des pendus'. It is a long way from the epitome of grace in 'la danse noble' which Jennifer describes.

This, then, is the atmosphere in which a variety of choric images are employed in the course of the *querelle d'Homère* to express different opinions about poetry. The dancer, whether on a rope, under a rope or, as we shall see, in a more noble setting, is the most animated image that contemporaries can find for an extremely animated polemical scene. Faure's choric image of the rope dancing poet is the earliest of its kind that we have found, but it is one of many subsequent variations on the theme. Choric images in the *querelle*, however, do not only draw on the vulgar connotations of dance. There are also more noble analogies. In either case, vulgar or noble, choric images seem compelling to those who use them precisely because of the graceful, or indeed graceless connotations that they have. Jennifer Thorp is surely right that grace is a defining characteristic of 'la danse noble'. As we shall see, the lack of it is also the defining characteristic of rope dancing, or what we might call by contrast 'la danse vulgaire'. The ability of the choric image to articulate the need for grace is doubtless a reason why it occurs relatively frequently in the context of eighteenth-century debates on poetry. The idea of grace encapsulates

---

[8] André Chénier, 'Gynnis étant capitan de la horde', in *Anthologie de la poésie française*, 2 vols (Paris 2000), ii.389. This, incidentally, is a rare pun on the double meaning of 'grace', both theological and aesthetic. The only other example we have found of a combined reference to both meanings is the entry for 'Grace' in the *Dictionnaire de Trévoux* (1743). Perhaps the combination is unusual because theological grace is far too controversial to be compared with grace in dance, especially given the history of religious intolerance of dance (see Stephen Bampforth's article in the present volume).

the concept that many have of poetry, and the image of the dancer embodies this concept.

A year after Faure casts his 'rope dancing' verdict on the general level of poetic debate, his estimation is born out in the ensuing *querelle des vers* more literally than he perhaps anticipated. The abbé de Pons uses the same image, not to appeal for a more balanced exchange of ideas, but in a partisan way to scoff at verse poetry. Faure meant to show the depths to which debate was descending ; Pons keeps it resolutely at the level of the *foire*. In *Dissertation sur le poème épique* (1717), he mocks the claim that only versified poetry is capable of 'un certain essor' by comparing its purported aerial quality to the acrobatics of rope dancing. Verse takes away the natural grace of expression : 'a quoi bon cet art pénible, qui fait perdre aux pensées leur vérité & leurs grâces naturelles ?'. In the same way, the constraints of rope dancing remove all the graceful qualities one would expect of a dancer free to move around the stage. These are the same qualities which Jennifer in the previous paper showed to be quintessential to noble dancing :

> Un Danseur de corde ne danse pas, a beaucoup près, sur la corde, avec des mouvemens aussi variez qu'il pourroit le faire sur un vaste Théâtre. Il est renfermé dans les bornes étroites d'une ligne qu'il parcourt en avant & en arriére, sans pouvoir présenter le front à sa droite & à sa gauche ; l'attention qu'il est forcé de donner au péril de son art, lui dérobe les grâces libres & enjoüées des bras & du visage : il a l'air inquièt & souffrant ; cependant il plaît, il amuse le Spectateur.[9]

His art lacks that quality of variety by which elements of expression echo and relate to each other without actually becoming repetitious. It also lacks the contrast which a turned head can give to posture. Neither is there an advantageous harmony in the arms, nor tasteful physical expression of inner, spiritual meaning, because he understandably looks 'inquièt & souffrant'. In addition to these matters of grace which Jennifer has already identified, Pons singles out the face. Everything else in this description of the graceless rope dancer seems predicated on the comparison with noble dance, but it is a moot point whether the same is true of this reference to 'les grâces libres & enjoüées [...] du visage'. It is generally thought that noble dancers, at least on stage, which is the basis of Pons's comparison,

---

[9] Pons, *Dissertation*, in *Œuvres* (1738 ; Geneva 1971), p.133-36.

performed in masks, and there are suggestive contemporary reports to support this view.[10] Such evidence does not in itself, however, constitute a compelling case, and remarks like this one by Pons seem to suggest the opposite, that noble dancing without masks may have been more common than we tend to think. Other arts have an aesthetic of grace which includes the face, and so may noble dance. In painting, for example, Félibien contends that the grace of a painted figure is seen in the first instance in the face, because the face is the most faithful physical manifestation of inner, spiritual values. It is for this reason, he says, that a plaster cast of the face will never give 'une image véritable', because it could only be produced by the sitter rendering immobile his expressive features.[11] A dancer's mask would not need to be as immobile as this, but it would nevertheless be fixed in one expression or another. In Félibien's terms, and apparently also in Pons's, it would lack grace.[12]

Pons's rope dancing poet has none of these graceful qualities of noble dancing, of course, and he is predictably led to conclude from his trivializing image that : 'je crois donc que l'art des vers est un art frivole' (*Dissertation*, p.143). In this he is essentially overstating an existing neoclassical notion of poetic grace, which is that sometimes it is better to allow a degree of poetic liberty in order to achieve graceful expression. In defence of stylistic 'négligeances', La Fontaine says of his own writing : 'trop de scrupules lui aurait ôté de sa grâce' (Preface to his *Contes*, Book I). Boileau makes a similar case in favour of the

---

[10] Observers tend to remark on maskless dancers, as if they were unusual. The *Mercure de France*, 17 February 1729, reports that Marie Sallé and Antoine Laval performed *Les Caractères de la danse* 'tous deux en habit de Ville & sans masque'. Grimm praises a performance of *Les Fêtes vénitiennes*, commenting that two of the male dancers 'ont dansé chacun un moment à visage découvert' (*Correspondance littéraire, philosophique et critique*, ed. Maurice Tourneux, 16 vols (Paris 1877), ii.439 (22nd June 1750)).

[11] A. Félibien, *Entretiens sur les vies et sur les ouvrages des plus excellents peintres* (1666 and 1672 ; reprint, Farnborough 1967), i.39-41.

[12] On the gracefulness of the face, see also the chapter 'Dignity and grace' in Henry Home (Lord Kames), *Elements of criticism* (Edinburgh, A. Millar, A. Kincaid, 1765), in which he says that 'no man appears graceful in a mask ; and therefore, laying aside the expressions of the countenance, the other motions may be genteel, but of themselves never are graceful' ; and Cahusac, 'Gestes', in Diderot's *Encyclopédie* article 'Danse' : 'les grâces du visage sont en proportion du sentiment ; et l'expression marquée par les mouvemens de ses traits, sont les grâces les plus désirables pour un homme de théâtre'.

graceful naturalness which verse can be achieved by occasionally relaxing the rules and letting the passions speak more freely :

> Non, non, sur ce sujet pour écrire avec grâce,
> Il ne faut point monter au sommet du Parnasse ;
> Et, sans aller rêver dans le double vallon,
> La colère suffit, et vaut un Apollon.[13]

Neither the grace of Boileau's natural expression, nor La Fontaine's 'négligeances', however, assume the same degree of freedom as Pons's rope dancing image. On the contrary, grace for Boileau and La Fontaine is a matter of tension between freedom and constraints, not the quasi absence of constraints. Pons's concept is more akin to what La Motte calls the 'grâce' of 'le beau désordre', of which French verse (with the possible exception of the ode) is not capable.[14]

Understandably, therefore, Pons's choric image looks exaggerated to some. Du Cerceau replies to him only months later in *Deffense de la poésie françoise*, arguing that the rope dancing analogy is a false one based on a misreading of Horace, who says in the Epistles to Augustus :

> Methinks that a poet is able to walk a tight rope, who with airy nothings wrings my heart, inflames, soothes, fills it with vain alarms like a magician, and sets me down now at Thebes, now at Athens (II, i).

Cerceau points out that Horace does not mean this to be a demeaning comparison for the poet :

> Il ne veut dire par-là rien autre chose, sinon, que pour produire des effets si merveilleux dans les cœurs, il faut autant de souplesse & d'agilité, si j'ose m'exprimer ainsi, dans l'esprit du poète, qu'il en faut dans le corps du Danseur pour voltiger sur une corde tenduë en l'air.[15]

If Cerceau is right, then the vulgar and graceless attributes of the rope dancer are, at least in part, an interpretation of neoclassicism, rather than classicism.

---

[13] N. Boileau-Despréaux, *Satire* I, in *Œuvres*, ed. Gidel (Paris 1870), i.68.

[14] A. Houdar de La Motte, *Discours sur la poésie*, in *Œuvres* (Paris, Prault, 1754), i.25-2.

[15] J.-A. Du Cerceau, *Deffense de la poésie françoise*, in *Le Nouveau Mercure* (February 1717), p.33-34.

Subsequent uses of this choric image are accordingly more reasonable than Pons's, but the essential point remains the same : rope dancing is a graceless form of dance, in the same way that too many formal constraints take away the graceful qualities of poetry. Justus Van Effen's satire on the dancer (which we discuss at length in our other article in this volume), pursues this analogy, and makes plainer than Pons the principles of grace common to dancing and poetry :

> Ne pouroit-on pas comparer encore un Poëte à un Danseur de corde ? D'ordinaire on admire plus un danseur de corde, qu'un danseur qui a toute une salle ou tout un Théâtre pour varier ses pas & ses cabriolles. Les mouvemens du premier sont-ils plus beaux, plus gracieux, plus propres à plaire ? Point du tout, ils sont d'une plus difficile pratique ; [ses mouvements sont] destitués de justesse & de grâce, [...] c'est le danger qui les rend brillants.[16]

Although Van Effen clearly shares Pons's basic principles, the more reasonable approach comes a few lines later, when Van Effen acknowledges that a genius, in dance or in poetry, may in fact be inspired by formal constraints rather than hindered by them. The problem arises when less-than-geniuses seek to manipulate demanding tools of expression. The implication is that these debates only really arise in reaction to the popularization of poetry and dance in the eighteenth century (probably the practice of them rather than simply the appreciation of them). Perhaps amateur poets and dancers are the real targets of these debates rather than more proficient practitioners.

Whoever may be the butt of Van Effen's criticisms, his notion of grace is recognizably neoclassical. It turns on a distinction between 'admiring' a rope dancer and finding a noble dancer 'pleasing'. Only the latter is graceful. This is a recurrent contemporary distinction which we find, for example, in La Fontaine's story *Les Amours de Psyché et de Cupidon*, in which a king must decide who will be his queen. He may choose between Mégano, whose statuesque beauty he admires, and Myrtis, whose pleasing grace he finds moving. The king is impressed but unmoved by Mégano, and favours, instead Myrtis. When, many years later, Myrtis dies, the enscription on her tomb reads : 'ce qui m'a procuré ce bien [becoming queen], ce n'est pas tant la beauté que ce sont les grâces. J'ai plu, et cela suffit'.[17] These are the

---

[16] Van Effen, *Le Nouveau Spectateur* 7 (1725), p.108-109.
[17] J. de La Fontaine, *Œuvres* (Paris 1965), p.441.

qualities which Van Effen suggests that a good poet should have. Admiration for feats of virtuosity are not enough, since they are devoid of pleasing grace.

The same distinction is made by the Chevalier de Méré :

> Il me semble que les véritables grâces, celles qui touchent le plus, et qu'on aime toujours, ne se peuvent que mal-aisément passer de la délicatesse, et que les grandes choses, comme la pompe et la magnificence, sont moins faites pour plaire que pour donner de l'admiration.[18]

Those things which have a pleasing delicacy are more graceful, and therefore more pleasing, than others which are full of pomp and circumstance. This is the implicit aesthetic of Van Effen's choric image. He is suggesting that bad poets try too hard to build a monument to the formal rules of rhyme and versification which may be impressive and admirable in some ways, but is otherwise unmoving. It lacks grace.

The characteristic neoclassical aesthetic underlying Van Effen's rope-dancing image is also at the heart of Louis Racine's, but in contrast to Van Effen, Racine recovers the image for the opposing faction, the supporters of verse. He does this by sacrificing what he calls 'les petits poèmes' or 'vers techniques', verse forms such as acrostics, rophalics, soladics, sonnets, and other 'puerilités poétiques' which he thinks are scarcely more than exercises in virtuosity.[19] These, he thinks, may indeed be considered to be no better than rope dancing, but not so other kinds of poetry. This is an interesting adaptation of the rope-dancing image, but it is nevertheless based on the same notion as we have seen before of grace in dance :

> Il est plus aisé de danser sur la terre, que sur une corde tendue en l'air. Cependant la grâce d'un Danseur ordinaire nous fait plus de plaisir que l'adresse d'un Danseur de corde. Ce dernier nous étonne, mais le plaisir qu'il nous cause ne nous arrête pas longtems et nous estimons médiocrement le mérite de celui qui nous le procure.

And Racine ends on the same neoclassical principle as Van Effen : 'Ce n'est pas ce qui étonne qui nous procure du plaisir, mais ce qui

---

[18] De Méré, *Les Conversations*, in *Œuvres*, 3 vols (Paris 1930), i.72.
[19] Louis Racine, 'De la versification', in *Œuvres* (Amsterdam, Marc Michel Rey, 1750), v.104-5 for this and following references to L. Racine.

nous affecte.' The technical feat of rope dancing which Van Effen called 'brillant' and which Racine here says is captivating, should not deceive us. It may be harder to dance on a rope, but the spectacle is nevertheless not moving. By the same token, poetry needs more than 'des saillies impétueuses' afforded by the formal virtuosity of the 'petits poèmes'. It needs to adopt what Racine calls a measured cadence. He goes on to explain what he means without further reference to the choric image, but others, as we shall see, do so by relating poetic prosody to dance steps.

The Ancients and the Moderns

Before turning to more positive images of dance which proponents of verse employ, there is a further dimension, and an essential one, to the *querelle des vers* which is expressed through yet more negative choric imagery. Underlying disputes concerning the relative merits of prose and verse, both in translation and in original writing, is the question of the Ancients and Moderns. A hint of this is already perceptible in the different interpretations made by Pons and Cerceau of Horace's original rope-dancing image. The relevance of artistic practice and theory of esteemed Ancients is a matter of recurrent thorny debate since the Renaissance. The 'golden ages' of Alexander and Augustus lead some neoclassicists to uphold Ancient art as a model of unsurpassed excellence, whereas their detractors argue that too much reverence is creatively debilitating. The anonymous author below puts the latter case with an extended analogy based on a dancing master whose teaching deforms the natural grace of his beautiful pupil :

> Une dame magnifiquement vétue, qui seroit belle comme Helene [...] qui auroit la taille riche, & l'air plein d'une majesté gracieuse, [...] qui sauroit en perfection tous les agrémens enchanteurs de la danse, [...] mais qui, loin d'avoir la démarche aisée et engageante, [...] seroit fort boiteuse, par ce que son père auroit eu la brutalité de l'estropier en lui enseignant à danser ; & qui ne laisseroit pas de s'efforcer tous les jours à l'aide de sa béquille, à danser publiquement une gigue, pendant qu'un racleur de boyau joueroit un air lugubre en tirant de longs soupirs sur un violon faux, qui jureroit sous l'archet. Jugez quelle harmonie ! Quelle incomparable cadence ![20]

---

[20] G. G., *Réflexions d'un Alemand sur les défauts de la versification françoise* (n.p. 1727), p.100.

At one level, this is one of a host of contemporary satires on the affectations of the dancing master, not to say his artistic inadequacies. It is reminiscent of the mannerist image (and probably unfair one !) which Diderot and Rousseau give us of the well-known contemporary dancing master Marcel.[21] In this specific case, however, the mannerisms are so artificial as to be categorically crippling, since Hélène, the epitome of natural beauty and grace, is 'estropiée'. The beautiful pupil is endowed with the natural grace which we know, from Jennifer Thorp's article, to be essential to noble dance : 'les agrémens enchanteurs', and 'un air engageant' evoke the emotionally moving quality which is so important to grace, and more specifically, 'les agrémens' is a synonym for 'graceful steps'. Despite this, she is hobbled by dancing lessons which her father, for whom we should perhaps read 'the Ancients', forces on her. She limps through a gigue, a fast and gay dance to which she is patently unsuited, while her dancing master tortures a violin in accompaniment.

Everything in this analogy speaks of the unnatural constraints which the 'Modernes' consider are the consequence of too much fidelity to the Ancients. Their argument is that, for a mix of linguistico-cultural reasons, we cannot dance to the same tune. Those who would have us in step with them cannot, in practice, play the same music, and the dancers who painfully try to adapt to the unnatural constraints do so at the cost of all natural grace. Similarly, the French language is patently unsuited to the metrics of Greek and Latin, and to force French poetry into the same mould only disfigures it. French has its own natural beauty which can be brought out in specifically French modes of poetic discourse. The concluding exclamations of the quotation above indicate what these qualities may be : 'quelle harmonie ! Quelle incomparable cadence !'. Both are terms commonly used to refer to two aspects of poetic prosody : the first is a frequent abbreviation for 'l'harmonie imitative', or use of evocative sound, and the second refers more generally to rhythm.[22]

---

[21] See Denis Diderot, *Salons de 1767 et 1768*, ed. J. Seznec (Oxford 1963), p.171 and 338 ; *La Religieuse*, ed. R. Mauzi (Paris 1961), p.8. See J.-J. Rousseau, *Emile*, in *Œuvres complètes*, 5 vols (Paris 1959-1998), iv.391, 667-68. For much more flattering views, see C.-J. Dorat, *La Déclamation théâtrale*, in *Œuvres* (Neufchatel, Société typographique, 1775), iv.111 ; and J. de La Rochette, dit La Morlière, *Angola* (1746 ; Paris, Agra, 1751), p.136.

[22] See my *Literary and linguistic theories in eighteenth-century France : from nuances to impertinence* (Oxford 2000), ch.4.

Discussions of these aspects of poetry place the emphasis on tapping the inherent qualities of the French language rather than conforming to foreign and unsuitable conventions of ancient languages. The prosodic 'tune' to which French would dance would be in some way natural, unlike the crippling cadence of the gigue in the quotation above which causes the dancer to lose all natural grace.

This is a depressing choric image of poetry suffering from the permanent affects of crippling conventions, but the anonymous author proposes reforms which would at least save poetry for future generations : abolish rhyme, extend the permitted lexicon and loosen the linguistic register. The implication of this Modernist's choric image is that French dances to its own tune, and has its own distinctive graces which should be cultivated. The anonymous author of this text is hardly conciliatory, but others, such as Louis Racine, essentially take the same attitude, adding that deference in French poetry to indigenous grace is without prejudice to the particular grace of ancient poetry : 'La Fontaine a des grâces qu'on ne peut faire passer dans la langue latine ; et la langue latine a les siennes auxquelles la nôtre ne peut atteindre.'[23]

The notion of grace is a lynchpin of these debates between Ancients and Moderns, because in contrast to the idea of beauty, it is usually considered as a relative rather than an absolute value. It is possible to say that different mediums of expression have their own particular gracefulness, and that it therefore makes no sense to subjugate one to another. Dance is an especially useful example in this respect, not only because the concept of 'grace' is pertinent, but also because it is seen to be quite strongly socio-culturally determined, and therefore particular to nations, peoples or other such well-determined groups. Hence the effectiveness of our anonymous author's choric image for poetry (whom, if the title is to be believe, is German, of course), because it reinforces the point that there are relative differences between the ways different cultures go about artistic expression. Grace in particular, then, and dance in general are incentives for relative thinking in the debate between the Ancients and the Moderns.

---

[23] Louis Racine, *Réflexions sur la poésie, Œuvres*, ii.263.

Prosody

So far, there has been more vulgarity than nobility in the choric imagery for poetry. Perhaps this ought to inform our general understanding of dance in the eighteenth century, and contribute to a more balanced view of its cultural meaning. It is far from connoting only dignified, respectable values. When one turns, however, to consider the more noble dimension of the choric image, one finds that the image of dance is used to promote quite specific aspects of poetry : the dignity of versification and prosody. The abbé d'Olivet did more than anyone else in this vein. In the face of strong criticism from the likes of La Motte and Pons who would deny the very existence of French prosody, Olivet's voice is a conciliatory one. He contends that French poetry cannot be metric, like ancient poetry, but that it can make good use of certain native prosodic qualities which amount to rhythm and evocative use of sound.[24] He compiles an exhaustive, and linguistically dubious inventory of sounds of the French language, according to whether the syllables are 'short' or 'long', and then declares that these can be used to create rhythmic affects in language, just as different steps can do in dance : 'car les pieds sont dans le vers, ce que sont les pas dans la danse'.[25] The analogy might appear to be a purely illustrative one without heuristic value, relying as it does on a play on the term for a metrical 'foot' in verse which is like a 'pace' in dance. This would be to underestimate the seriousness with which Olivet goes about drawing up his exhaustive description of French prosody, as well as the value he obviously places on making a compelling rational case against the likes of La Motte. It would also be a misjudgment of the currency of this choric analogy in poetic debate. Olivet may be consciously replying to a similar analogy made with the opposite intent a few years earlier. Michel de Mourgues also compares metrical feet with steps in dance, but in order to say that dance is now the only surviving example of metrics. The point is very flattering to dance, if less so of French poetry. Of ancient poetry, he says :

> Chaque manière de Vers faisoit comme une pièce d'une espèce particulière pour le chant, laquelle avoit son étendu & ses cadences affectées, avec des

---

[24] See Nye, *Literary and linguistic theories*, ch.2, section 7.
[25] Olivet, *Prosodie* (Amsterdam, J. Wetstein, 1730), p.324.

différences de pièce à pièce, semblables à peu près à celles qui distinguent la mesure de nos Courantes, de nos Gavotes, de nos Menuets, & des autres espèces de danse.[26]

The test of metrical poetry is music. Ancient poetry had specific verse forms to suit specific musical forms, and according to Mourgues, the clearest contemporary example of this musicality is not in French poetry, but in French dance, 'nos Courantes, nos Gavotes...'. He is referring to the 'musical rhyme', or characteristic opening rhythm which every dance has, and which French poetry cannot claim for itself.[27] The most it can claim is a characteristic overall pattern of line lengths or rhyme scheme, but this is more to do with the overall architecture of the poem than the microstructural components which make even a small snatch of it instantly recognizable. It does not 'characterise' the whole in the same way.

Mourgues is essentially saying that French poetry has no distinctive, characteristic prosody, if by prosody we mean something equivalent to ancient metrics, or interestingly, contemporary musical rhymes of dances. This is exactly the kind of statement which made notorious Rousseau and La Motte's views on French language and verse. La Motte makes the same point that French prosody is monotonous, firstly, because it is devoid of musical characterisation, and secondly, because variation is only possible at a relatively broad level of line length, rhyme and use of the 'coupe'.[28] Rousseau suggests the same in his characteristically sweeping manner when he states categorically that 'le français n'a pas d'accent'.[29] It is true that Rousseau means this partly in relative terms, compared to Italian, but by implication, he nevertheless, at a stroke, denies the possibility of either musical or verse expression in French. These are precisely the kind of ideas which Olivet sets out to combat in his *Prosodie*. He uses the analogy between poetic prosody and dance in order to rise to the challenge of demonstrating that French has its own native musicality, that it is amenable to verse.

---

[26] Michel de Mourgues, *Traité de la poésie française* (Paris, Barbou, 1724), p.116.

[27] See Betty Bang Mathers, *Dance rhythms of the French baroque* (Bloomington, IN, 1987), p.72.

[28] La Motte, *Discours sur la poésie*, in *Œuvres* (Paris, Prault, 1754), i.25-26.

[29] Rousseau, *Discours sur l'origine des langues*, in *Œuvres* (Paris 1959-1998), v.390-91.

This comparison is not only flattering by virtue of the implicit respect accorded to dance because of its perceived close links to the Ancients, but also because in retrospect, we can see how it is part of a current of ideas which eventually leads to a much clearer understanding of how French prosody works. It is a symptom of the many neoclassical efforts to identify an 'accent' in French, which ultimately culminates with Antonio Scoppa in 1811 who identifies it as a phrase-final accent.[30] Before he arrives at what is in retrospect a definitive conclusion, dance rhythms inspire thoughtful enquiry into this matter. Thus, Sulzer's article 'Accent (art de la parole)' for the *Supplément à l'Encyclopédie* (1777) distinguishes different kinds of prosodic accents according to Olivet's categories of 'accent grammatical' (specific to isolated words) and 'accent oratoire ou pathétique' (rhetorical or affective emphasis to a word or phrase), and explains what he means with a fairly elaborate choric analogy :

> Ainsi, par exemple le frappé, le plié, le saut simple, sont dans la danse ce que seroit l'accent grammatical dans le langage. La figure du pas & ses accompagnemens répondent aux accens oratoires & pathétiques.

The first category consists not so much of steps as punctuating movements. Like isolated words, there is little potential to adapt them for specific expressive purposes. They are the 'fixed accent' of dance. The second category is made up of complete steps, each consisting of several distinct movements and optional ornaments (such as those defined by Pierre Rameau which Jennifer Thorp cites in her paper). These are capable of a great deal of variation and are the equivalent of a 'mobile accent' in poetry, used for rhetorical or affective emphasis.

These choric analogies for prosody are flattering to dance, given the key importance of prosody in debates on poetry in this period. Nevertheless, what is notably absent is the notion of grace. Instead, positive choric images for poetry seem to revolve around the importance of form for channeling energies and amplifying linguistic expression so that it attains the special status of 'poetry'. This, after all, is the way versification is understood by its adherents, and the linguistic analyses by Olivet and Sulzer are meant to provide the

---

[30] *Les Vrais Principes de la versification* (Paris 1811).

theoretical background to more practical disputes.[31] In this sense, they use the choric analogy for versification in the same way that La Faye uses the image of water under pressure in a fountain : the water is constricted, but as a result it rises to greater heights and falls in a great and beautiful cascade.[32] This is La Faye's answer to La Motte's criticism of versification, and one senses the choric images of prosody share the same function : dancers conform to metric conventions in order better to create beauty.

This is evident in a later use of this kind of choric analogy to illustrate the difference between a prose and verse translation of poetry by Tasso. The reviewer in the *Journal encyclopédique* prefers the new verse translation to the existing prose one by Mirabaud, and explains that prose can never be the same as verse :

> On voit quelquefois à la répétition d'un opéra, une danseuse, non pas exécuter, mais tracer terre-à-terre son pas : si c'est une danseuse telle que Melle Hingle, sa marche même annonce une partie de son talent : c'est l'habile traducteur en prose ; mais voyez-la le lendemain étonner, enchanter tous les yeux à la représentation, s'élancer, se soutenir, se balancer, pour ainsi dire, dans les aires, comme un sylphe : voilà le poëte.[33]

This analogy would no doubt please Olivet and La Faye. It is a striking way of illustrating how the artist uses formal constraints, but transcends them in order to express ethereal beauty. Clearly what impressed the reviewer most about Mlle Hingle's dancing was her virtuosity, not her delicate grace. A mischievous Pons might have observed that there was too much of the rope dancer about her, and not enough grace, but Hingle seems to be a further example of what most interests supporters of versification, which is the channelling of energies rather than the notion of grace. One might expect them, therefore, to use the example of dance primarily to illustrate that even what is arguably the most natural medium for art, the body, is commonly set about with constraints. In contrast, critics of the dogma of versification are primarily interested in a certain naturalness, a

---

[31] See for example the preface to the 1767 edition of Olivet's *Prosodie*, in which he states specifically and for the first time that he wrote his treatise in order to counter La Motte's ideas on poetry and prose.

[32] Jean-François Lériget de La Faye, *Epître sur les avantages de la rime* (c.1725), in La Motte, *Œuvres* (Paris, Prault, 1754), vol.i.

[33] *Journal encyclopédique* (December 1774), p.441-42.

certain transparency of expression which they translate into the notion of grace. Each side in the debate takes from dance the aesthetic which is most useful to its polemical point of view.

Sallé and Camargo

The one exception to this division of interests is Rémond de Saint-Mard who uses a very topical choric image to illustrate his belief that the most stringent of formal constraints in poetry are graceful. By necessity, this entails quite a different concept of grace compared to those we have already discussed. For Saint-Mard, grace in poetry and dance is not what the likes of Pons and Van Effen take it to be. It is less a matter of variety, contrast, naturalness, spirituality and so on than the appearance of these things in the midst of difficulty. Grace is 'la difficulté vaincue' with the appearance of ease. This is not an uncommon principle in dance or poetry, then as now, but Saint-Mard is one of the few to use it to link these two art forms. In effect, the choric image he devises is an elaboration of Van Effen's *caveat* to the rope dancing analogy for versification : formal constraints do not inhibit genius ; on the contrary, they are inspiring. In accordance with this idea of genius, the choric exemplar he chooses is one of the foremost dancers of his time, Marie-Anne Camargo. He compares her virtuoso dancing to the sonnet in a manner which acknowledges the principles of grace inherent in the recurrent rope-dancing image, while reserving for great poetry and great dance the distinction of achieving grace in defiance of constraints :

> Une des choses [...] qui nous touche le plus, que dis-je ! qui nous ravit, qui nous enchante c'est de voir quelqu'un de gêné faire une chose avec la même liberté et la même aisance, que s'il étoit à son aise. Car, pour me servir d'un exemple qui vous soit familier, pourquoi allez-vous régulièrement à l'opéra ? Pourquoi n'y avez-vous des yeux que pour Mlle Camargo ? Et pourquoi vous dîtes-vous éternellement qu'elle vous paraît inimitable et toujours nouvelle ? C'est que le surprenant ne peut presque point aller avec les Grâces, et que pourtant chez elle vous en voyez l'accord : c'est que le difficile ne paroit jamais lui coûter ; c'est que ces pas, pour être brillans, n'en sont pas moins möelleux ; c'est que franchissant les bornes de l'humanité, cette fille incomparable met dans la Danse la plus haute et la plus élevée, cette mollesse, et cette aisance qu'on se trouverait bien heureux de mettre dans une Danse basse et terre-à-terre. Or je soûtiens qu'un Sonnet bien fait produit chez vous une admiration qui tient de celle que vous avez

pour Mlle Camargo. [...] Je suis si content de ma comparaison que je l'étends sur tous les petits Poèmes contraints, et en particulier sur le rondeau.[34]

Camargo was known especially for her mastery of technique and her feats of virtuosity which earned her the reputation for being the first woman to dance like a man. Amongst other accomplishments, she was renowned for her consummate execution of the 'gargouillade', a fiendishly difficult step involving a vertical leap, raising of both legs to the horizontal, and a 180 degree turn while doing a tordichamp with at least one leg. It was fiendish in more ways than one, since it was often used in character dances of demons.[35] According to Saint-Mard, and in defiance of all Pons and Van Effen allege about such feats of acrobatics, Camargo performed 'brilliant' steps like this with grace and its associated qualities : 'le moëlleux, la mollesse'. She has an 'aisance' which means that, unlike the rope dancer, elevation or 'la danse la plus haute' does not stop her surpassing what a 'terre-à-terre' dancer can do. As a consequence, she achieves what seemed impossible according to Pons's principles of grace, which is to instill in her audience a simultaneous feeling of 'admiration' and emotional engagement ('toucher'). She impresses by a heady mix of 'le brillant' and 'le moëlleux', 'le surprenant' and 'les grâces'.

The immediate occasion for this description of Camargo's style is praise for the rigours of versification in the sonnet, but as Saint-Mard enthusiastically comments in conclusion, his point applies to all those 'petits poèmes', like the rondeau, which rely for their effect on formal constraints. By extension, all versified poetry is graceful, provided the particular form employed is fully mastered. In contrast with Louis Racine, therefore, the 'petits poèmes' are not expendable, but the ideal. This is quite an unusual outlook in an age which did not accord a high position in the hierarchy of genres to such

---

[34] Saint-Mard, *Réflexions sur la poésie en général* (1742 ; Geneva 1970), p.258-60.

[35] For Camargo's manly dancing, see, for example, La Faye's poem in which Camargo compares her virtuosity to that of male dancers : 'Je forme au gré de l'art les pas les plus hardis ;/ Originale dans ma danse,/ Je puis le disputer aux Balons, aux Blondis' (quoted in Emile Campardon, *L'Académie royale de musique au XVIIIe siècle*, Paris 1884, and Gabriel Letainturier-Fradin, *La Camargo*, Paris 1908). For her 'gargouillade' steps, see G. Casanova, *Histoire de ma vie*, 3 vols (Paris 1993), iii.575-76. For a general description of the gargouillade step, see Gennaro Magri, *Theoretical and practical treatise on dancing* (Naples, Orsino, 1779 ; trans. M. Skeaping, London 1988), p.158-59.

apparently trifling forms as the rondeau, or even the sonnet. A more
representative attitude would, in fact, be something akin to the rope
dancing image : impressive, entertaining, but essentially vacuous.
Other proponents of verse invariably refer to undisputed great poets,
notably Jean Racine, Boileau or Corneille from the seventeenth
century, and Jean-Baptiste Rousseau in the eighteenth century. It
seems positively perverse, especially with the stakes raised high by
provocative writers such as La Motte, to base one's case for
versification on what are commonly considered insignificant, trivial
'petits poèmes', a residue from the era of Marot and the 'vers
marotiques'. One wonders how effective Saint-Mard's point would be
without the aid of Camargo to encapsulate what he means. Her debut
at the Paris Opera in 1726 is timely vis-à-vis the various *querelles*,
and goes some way to proving wrong the tenor of the rope dancing
image. She shows that technicity is not only graceful, but according to
Saint-Mard's principles, it is the *sine qua non* of grace.

It would doubtless be misleading to suggest that it is the
novelty of virtuosity in dance which leads Saint-Mard to his surprising
conclusion. To take but one example of many, the fiendish step 'la
gargouillade' is already topical when La Bruyère uses it to satirise the
vanity of women who ostentatiously make known their liaisons with
dancers famed for their equally ostentatious steps.[36] The difference
may be, however, that Camargo is a woman. The perception that she
dances like a man would put into stark relief the qualities expected of
her as a woman, and the male virtuosity she in fact displays. Quite
what those feminine qualities would be is hard to say without a
detailed gender study of dance which is beyond our remit here, but
hypothetically we can assume that Camargo's contemporary rival,
Marie Sallé was thought to dance in a style more commensurate with
her sex. At the risk of generalising before discussing Sallé's style in a
moment, we can contrast her expressive, evocative, slightly
pantomimic manner with Camargo's technicity and virtuosity. Hence,
what strikes Saint-Mard may be that Camargo is a graceful woman,
despite not having exactly the kind of grace he would normally regard
as feminine. Calling into question the precise nature of grace as this
does, it may lead him to look anew at other examples of virtuosity,
such as the 'petits poèmes', and see them as an ideal in an unusual

---

[36] La Bruyère, *Les Caractères*, 'Des femmes', 33.

way. Consciousness of gendered grace in dance leads Saint-Mard to become more conscious of genre-related grace in poetry. In both cases, genre and gender are limitations on thinking, and Saint-Mard therefore transcends both of them. The result is that he is one of the only participants in the *querelle des vers* who supports verse with a choric analogy for grace, thus reclaiming the notion of grace for formal poetry when most of his like-minded contemporaries avoid this notion, as if it were the weak point in their argument. By default, they concede that the rigourous rules of versification do not particularly foster grace, whereas Saint-Mard demonstrates that the opposite is true.

The allusion to Camargo is just as surprising a symbol for grace as is the ideal of the 'petits poèmes'. Usually, she is praised for her virtuosity, but contrasted to Marie Sallé's graceful dance style. Thus, these two dancers sustain the dichotomy which we have already seen in the rope dancing image : technical ability in itself is not graceful. An anonymous poem from the *Mercure* is one of many testimonies to the contrast in styles which contemporaries saw in these two dancers :[37]

> De ta danse active et légère,
> J'admire, Camargo, le brillant caractère,
> Mais que ta rivale a d'appas !
> La grâce au sentiment unie
> Exprime en toi, Sallé, l'éloquente harmonie
> Du regard, du geste et des pas.[38]

Although this poet obviously reveres both dancers and both styles, the distinctive notion of grace is essentially the same as we saw above in Pons's rope dancing image : it is emotionally engaging, communicative of sentiment, not to say alluring ('appas'), and makes a harmonious use of face, arms and steps. The poet admires Camargo, but is moved by Sallé. His reference to the face is less surprising than it is in Pons's case, since we know that Sallé often danced without a mask.[39] This very fact, however, is further testimony of the

---

[37] See other examples in *Les Talens du théâtre célébrés par les muses, ou Eloges et portraits, en vers, des acteurs, actrices, danseurs & danseuses qui brillent aujourd'hui à Paris* (n.p. 1745).
[38] January 1732, p.147.
[39] For example, *Mercure de France*, 17 February 1729.

importance of the face to the notion of grace : Sallé's unmasked dancing is doubtless a major contribution to the recurrent observations on her gracefulness.

Voltaire is a resolute admirer of Sallé (more than he is of Camargo), and her gracefulness moves him to make certain analogies between poetry and her specific style of dance. He is another, like Olivet and Mourgues, who sees direct analogies between the formal characteristics of poetry and of dance. His ideas are particularly interesting, however, because he puts them into practice by writing verse intended to mirror Sallé's style. Sallé is poetry in motion, and this for two reasons. Firstly, Voltaire thinks that she is emblematic of fluid form, of subtle use of prosody which gives shape to poetry without segmenting it into ponderous blocks of versification. Secondly, she is exemplary of a rococo aesthetic of short, concise, epigrammic expression, or what he calls 'a flash of sentiment'. In the first case, it is in the course of his article 'Hémistiche' for Diderot's *Encyclopédie* that Voltaire has employs his choric analogy :

> Observez l'hémistiche, et redoutez l'ennui
> Qu'un repos uniforme attache auprès de lui.
> Que votre phrase heureuse, et clairement rendue
> Soit tantôt terminée, et tantôt suspendue ;
> C'est le secret de l'art. Imitez ces accents
> Dont l'aisé Géliotte avait charmé nos sens :
> Toujours harmonieux, et libre sans licence,
> Il n'appesantit point ses sons et sa cadence.
> Sallé, dont Terpsichore avait conduit les pas,
> Fit sentir la mesure, et ne la marqua pas.

This is a demonstration of the nature of the hemistich, for which purpose Voltaire says that he has helpfully marked its boundaries with punctuation for the benefit of readers who are incapable of hearing it any other way. The point is nonetheless made in the last couplet that the real art of poetry is, as Sallé demonstrates, to cultivate a fluid sense of rhythm, to make this basic building block of French poetry, the hemistich, felt rather than explicit. Even in this 'exercise de style', Voltaire does, in fact, maintain fluidity by the use of relative clauses, imperatives, demonstratives, inversions, and enjambement, all of which carry over the sense from hemistich to hemistich, line to line. Voltaire subsequently suggests that the deferral of semantic completion (the full-stop at the end of the sentence) can continue harmoniously for as much as eight lines.

As with Olivet and Mourgues's choric images for poetic prosody, Voltaire's analogy has a musical dimension. 'Mesure' may mean rhythm in general, or more specifically the musical bar. It would, in fact, seem appropriate for Voltaire to compare the hemistich to the musical bar, since both are basic units of rhythm. If this is what he intends, then one ingredient of Sallé's grace would seem to be her ability to dance across the bar line, just as Jennifer Thorp explains with reference to the different rhythmical permutations of a minuet step, commonly considered one of the most graceful steps in noble dance.

The overall purpose of this choric analogy is to explain a prosodic example of one of the key neoclassical elements of grace highlighted by Jennifer Thorp, which is the concept of 'variété'. The beauty of the hemistich is that it builds into poetry a characteristic regularity of form which nevertheless does not become monotonous. What is especially interesting here is the fact that Voltaire has effectively seen fit to render into words the rhythm of a dancer, almost as if writing a libretto for a silent choreography. One could say, of course, that he is just as much writing a libretto for a singer, since Geliotte is mentioned immediately before Sallé. But the singing analogy is not nearly so novel as the choric one, since the close relationship between words and music in the French operatic tradition is pretty much an article of faith amongst supporters of the genre. It is more unusual to see expressed in this way a close relationship between words and choreography. More than this, it is high praise indeed for dance and words to be placed on a par with music and words, given the iconic status which the latter enjoys as the very emblem of a complex mimetic relationship. Time and again in the eighteenth century, French operatic recitative is the centre of broad and consequential aesthetic debate. Voltaire's choric analogy of poetry borrows from these debates a good deal of its meaningfulness.

Sallé is poetry in motion for a second reason, and that is her rococo style. It is a reflection of her rapid rise to fame after her first adult appearance at the French opera in 1727 that Lancret, well-known for his portraits of stage personalities, paints a portrait of Sallé. It is testimony to her star status, also, that there is so much competition between poets to write the inscription for the portrait. In the end, it is

Gentil-Bernard's poetic efforts which are rewarded, but not before Voltaire has proposed his own inscription. He sends his verse to his friend Thiériot, writing (in English) that he has done his best to evoke Sallé's style :

> What verses can I now write for her that could equal her abilities ? […] Mr Bernard has attempted a madrigal, and has fallen short even of his own idea. This is my case. I find there must be in an inscription an exactness and a short way of painting a flash of sentiment, something so tight, so neat and so full that I must give the work over. I have found out nothing but this,
>
> De tous les cœurs et du sien la maîtresse,
> Elle allume des feux qui lui sont inconnus.
>   De Diane, c'est la prêtresse
> Qui vient danser sous les traits de Vénus !
>
> Methinks these four verses are at least a true, if not a lively, picture of her peculiar art of dansing, and of her own caracter.[40]

Voltaire's characteristic false modesty thinly veils a suggestive description of Sallé's dancing. Her style is a matter of brief but potent sparks of expression, rapid brush strokes in the manner of Fragonard, perhaps, which paint a picture for an instant before moving on to a different expression and a different picture momentarily painted. The expression is so condensed ('tight'), so concise that 'painted' may be a misleadingly word for a style which seems to express meanings without an elaborately detailed manner, through only evocation. Voltaire may be referring here to the pantomimic style of Sallé which is quite different to later pantomime by the likes of Noverre ; in contrast to her, Noverre does indeed make a great deal of effort to paint elaborately detailed 'pictures' in dance. Sallé's style seems more a development of the kind of character dance made famous by Françoise Prévost's *Les Caractères de la danse* in 1715 (which Sallé, in fact, performed on a number of occasions). Sallé, then, seems to be the epitome of evocation without elaboration, pantomime without pictures.

These lines by Voltaire capture something of this. It is brief, epigrammatic, with a surprise in store for the reader in a relatively short third line, a 'flash of sentiment', perhaps. The sense of increasing tempo comes from two couplets of similar syntax, both of

---

[40] Voltaire, 9th July 1732, *Correspondence and related documents,* ed. Th. Besterman, in *The Complete works of Voltaire* (Institut et musée Voltaire, Geneva, University of Toronto Press, 1968-1977), Vol. 86, D.502.

them propositions, of which the second, however, is shorter with a more fluid progression into the final line because of the relative clause. The two mythological figures, Diana's priestess and Venus, are both concise allegorical figures, but exactly how they articulate with one another is ambiguous. In the first case, the priest of the temple of Diana is, according to mythology, a fugitive criminal who kills the previous priest in order to take his place. He, or she, is therefore fleetingly invested with all the untamed qualities of the goddess of moon, forest and wildness, before another takes his or her place. This is the fragile, evanescent expressivity which Sallé is often said to possess. Not only this, however, but Diana's priestess dances like Venus, the goddess of love. Sallé is doubly elusive : she plays one role only to personify another. Thus, Voltaire qualifies one allegory with another, which ultimately is as semantically irresolvable as mixed metaphor. He turns Sallé into an enigma and avoids an explicit description. It is an aesthetic of suggestion, of evocation.

There is something rococo about Voltaire's appeals to sparkling and evocative brevity, but also something akin to earlier notions of grace. The brevity is reminiscent of La Fontaine's claim to 'les grâces lacédemoniennes', the small but engaging liberties he takes with conventions of language and verse, and which he calls 'le sel', 'le piquant' (preface to the *Fables*, 1668). The Chevalier de Méré contends that these small 'agrémens' or 'un certain sel' are the vital ingredient of grace, and indeed its defining characteristic relative to the quite different concept of beauty.[41] The technique of evocative brevity is therefore not new, but Voltaire's reaction to Sallé is an example of the greater importance attached to it in the first half of the eighteenth century, to the extent that it constitutes an aesthetic in itself, the rococo. La Fontaine's preface, quoted above, takes a defensive attitude to 'les grâces lacédémoniennes', whereas Voltaire's only apology is that he may not be capable of doing full justice to it. Voltaire's interest in Sallé is therefore revealing of contemporary aesthetic tastes. His poetic interest is all the more telling, because it illustrates his desire to write poetry which inhabits the common ground between verse and dance. As usual, Voltaire is man of action ; others talk about the analogy between poetry and dance, Voltaire puts the theory into practice.

---

[41] De Méré, *Les Agréments*, in *Œuvres*, 3 vols (Paris 1930), ii.39.

Sallé retires from the public stage in 1739 after her acclaimed performance in Rameau's *Les Fêtes d'Hébé*. Given her continued success, it is in perhaps an unexpected moment to retire, and it may be that a contributory reason was the arrival of a new seventeen-year-old Italian prodigy, La Barbarina, for whom a special *entrée* was appended to *Les Fêtes d'Hébé*.[42] Beyond her injured ego, there may have been a more poignant reason why she should feel the competition especially acute. La Barbarina was a quite different dancer to Sallé, more of a technical virtuoso in the mould of Camargo. Perhaps Sallé felt that La Barbarina's immediate and overwhelming success was a hint that her own style was no longer so appealing as it had been. The contemporary reviews in the *Mercure* may be testimony to a change in tastes, since there is no mention of Sallé by name. Argenson's considerations point to the same conclusion ; he comments that the reception given to La Barbarina is symptomatic of the demise of 'graceful' French dance. He writes of the new prodigy :

> Elle est Italienne, elle s'appelle la Barbarina ; elle saute très haut, a de grosses jambes, mais danse avec précision [...] Il est à craindre que sa danse ne soit suivie [...] Notre danse légère, gracieuse, noble, et digne des nymphes va donc devenir un exercice de bateleur et de bateleuse.[43]

Here are two aesthetics expressed as poles apart : grace and its purported antithesis, virtuosity. D'Argenson's feminine neologism 'bateleuse' shows a degree of contempt for virtuosity, not to mention personal contempt for La Barbarina, that even Pons did not manage. Doubtless there is an element of patriotic chauvinism in his remark akin to the defensive attitude sometimes evinced by commentators on Opera who dislike foreign innovations, especially from Italy. But his is more than a superficial or frivolous remark, since the same theme, grace and its absence, underlies all the poetic opinions we have discussed in this article.

---

[42] Emile Dacier, *Une Danseuse de l'Opéra sous Louis XV : Mlle Sallé* (Geneva 1909 ; 1972), p.205.
[43] R.L. d'Argenson, *Journal et mémoires* (Paris 1859), ii.197.

Grace and motion

This triangular relationship between poetry, dance and grace is convincing without being necessary. To our knowledge, it does not arise to any great extent in the seventeenth century, for example, despite ample contextual reasons, such as Malherbian poetic exigencies or the establishment of the Académie royale de danse by Louis XIV in 1661. This is all the more surprising when one reads numerous contemporary observations on the notion of grace which seem to identify the fundamental rationale for this triangular relationship. Voiture says that the key to grace is motion :

> Les véritables grâces, et qui touchent le plus, consistent principalement en de petites choses, en certaines actions, certains mouvements du corps et du visage, dans lesquels, sans être quasi aperçues, elles font leur effet.[44]

This is a corporeal understanding of grace which owes much to the principles of social deportment, deriving notably from Castiglione's *Il Cortegiano*. Voiture and his contemporaries do not pursue this notion in the joint realms of poetry and dance, but it is the key concept which allows eighteenth-century commentators on poetry to do so. No matter how abstract we try to make the notion of grace in poetry or any other realm, it arguably always retains a certain physical connotation which Voiture identifies here. Dance may be a special, exemplary case of grace, precisely because it is inescapably physical as no other art is. It is the grace of social comportment remarked upon by Voiture, but refined and disciplined to an inordinate degree. This inherently physical aspect of grace, and its distillation in the art of dance makes dance an attractive analogy for disputants in poetic debate. It is the perfect way to convey the idea of graceful motion. At heart, the *raison d'être* of the choric image for poetry is the need to illustrate that poetry is not stultified by versification, that it remains dynamic, effervescent, that it leads our mind in a merry chase for meaning. Poetry must have motion, and motion is, by all accounts, a vital ingredient in the notion of grace.

Soame Jenyns relates motion to grace in his long poem on dance. In an apostrophe to grace about the deficiencies of mere beauty, he says :

---

[44] V. Voiture, *Correspondence*, 24 January 1642.

> Beauty can little execution do
> Unless she borrows half her arms from you :
> Few like Pygmalion doat on lifeless charms,
> Or care to clasp a statue in their arms ;
> But breasts of flint must melt with soft desire
> When art and motion wake the sleeping fire.
> [...]
> So a fair nymph, perhaps, may please the eye,
> Whilst all her beauteous limbs unactive lie ;
> But when her charms are in the dance displayed,
> Then ev'ry heart adores the lovely maid.[45]

Dance, according to Jenyns, is the epitome of the art of motion. Even if Pygmalion's statue does not dance in Ovid's tale, she does in host of eighteenth-century choreographic adaptations, including one of Sallé's most celebrated performances.[46] On Jenyns's principle, it is little wonder that the natural analogy for grace in poetry is dance.

If dance is in many ways the perfect illustration of poetic grace, it also has its dangers. Since motion is the *sine qua non* of grace, the moment the dance stops, the grace evaporates, and so, presumably, does the poetry. All the disputants in the *querelle des vers* take this point to heart, even if they do not verbalise it. It is not only Pons's rope-dancing analogy which makes motion the key to poetry. The same is true of other choric analogies : the mobile facial features, the crippled dancer, Olivet's mobile prosodic accent or 'pieds de danse', and Voltaire's ideals of fluidity and rapidity. The underlying assumption to them all is that if poetry stops moving, it effectively ceases to exist. This is because it relies on grace, which is itself a production of motion. Lord Kames's subsequently says that because of its dependence on motion, grace is as intangible as the Lockeian concept of colour, a 'secondary quality' : '[Grace] is undoubtedly connected with motion ; for when the most graceful person is at rest, neither moving nor speaking, we lose sight of that quality as much as of colour in the dark.'[47] This principle seems to be the compulsion behind the choric image for poetry : it illustrates that poetry is in motion, and therefore is still vital. Words in themselves are not poetic, only words which are somehow propelled into movement by semantic, or formal, or suggestive or whatever other

---

[45] S. Jenyns, *The Art of dancing : a poem in three cantos* (1729 ; London 1978), p.35
[46] Sallé dances *Pygmalion* in London in 1734.
[47] Home (Lord Kames), *Elements of criticism*, p.347.

means which cause the reader to feel he is in pursuit of meaning. Even if Voltaire is the only writer to have followed this principle to its ultimate conclusion by translating the motion of dance into the motion of verse, all his contemporaries who use choric analogies for poetry are effectively acting on the same assumption, that dance is poetry in motion.

Le Petit-maître dansant et le caractère de la danse : Les héritiers de La Bruyère au dix-huitième siècle

Edward Nye, Lincoln College, Oxford

Résumé :

Le dix-huitième siècle repense le rôle du mouvement expressif dans la danse et la littérature. Dans les deux cas, il s'agit d'une nouvelle conception esthétique du 'caractère'. En danse, l'essor de la pantomime et la célébrité de la chorégraphie de Françoise Prévost *Les Caractères de la danse* en particulier témoignent de la prédominance de l'expressivité du mouvement. Celle-ci est confirmée par les auteurs héritiers des *Caractères* de La Bruyère qui innovent vis-à-vis de leur illustre prédécesseur en exploitant largement l'image du danseur dans leurs portraits satiriques. Louis-Antoine Caraccioli et Justus Van Effen traduisent la frivolité du siècle et l'idéal de la conversation mondaine à travers différentes images du danseur. Seul le bon danseur sait s'exprimer avec bienséance, tandis que le mauvais se veut la parodie d'une société frivole. Prévost, Caraccioli et Van Effen s'entendent sur le principe esthétique du 'caractère' : la personnalité, les mœurs, l'intériorité d'un personnage s'expriment par des signes distinctifs de son comportement. L'affinité esthétique entre la danse et la littérature permet à Prévost de danser un personnage de la littérature, le petit-maître, et à Caraccioli et Van Effen de faire de la danse un *topos* de la littérature satirique.

La danse fait piètre figure chez La Bruyère. Cela peut paraître étrange car ses personnages satiriques sont très animés, agités même ; le type de mouvement propre à leur tempérament trahit souvent les vices et vertus constitutifs de leur caractère. Ainsi, ils remuent, ils font des gestes, ils se déplacent, ils grimacent, étant ainsi dépeints à la manière d'un autoportrait mouvant. Les mouvements physiques, les agitations de l'esprit ou élans d'humeur qui traduisent le fait que chacun cherche à accéder à un poste élevé, essaie de garder son rang, mais parfois retombe et alors reprend le chemin de la gloire, poussé par l'intérêt personnel. Bien souvent, on se rend compte que le chemin ne mène nulle part, et on tourne en rond. On tourne même sur soi-même lorsque l'on est motivé par la vanité. Au contraire, on sort de cet égocentrisme lorsque l'on partage avec d'autres les mêmes intérêts, permettant ainsi de filer des trames et des complots afin d'assouvir des ambitions collectives. Que de figures individuelles et de grandes chorégraphies pour le régal du lecteur des *Caractères* ! Néanmoins, force est de constater que cet engouement pour l'animation de toutes sortes s'exprime rarement par le biais de la danse.[1]

Sa quasi absence est remarquable, aussi bien chez La Bruyère que chez d'autres témoins de la vie de la Cour et de la ville comme le Chevalier de Méré, Madeleine de Scudéry ou Saint Simon. La danse fait partie de leur vie et de leurs écrits, mais elle n'est pas la matière d'un quelconque portrait des mœurs. Ce désintérêt est d'autant plus curieux que la dimension sociale de la danse au dix-septième siècle semblerait fournir d'immenses possibilités satiriques. En effet, on aurait envie de leur faire remarquer, à la manière de Louis XIV après la représentation des *Fâcheux* de Molière : « Voilà un grand original que tu n'as pas encore copié » : le danseur.[2] Il s'agit moins d'un reproche que d'une louange ; les satires de La Bruyère, comme celles de Molière, étant tellement savoureuses que nous demeurons sur notre faim. Il resterait tellement de sujets à peindre par la danse !

Néanmoins, cette absence est saillante pour des raisons autres que l'affinité palpable entre la danse et le propos du satiriste. On aurait pu penser qu'il y eût également une affinité entre la danse et l'esthétique fondamentale du 'caractère', car l'art du mouvement est un élément essentiel de ce dernier. Ecrire un 'caractère' suppose que l'on brosse le portrait d'un personnage d'après les signes distinctifs de son comportement. L'aspect extérieur témoigne de l'intérieur, toute l'allure est révélatrice des mœurs. Ainsi, La Bruyère nous détaille les particularités du costume, de la physionomie, du moindre geste et du moindre mouvement. Ce sont autant de langages corporels empruntés aux mondes du théâtre, de la peinture et de la littérature, mais il n'emprunte presque rien à l'univers choréique.

Les moralistes du dix-septième siècle ne s'intéressent guère au *topos* de la danse car en vérité l'analogie entre, d'une part le 'caractère' comme forme d'écriture, et d'autre part l'expression corporelle dans la danse ne va pas de soi comme on pourrait le penser. La notion de mouvement caractérisé ne fonctionne pas comme une

---

[1] Voir les passages suivants pour les quelques occurrences : 'Des Grands', 32 ; 'Du mérite personnel', 34 ; 'Des femmes', 33.
[2] Voir Molière, *Œuvres complètes*, 2 vols (Paris 1971), i.481n.

passerelle entre les deux domaines ; au contraire, elle constitue un véritable gouffre. L'approche iconographique prépondérante dans la danse, préconisée par les auteurs des traités du dix-septième siècle, est radicalement différente du concept de langage corporel chez les moralistes.[3] Ainsi, tout compte fait, l'absence de la danse est compréhensible : l'importance qu'elle accorde à l'interprétation iconographique creuse un abîme entre elle et la littérature moraliste. Il s'agit de deux arts du mouvement qui ne se rencontrent pas.

Les données changent au siècle suivant, aussi bien pour la danse que pour les moralistes héritiers de La Bruyère. La notion de caractère se répand largement dans le milieu de la danse, et l'image choréique devient plus courante chez les auteurs satiriques. Ceux-ci emploient des leitmotivs qui sont quasiment identiques à ceux de leurs illustres prédécesseurs : la gestuelle, la physionomie et le mouvement en général. En revanche, chez les nouveaux moralistes, un nouveau personnage satirique vient les incarner : le danseur. Louis-Antoine Caraccioli et Justus van Effen sont deux héritiers de La Bruyère qui témoignent au dix-huitième siècle de cette évolution culturelle et littéraire.

Nous développerons la relation esthétique entre la danse et la littérature du dix-huitième siècle en trois temps. Nous exposerons, d'abord, le portrait du danseur chez Louis-Antoine Caraccioli, un apologue chrétien assez subtil et modéré qui se sert de l'image du danseur pour parodier la frivolité du siècle. Nous démontrerons, ensuite, comment l'idée de la contredanse constitue chez le journaliste franco-hollandais van Effen l'idéal de la conversation mondaine. Dans les deux cas, la danse est le fondement d'un portrait satirique des mœurs, un 'caractère' dans le style de La Bruyère. Enfin, nous compléterons cette esthétique de 'caractère' en danse et littérature en étudiant un portrait en vers de la célèbre chorégraphie de Françoise Prévost, *Les Caractères de la danse*. L'auteur de ce poème suppose que la danse de Prévost exprime exactement l'idée de caractère chère

---

[3] De Pure conseille l'approche iconographique à la danse : *Idée des spectacles anciens et nouveaux* (Paris 1668 ; Geneva 1972), p.285-86. Ménestrier aussi dans *Des ballets anciens et modernes selon les règles du théâtre* (Paris, Guignard, 1682 ; Genève 1972), p.150. Dans sa récente étude, Philippe Hourcade constate le manque d'intérêt manifesté durant la deuxième partie du dix-septième siècle pour le mouvement caractérisé, et la préférence pour l'iconologie. Voir *Mascarades et ballets au Grand Siècle, 1643-1715* (Paris 2002), p.143 et suivantes.

à Caraccioli et van Effen. Ainsi nous verrons comment la danse et la littérature se rencontrent au dix-huitième siècle sur le terrain esthétique du 'caractère'.

Caraccioli et le petit-maître dansant

La cible satirique de Caraccioli est le petit-maître, le fat de ville dont la frivolité comporte également une dimension de libertinage philosophique et moral. Par rapport au siècle précédent, qui ne manque pourtant pas d'engouement pour la ludicité de ce personnage, il s'agit d'un dédoublement : il y a non seulement le *homo ludens*, mais également le *homo beligerens*. Bien que Caraccioli mette en valeur surtout la face frivole de ce personnage, brossant un portrait de la vanité, de l'affectation efféminée et de la frivolité, l'autre face libertine est sous-entendue. Son image du petit-maître est un panaché d'une part de la frivolité d'un Mascarille dans *Les Précieuses ridicules* de Molière, et d'autre part du cynisme téméraire d'un Versac dans *Les Egarements du cœur et de l'esprit*, auquel on pourrait joindre la cruauté d'un Valmont dans *Les Liaisons dangereuses*.[4]

Caraccioli définit son *modus operandi* dans son *Dictionnaire critique, pytoresque et sentencieux*. L'article 'pas' énonce d'abord le principe essentiel aux portraits des mœurs des moralistes – l'extérieur révèle l'intérieur – et cite ensuite l'exemple de l'allure du petit-maître :

> Pas : On connoît une personne à la façon dont elle marche. Les pas de l'étourdi annoncent ce qu'il est, comme ceux du fat sont le signal de la fatuité. Le pas du petit-maître est tantôt balancé, & toujours mignardé. Il semble qu'il ne peut marcher qu'en dansant.[5]

---

[4] François-Charles Gaudet parle explicitement des deux faces du petit-maître dans *Bibliothèque des petits-maîtres, ou Mémoires pour servir à l'histoire du bon ton et de l'extrêmement bonne compagnie* (Paris, Au Palais-royal, chez la petite LOLO, Marchande de Galanteries, 1762), p.9. Pour une étude sur le petit-maître, voir Philippe Laroch, *Petits-Maîtres et roués : évolution de la notion de libertinage dans le roman français du XVIIIᵉ siècle* (Laval 1979).

[5] Louis-Antoine de Caraccioli, *Dictionnaire critique, pytoresque et sentencieux, propre a faire connoître les usages du siècle, ainsi que ses bizarreries* (Lyon, Duplain, 1768).

En soi, le mot « balancé » évoque quelque chose de l'orgueil de ce poseur qui marche en se dandinant.[6] Il s'agit également d'un pas de danse répertorié dans les traités de l'époque : il se fait en pointe en allant de la première position à la deuxième ou à la quatrième, avec un transfert de poids plutôt rapide et parfois à répétition d'un pied à l'autre. Compan, dans son dictionnaire de 1787, remarque que le pas balancé est particulièrement gracieux.[7] Le petit-maître à la recherche de l'élégance ne manque pas de profiter de ce pas, mais il fait tellement d'efforts qu'il devient « mignardé », il se dandine. Voici, donc, le premier caractère de la danse chez Caraccioli : le balancé est minaudier.

L'entrée 'pirouette' du *Dictionnaire* développe le pas de danse par excellence du petit-maître.[8] Une pirouette sert à esquiver toutes les réponses gênantes qu'attirent les remarques impertinentes de ce frivole libertin. Voici le caractère de la pirouette selon la conception de Caraccioli :

> Pirouette : La réponse des petits-maîtres à tous les reproches, ou a tous les arguments qu'on peut leur faire. C'est un art que de savoir pirouetter à propos, pour se débarrasser d'une objection trop urgente. Aussi n'en manque-t-on pas l'occasion, quand on se trouve aux prises avec quelque homme érudit.

Cela ressemble à l'esprit d'un Versac dans *Les Egarements du cœur et de l'esprit*. Il s'agit d'un fat qui fait des pirouettes verbales pour esquiver et s'imposer vis-à-vis de ses interlocuteurs. Il ne les écoute pas et ne prête pas attention aux objections ; au contraire, il répète ses impertinences en boucle, se suffisant à lui-même comme une toupille tournoyant. Comme pour le pas balancé, le caractère de la pirouette est suggéré par l'explication de ce pas qu'en donnent les traités de danse contemporains. Ainsi, Pierre Rameau précise que la pirouette est une

---

[6] On dit aussi que le petit-maître balance les épaules (anonyme, *Le Papillotage, ouvrage comique et moral*, Rotterdam, E.-V.- D.W. et Cie, 1762-1765, p.33).

[7] Compan, *Dictionnaire de danse* (Paris, Cailleau, 1787 ; Genève 1979), article 'Balancé'.

[8] Voir la même caractérisation chez d'autres auteurs : Gaudet, *Bibliothèque des petits-maîtres*, p.18 ; Marie-François Kéralio, *Les Succès d'un fat, nouvelle* (Avignon, s.e., 1762), p.132 ; Joseph de Maimieux, *Le Comte de Saint-Méran, ou les Nouveaux Egaremens du cœur et de l'esprit*, 4 vols (Paris, Leroy, 1788), iii.184 et iv.11 ; anonyme, *Le Papillotage*, p.19. On trouve la pirouette chez La Bruyère, *Les Caractères*, 'Des grands', 32.

figure de danse qui a la particularité de ne pas se faire « en présence »,
car le danseur tourne le dos au public.[9] Quoi de plus malséant en
société que de négliger ainsi son entourage, comme Versac qui
n'écoute pas son interlocuteur ? Rameau écrit également que la
pirouette se fait « en place », soit sans déplacement. Quoi de plus
vaniteux que de se suffire ainsi à soi-même sans un geste vers l'autre ?
La pirouette est tout le contraire des attitudes respectueuses de la
révérence soigneusement illustrées dans le livre de Rameau : le regard
se posant sur son interlocuteur et un pied glissant en avant vers lui, on
s'abaisse légèrement par un léger plié de l'autre jambe, ménageant de
la sorte des égards pour la personne à qui l'on parle.[10]
        Deuxième caractéristique de la pirouette : elle est périlleuse.
On risque de perdre l'équilibre, en dépit du fait que la pirouette en
danse baroque se fait sur les deux pieds, non pas sur un pied comme
dans la danse classique ultérieure. Rameau précise que le danseur doit
tourner sur la pointe des deux pieds en même temps, et reposer le
talon tout de suite après pour assurer l'équilibre. Afin de caractériser
les impertinences des petits-maîtres, les écrivains les font tourner sur
un pied seulement, voire sur le talon. Dans *Les Bijoux indiscrets* de
Diderot, Sélim interprète le rêve au cours duquel il fut métamorphosé
en petit-maître pirouettant.[11] Il s'agit, dit-il, de l'origine du fléau de la
conversation mondaine que constitue le persiflage. Pour Diderot,
persifler, c'est pirouetter : « un discours moitié obscur, moitié
impertinent ».[12] Le petit-maître de Diderot persifle son interlocuteur
en employant un jargon précieux et presque incompréhensible sans
l'expliquer, puisqu'il laisse très vite tomber un interlocuteur pour
pirouetter vers un autre. On le soupçonne de tenir des propos
impertinents, mais son langage précieux dissimule le sens de son
propos, empêchant d'autres de riposter. De cette manière il persifle en
parvenant à insulter une personne plus ou moins à son insu, mais en le
faisant savoir clairement aux autres personnes qui suivent l'entretien.[13]

---

[9] Pierre Rameau, *Le Maître à danser* (Paris 1725 ; New York 1979), ch.32.

[10] Rameau, *Le Maître à danser*, p.30-33.

[11] Voir aussi Marchadier, qui fait également pirouetter le petit-maître sur le talon dans
L'Isle de France, ou la Nouvelle Colonie de Venus (Amsterdam, Arkstée & Merkus,
1752), p.114.

[12] Denis Diderot, *Les Bijoux indiscrets*, dans *Œuvres complètes*, éd. L. Versini (Paris
1994-1997), ii.184.

[13] Pour une étude approfondie du persiflage, voir Elizabeth Bourguinat, *Le Siècle du
persiflage* (Paris 1999).

Il donne l'impression de parler en pirouettant : il sème ses mots dans un élan centrifuge qui met hors de portée de son interlocuteur une partie de ce qu'il entend.

Caraccioli fait exécuter d'autres pas de danse aux petits-maîtres. A l'article 'Marcher', le fat est prêt à tout pour se faire remarquer. Il ne marche pas, il fait des pas de rigaudon :

> Marcher : Ce n'est pas une chose indifférente pour un personnage qui veut être élégant depuis la tête jusqu'au talon. Aussi regarde-t-on comme une gentillesse l'air de ne marcher que sur la pointe du pied ; admirez Mylerte ; car il va comme vous voyez, que pour être admiré. Il ne marche pas, mais il voltige, il ne fait jamais des pas, mais des rigodons

Pierre Rameau nous apprend que le pas de rigaudon est « très-singulier » et « fort gay ». Comme la pirouette, il se fait « en place », mais il a la particularité supplémentaire d'être un composé très rapide de mouvements divers.[14] Il est extravagant, original, d'un air plutôt saugrenu. Avec la pirouette, il s'agit de l'allure la plus frivole en marchant, puisqu'on dépense beaucoup d'énergie à ne pas avancer du tout. Néanmoins, ces inconvénients pratiques ne gênent en aucune manière le petit-maître, car il se déplace surtout pour être vu, pour se montrer. Ce pas insolite et hétéroclite est un moyen sans pareil pour se faire remarquer. Il serait tout à fait caractéristique de Versac dans *Les Egarements* qui s'annonce toujours par « le fracas », faisant irruption chez les autres, bousculant les occupations de tous, les obligeant à prêter attention à lui seul.[15] Le pas de rigaudon, tout comme les manœuvres de Versac, n'a rien de 'naturel' ou de spontané. Cette pyrotechnie est conçue seulement pour impressionner.

La recherche de l'éclat est tellement obsédante que toutes les tentatives du petit-maître pour se donner des manières sont vouées à l'échec. Il voudrait être élégant, alors il fait le pas de danse considéré par ses contemporains comme le plus gracieux : le pas de menuet. Il va sans dire, le petit-maître le dénature. Dans les livres d'apprentissage, ce pas essentiellement simple est susceptible de beaucoup de variations, variations dont le petit-maître abuse. Rameau consacre huit pages au pas de base et seize aux ornementations, aux

---

[14] Rameau, *Le Maître à danser*, ch.35.
[15] Crébillon, *Les Egarements du cœur et de l'esprit*, éd. Etiemble (Paris 1977), p.131, 154.

« agrémens ».[16] Comme on peut s'y attendre, le petit-maître ne manque pas d'exploiter le riche potentiel du menuet pour se mettre en valeur :

> Menuet : Danse dont les pas sont composés d'un coupé, d'un pas relevé, d'un balancement, & dont l'air porte aussi le nom de menuet. C'est là qu'excelle l'élégance des petits-maîtres dans toute sa perfection. Mélidor se balance, se penche, se relève, & paroît danser à deux pieds de terre, tant il est agile & léger. Chacun le suit des yeux, chacun l'admire, & lorsqu'il finit, les battements de mains se succèdent sans interruption. Voilà peut-être le seul moment de la vie où Mélidor se croit le premier des hommes, & se sent exister.

Mélidor ajoute bien des « agrémens » au pas de base. En effet, le menuet décrit par Caraccioli est déjà une variation, car il intègre un balancement à la fin au lieu d'un simple plié.[17] Il s'agit de l'allure dandinante typique du petit-maître, comme nous venons de le voir. Mais en plus, Mélidor se penche, se relève d'une façon plutôt affirmée, si bien qu'il semble nettement sauter. Il « paroît danser à deux pieds de terre ». On l'imagine vraiment à la limite de la pointe des pieds au lieu d'être sur demi-pointe, selon les conventions de l'époque. Ainsi, le manque de modération est manifeste, son désir ardent de dépasser les bornes flagrant. Son air est outré car les « agrémens » qui devraient faire toute la grâce du menuet sont devenus excessifs, affectés.[18] Néanmoins, il s'agit du propre du petit-maître de manquer de retenue. Versac l'explique à son jeune élève, Meilcour, en lui recommandant de se livrer consciemment à ces « grâces forcées » à chaque fois qu'il veut plaire. Peu importe le ridicule. Loin de l'éviter, il faut, au contraire, manifester une insouciance envers le regard des autres au point de cultiver le ridicule pour montrer son dédain de l'opinion.[19] Mélidor, le personnage de Caraccioli, lui aussi a l'audace de forcer les grâces. Il abuse des agréments de la danse la plus gracieuse, le menuet, et par conséquent

---

[16] Rameau, *Le Maître à danser*, ch.21, 23 et 24. Voir l'article de Jennifer Thorp dans le présent volume pour la grâce du pas de menuet.

[17] Rameau, Le *Maître à danser*, ch.21.

[18] Le petit-maître est également sur pointes dans Louis-Abel Beffroy de Reigny (dit le Cousin Jacques), *Courrier des planètes, ou Correspondance du Cousin Jacques avec le firmament. Folie périodique à la lune* (Paris, au compte de l'auteur, 1788-89), p.21 ; et anonyme, *Le Papillotage*, p.33.

[19] Crébillon, *Les Egarements du cœur et de l'esprit*, p.242.

il fait preuve de toute l'arrogance du petit-maître faisant fi de l'avis des autres.

A bien considérer les propos de Caraccioli, la danse résume l'essence même du mouvement comme indispensable à la caractérisation des mœurs par les moralistes. Il n'y a pas dc 'caractère' au sens où La Bruyère l'entendait sans observations minutieuses de l'allure des uns et des autres, tout comme pour Caraccioli il n'y a pas de satire des allures sans références à la danse. Pour le confirmer, on peut se reporter à l'entrée 'Mouvement' dans son *Dictionnaire* qui se résume à deux phrases courtes et une référence à la danse :

> Mouvement : Un petit-maître est vraiment ce qu'on appelle le mouvement perpétuel. Toujours inquiet, agité, il va, il vient, il pyrouette, comme si tous les vents le faisoient mouvoir.[20]

Il est révélateur que Caraccioli représente un des éléments essentiels de l'esthétique du 'caractère' – le mouvement – par la danse. En résumé, le petit-maître est le mouvement même et la danse est le moyen idéal de le caractériser. Il reste à démontrer pourquoi la danse jouit de cette préférence au dix-huitième siècle, préférence qu'elle n'avait pas au siècle précédent et sujet que nous aborderons après avoir considéré notre deuxième moraliste.

Justus van Effen et la contredanse de l'esprit

Justus van Effen est rédacteur du *Nouveau Spectateur* en 1725 dont la parution profita du renom du *Spectateur* de Marivaux suspendu l'année précédente. Dans un article de quinze pages, van Effen brosse le portrait de différents types de faux-esprits, les caractérisant à chaque fois par un style de danse différent. Il termine par l'exemple inverse : le bel-esprit caractérisé par la contredanse. Dans le premier cas, la satire vise le petit-maître en employant les mêmes méthodes que Caraccioli. Dans le deuxième, elle fait l'éloge d'un phénomène tout aussi reconnu dans le domaine socio-littéraire que la frivolité du petit-maître : l'art de la conversation. Mais la

---

[20] On remarque souvent que le petit-maître n'arrête pas de bouger, mais Marchadier va jusqu'à le ranger dans la famille de ces êtres aériens, les sylphes (*L'Isle de France*, p.114).

« contredanse de l'esprit », selon l'expression de van Effen, n'est pas seulement le portrait de l'art de la conversation, pas seulement la reconnaissance d'un genre socio-littéraire connu et apprécié du siècle précédent. Sa particularité consiste en ce qu'elle révèle une nouvelle étape dans l'évolution de ce genre. En effet, il n'y a rien de novateur à revendiquer les plaisirs de la conversation, mais le dix-huitième siècle les conçoit d'une nouvelle manière. Les images choréiques de van Effen témoignent de cette mutation.

L'inventaire des défauts d'esprit commence par ceux du petit-maître : sa démarche est une espèce de danse, il y met des demi-pirouettes, des pas de bourrée, des tours de jambe et des cabrioles ; elle est ponctuée de pas dansés sans enchaînement, sans chorégraphie suivie ou cohérente. « Le même ridicule », écrit van Effen, « se trouve dans un homme […] qui a résolu d'être toujours homme d'esprit […] ; il s'efforce à larder tous ses discours de saillies, de bons mots, de pensées fines ou brillantes » (p.100).

Après le petit-maître, van Effen trouve une traduction choréique pour d'autres faux-esprits. Arcas est le portrait du pédant (p.103) :

> La démarche d'Arcas est [ridicule]. Il médite sa démarche, il paroît inquiet sur la reüssite de ses efforts ; il ne sent pas si son jarret est tendu, il faut que ses yeux en jugent. S'il se surprend dans quelque irrégularité, on voit qu'il la corrige, mais dans le tems qu'il range un de ses membres à son devoir, un autre lui échappe.

Son allure est pesante et dépourvue de naturel, car Arcas est incapable d'assumer ses propres règles. Il a le même caractère lorsqu'il veut participer à une conversation (p.104) :

> Il cherche [le naturel] d'une manière si pénible, que la naïveté même a chez lui un air d'affectation. Il saisit un tour d'expression, il le rebute, il en prend un autre ; mais il n'en est pas content. Le troisième vient, c'est celui que la nature demande, mais le moment de le placer heureusement est passé ; on ne l'écoute plus, on ne prête attention qu'à son embarras.

Arcas a le défaut de l'affectation. Par opposition, le néophyte manque d'expérience et de souplesse et paraît ridicule par son absence totale de grâce (p.105) :

> Il y a dans leurs muscles une certaine roideur, qui ôte à leur mouvemens cette liberté, qui seule peut y donner de la grâce & de l'agrément [...] Leurs efforts ne font qu'affermir leurs muscles dans leur inflexibilité ; ils ajoutent d'ordinaire une affectation artificielle à l'affectation qui leur vient de la nature.

Ceux qui s'essaient à la danse sans recevoir la formation requise ne font qu'empirer leur raideur naturelle. Ils paraissent doublement raides.

Ainsi, van Effen choisit un vice choréique selon le défaut de l'esprit caractérisé. Ces faux-esprits et mauvais danseurs trempent aussi bien dans un extrême que dans l'autre : ils sont incohérents ou au contraire pédantesques, trop frivoles ou bien trop graves, trop ostentatoires ou faussement naturels, trop réglés ou bien trop désordonnés. Comme chez La Bruyère, la satire de van Effen vise surtout les excès, et le lecteur est amené à se demander comment trouver la voie de la modération. L'auteur recommande la contredanse dont les spécificités sont analogues au bel-esprit. Elle résume toutes les qualités socio-esthétiques requises pour le bon usage de l'esprit dans la société (p.106-107) :

> Le Bel-esprit qui éclate dans la conversation ne ressemble pas mal à une contredanse, ou pourvû qu'on observe un certain ordre général, il ne s'agit point de ménager à chacun des pas une régularité scrupuleuse. Tout y est vif, gai, un peu tumultueux même ; & ce tumulte qui seroit un défaut dans une danse réglée, fait de celle-ci le charme le plus piquant ; il suffit qu'on ne s'embrouille pas, & que la contredanse aille son train, sans qu'on se heurte & sans qu'on se renverse.

Voilà le caractère de la contredanse, l'analogue du bel-esprit de la conversation bien réglée. Ni trop codifiée, ni trop frivole, la contredanse de l'esprit est vive sans être embrouillée. Les pas sont relativement simples et peu chargés d'ornements afin de permettre éventuellement à des inconnus, novices aussi bien qu'expérimentés, de danser ensemble. Elle a quelque chose de badin et de familier mais s'exécute avec rapidité. On s'échauffe dans la contredanse, écrit Compan dans son *Dictionnaire*. Cette image de la conversation proposé par van Effen n'est manifestement pas dans les manières plus cérémonieuses de la Cour, ou règnent la politesse, la retenue et le respect. Il ne s'agit pas non plus d'un échange solennel entre académiciens, érudits ou savants qui aurait toutes les chances d'avoir lieu exclusivement entre participants masculins (à la différence de la contredanse) peu enclins à se donner la main dans une quadrille. La contredanse de l'esprit serait plutôt la rencontre de l'intelligentsia cosmopolite dans un « salon ». Venus de différents milieux et de différents pays (rappelons la nationalité hollandaise de van Effen), les participants cherchent davantage la complicité intellectuelle que l'étalage pesant de leur savoir. La conversation reste plus de l'ordre du loisir que de l'érudition. Sa valeur proprement intellectuelle demeure subordonnée à sa fonction sociale qui est de resserrer les liens de la bonne compagnie.

Bien qu'ingénieuse, l'image satirique du danseur chez van Effen et Caraccioli partage le même objet que d'autres satires de l'époque néoclassique, à savoir ridiculiser le faux-esprit et le manque d'urbanité. On pense à la maxime de La Rochefoucauld : « On n'est jamais si ridicule par les qualités que l'on a que par celles que l'on affecte d'avoir » (134). La critique d'un éventail d'esprits forcés et d'immodestes étalages d'esprit est courante chez le Chevalier de Méré, Madeleine de Scudéry et bien d'autres de leurs contemporains. Les salons de Mme Geoffrin, un siècle plus tard, inspirent à Morellet un répertoire des onze défauts de la conversation, dont l'égoïsme, le pédantisme et l'esprit de domination ne sont pas étrangers au propos de van Effen et Caraccioli.[21] Néanmoins, une nouvelle dimension du « socialement correct » est révélée par le rapprochement atypique entre la conversation et la contredanse. Cela constitue une représentation inattendue vis-à-vis du siècle précédent qui laisse penser que les perspectives mondaines ont changé. L'idée de familiarité, de relâchement, pour ne pas dire de la relative promiscuité de la contredanse sied mal aux principes de bienséance, de goût et de retenue caractéristiques de l'éthique mondaine du Chevalier de la Méré, de Scudéry et plus généralement du dix-septième siècle. En revanche, elle correspond tout à fait aux attentes du dix-huitième siècle. Ainsi, Shaftesbury décrit la relative liberté du dialogue idéal en employant une image qui nous rappelle l'idée de la contredanse : « All politeness is owing to Liberty. We polish one another, and rub off our corners and rough sides by this *amicable Collision.* »[22] Cette « douce collision » n'est qu'un léger frottement, un contact créateur d'échanges tout comme la contredanse est « un peu tumultueuse »

---

[21] A. Morellet, *Eloges de Mme Geoffrin* (Paris, H. Nicolle, 1812).
[22] A.A.C. Shaftesbury, *Sensus communis : an essay on the freedom of wit and humour* (London, Sanger, 1709), p.8.

sans pour autant dégénérer en chaos général. Dans les deux cas les partenaires se touchent, principe tout à fait étranger à la génération du Chevalier de Méré qui met tout l'accent sur le regard attentif plutôt que sur le contact physique. Méré suppose un écart entre les interlocuteurs franchissable seulement par les qualités de l'intelligence et d'honnêteté. Toute son idée de « bonne grâce » et de « générosité » dans un entretien est fondée sur cette éthique, cette métaphysique mondaine qui s'efforce à maintenir une distance physique bienséante tout en charmant son interlocuteur par un effort de l'esprit. Il est particulièrement intéressant à cet égard de noter que le seul moment où Méré fait un rapprochement entre la conversation et la danse est lorsqu'il veut exprimer cet écart. Il compare une conversation à l'art du pantomime des Anciens : cet acteur-danseur doit être presque sorcier pour faire comprendre tout ce qui se passe dans son cœur et dans son esprit par le seul truchement du langage corporel. Méré va plus loin encore en estimant que l'art de la conversation dépasse celui de la comédie, car il est plus difficile de lire dans le cœur de son interlocuteur que dans celui du pantomime.[23] La danse est manifestement une image inadéquate de sa conception de la conversation.

Par conséquent, il est remarquable de constater chez van Effen un rapprochement refusé par Méré. Il s'agit d'un rapprochement qui vient en même temps remplacer une image ancrée dans la tradition humaniste : l'analogie entre la conversation et la langue écrite. La réciprocité entre littérature et conversation (la parole vive est le modèle de la littérature, la littérature apprivoise la parole vive) est véhiculée dorénavant par un troisième élément : la danse. A l'interrogation de Clérambault dans *De la conversation* de Méré : « Je ne sais s'il faut écrire comme on parle ou parler comme on écrit », on peut désormais répondre « parlez et écrivez comme vous dansez ».[24] Le modèle de cette danse, selon van Effen, n'est pas la danse noble, la belle danse, celle par laquelle on ouvre le bal et au cours de laquelle les partenaires dansent chacun à leur tour selon un ordre protocolaire devant les gens assemblés. L'archétype est tout autre. Il consiste dans le « laisser-aller gracieux » de la contredanse qui réunit tous les danseurs à la fin du bal dans une quadrille, une danse au cours de

---

[23] De Méré, *De la conversation* dans *Œuvres*, 3 vols (Paris 1930), ii.107-108.
[24] De Méré, dans *Œuvres*, i.70.

laquelle la notion de rang social ne résiste guère au charivari collectif, chacun changeant sans arrêt de partenaire.[25] Cette image de la conversation constitue une remarquable évolution dans les rapports mondains.

Françoise Prévost et les caractères de la danse

Une telle évolution socioculturelle a vraisemblablement amené le dix-huitième siècle à repenser l'importance du langage corporel dans l'expression choréique. Il y a une tendance manifeste à accorder de plus en plus d'importance au mouvement comme moyen privilégié d'expression. La célèbre chorégraphie de Françoise Prévost, *Les Caractères de la danse* (première représentation 1715), en est sûrement un signe révélateur. La parodie en vers de cette œuvre publiée dans le *Mercure galant* l'est encore plus. Cette parodie laisse penser que la notion de caractère dans la chorégraphie de Prévost était fondée sur beaucoup plus qu'une iconologie du costume. Il est clair que le langage corporel de cette danse a impressionné tout particulièrement le poète.[26]

Le poème est un véritable pastiche de la chorégraphie de Prévost. Il comporte autant de strophes que la danse comporte d'airs musicaux, à savoir Prélude, Courante, Menuet, Bourrée, Chaconne, Sarabande, Gigue, Rigaudon, Passe-pied, Gavotte, Sonate, Loure Musette, et Sonate. Chacun des airs musicaux a son propre caractère, et Edith Lalonger a déjà démontré comment ces caractères musicaux peuvent être de précieuses indications du style de cette chorégraphie.[27] Les caractères littéraires font ressortir des indications supplémentaires. A la cinquième strophe, nous constatons une forte similitude entre le personnage décrit par le poète et le petit-maître si prisé des moralistes. L'utilisation de ce *topos* récurrent de la littérature satirique pose bien

---

[25] William Hogarth résume l'esthétique de la danse en parlant du « elegant wantonness », soit le « laisser-aller gracieux » (*Analysis of beauty*, London 1753, ch.xvii, 'Of action').

[26] Voir le compte rendu dans le *Mercure galant* de juillet 1721, p.65-72. Voir aussi Emile Dacier, *Les Caractères de la danse : histoire d'un divertissement pendant la première moitié du XVIIIe siècle* (Paris 1905).

[27] Voir Edith Lalonger, 'J. F. Rebel's Les Caractères de la danse : interpretative choices and their relationship to dance research', dans Sarah McCleave (éd.), *Dance and music in French baroque theatre : sources and interpretations* (London 1998), p.105-123.

des questions. Cela veut-il dire que Prévost a véritablement mis en danse le personnage décrit par bon nombre de ces contemporains ? Dans ce cas, une lecture de Caraccioli et van Effen nous fournirait quelques caractéristiques de sa chorégraphie : le balancé, la pirouette, le dandinement, le pas de bourrée, la capriole. Ou bien le poète a-t-il choisi cette image littéraire indépendamment des données immédiates de la chorégraphie, cherchant du côté des *topoï* littéraires pour traduire en vers la représentation choréique ? Un tel rapprochement montrerait sa volonté de réunir l'esthétique de la danse et de la littérature via la notion de 'caractère'. Réunion, rappelons-le, qui ne vient pas à l'esprit de La Bruyère, ni de Méré.

Voici, donc, la cinquième strophe en entier, celle qui correspond à la chaconne dans la musique de François Rebel, reproduite selon la mise en page du *Mercure*. La similitude entre ce blason moqueur et les satires du petit-maître est frappante.

Je suis beau, bien fait,
J'ay de l'esprit & du caquet ;
Je suis beau, bien fait,
Je suis badin, je suis follet,
J'affecte des airs étourdis,   5
Mes habits sont tous des mieux choisis :
  Je suis bien poudré,
Je fais souvent l'homme d'affaires
    Pourtant par envie
        On dit   10
    Que de moy l'on rit
       En tous lieux :
    Quoique je publie
On ne me croit pas toujours heureux.
J'ay de beaux yeux   15
      Bleus ;
J'ay des talents
    Grands
    Et des dents
Et la tresse brune ;   20
    Cependant
Je suis sans bonne fortune.
      Amour,
Mets donc mes attraits au jour,
   Je suis content   25
   Sans les cœurs
   Et les faveurs,
     Pourvû
Qu'on me croit bien recû.

Il est fat, il s'admire, il s'applaudit, car il pense avoir tout pour plaire aussi bien du côté de l'esprit que de sa personne et de sa parure. Sa vanité est telle qu'il commence presque la moitié de ses vers par le mot « je », et son plus grand souci n'est pas forcément d'être un homme de « bonne fortune » (v. 22), à savoir admiré des femmes, mais du moins de le paraître (cinq derniers vers).[28]

La versification, elle aussi, évoque le caractère du petit-maître tel que nous le connaissons. La scansion est irrégulière, faite de sauts et de gambades entièrement imprévisibles, et l'alternance entre vers pairs et impairs défie toute régularité. Le rythme est déséquilibré, l'allure aussi désaxée qu'un petit-maître pirouettant sur un talon. En revanche, les vers du début ont un certain rythme de balancement lorsque le petit-maître récite une espèce de blason poétique de lui-même, comme s'il marchait de cette allure dandinante ridiculisée par les moralistes. Plus loin, les enjambements et les vers très courts donnent une idée du mouvement perpétuel et perpétuellement saccadé de ce personnage. Ces saccades sont plus faciles à comprendre à certains moments qu'à d'autres. On peut supposer aux vers 16, 18 et 19 qu'elles mettent en valeur les charmes du petit-maître : des yeux qui sont « bleus », des talents « grands / Et des Dents ». Peut-être, d'ailleurs, notre poète cherche-t-il à traduire pour le lecteur les regards, les sourires et les grands sauts de Prévost lorsqu'elle imite les mines et l'allure du petit-maître. En revanche, à d'autres moments on ne comprend pas très bien ces enjambements irréguliers. Pourquoi des mots comme « on dit » ou « cependant » sont-ils isolés par la versification ? Peut-être est-ce l'intention du poète de mettre une part d'incohérence et d'affectation dans son poème, car le petit-maître lui-même est parfois déroutant : il met de l'importance là où il n'y en a pas et de la légèreté là où il faudrait du sérieux.[29] Nous ne savons pas à quoi, dans la danse de Prévost, correspondaient ces saccades dans la versification ; au « cependant » correspondait peut-être un changement de direction, ou un contretemps, ou un geste d'une exagération erronée.

---

[28] Voir Jacques Rustin pour la différence entre un petit-maître, un homme à fortune et un libertin (*Le Vice à la mode*, Paris 1979, p.97.

[29] Voir Laurent Angliviel de La Beaumelle, *L'Esprit* (Paris 1802 [posthume]), p.186 ; le style du petit-maître et de « parler sérieusement de bagatelles, et galamment de choses sérieuses ».

Les rimes sont un peu plus cohérentes, mais elles arrivent tout de même en déluge : quatre en [e] ('fait'…), six en [i] ('dit'…), cinq en [ă] ('grand'…), entrecoupées parfois de mot sans rimes comme aux vers 7 et 8, ou parfois coupées d'un couplet comme aux vers 23 et 24. Il y a surcharge d'ornements, comme chez Caraccioli lorsque le petit-maître danse le menuet et ajoute beaucoup « d'agrémens ». Imaginons Prévost refaire, par exemple, les mêmes variations plusieurs fois.

Ce pastiche de la chorégraphie de Prévost nous montre à quel point la notion littéraire de 'caractère' s'applique à la danse. Tandis que les auteurs des traités sur la danse au dix-septième siècle préconisent de consulter les ouvrages iconographiques pour déchiffrer le sens de la danse, le spectateur de la représentation de Prévost ferait mieux de consulter un exemplaire du *Dictionnaire* de Caraccioli ou du *Nouveau Spectateur* de van Effen.

D'autres indices témoignent d'un essor de la danse caractérisée au siècle des Lumières. Dans son roman libertin, *Angola*, La Morlière fait la comparaison entre un maître de danse qui a toute l'affectation du petit-maître, et une autre danseuse beaucoup plus émouvante, parce qu'elle parle un langage muet qui peint les passions :

> [Elle] traçait les danses les mieux caractérisées : son agilité dérobait souvent aux regards la perfection et la justesse de ses opérations ; ses pas, ses attitudes avaient un langage muet dont l'éloquence enlevait les cœurs ; elle peignait au vif les passions, et on les ressentait sans avoir honte d'être affectée par la mécanique.[30]

Le narrateur est d'une part ravi par l'expressivité corporelle de cette danseuse, soit « la mécanique » de la danse, et remarque d'autre part qu'il n'y a pas de déshonneur à en être ému, comme s'il imaginait d'autres temps ou d'autres circonstances où, au contraire, il y en aurait eu. Il semble impressionné par la nouveauté du spectacle, ou du moins par la nouveauté de sa bienséance. La même marque d'innovation se trouve dans une scène d'une pièce de Pannard, *Les Tableaux* (1747). Le personnage allégorique de La Peinture s'en prend à une écolière de Terpsichore, parce que la danse est défectueuse lorsqu'il s'agit de représenter le caractère :

---

[30] J. de La Rochette, dit La Morlière, *Angola* (1746 ; Paris, Agra, 1751), 1re partie, ch.iv, p.70.

La danse consiste en beaucoup d'airs penchés
Sans dessein & sans caractère.
Faune, Matelot, Enchanteur,
Romain, Sarmate, Grec, ne s'y distinguent guère
Que par l'habit … l'habit seul est Acteur.[31]

Elle prétend que le langage de la danse n'a guère changé depuis qu'elle consistait d'une iconologie du costume. Néanmoins, la réponse de l'Ecolière de Terpsichore démontre que son interlocuteur n'est pas au fait des évolutions de la danse moderne. Elle danse une sarabande pour exprimer le majestueux, la niaise pour représenter une sotte, et la furie pour évoquer un démon. Son interlocutrice est tellement impressionnée qu'elle revient entièrement sur sa critique. Le lecteur moderne fait son propre constat : l'importance accordée au langage corporel a évolué depuis le dix-septième siècle, car l'iconologie du costume importe moins que la caractérisation à travers les mouvements.

Dans une autre pièce de Pannard, *Le Gage touché* (1736), on retrouve le même engouement pour l'idée des danses caractérisées :

> Depuis que je vous ay quitté j'ay fais danser Les Mécontens aux nouveaux mariés, La Jalousie à deux Vieillards, La Niaise aux filles du magazin, la Cabaretière à dix simphonistes, La Courante à deux auteurs, les Rats à trois peintres, Le […] à six officiers, La Chape à vingt gascons, Le Cotillon à quatre abbés.[32]

Pannard n'invente aucune de ces danses. En revanche, il prend un malin plaisir à jouer des noms de chacune pour se moquer des auteurs qui exécutent une danse lente et démodée – la courante – et des abbés qui, au contraire, accomplissent une danse vive et gaie – le cotillon.

***

Les exemples ci-dessus démontrent qu'à l'époque où Caraccioli et van Effen inventèrent le portrait moraliste du danseur, l'idée de caractère était d'actualité dans le milieu de la danse. Ceci explique sûrement cela.

---

[31] C.F. Pannard, *Les Tableaux*, sc. vi, dans *Théatre et œuvres diverses* (Paris: Duchesne, 1763), Vol. I.
[32] C.F. Pannard, *Le Gage touché* (1736), Bnf ms FR 9319.

En fin de compte, peut-être devrait-on voir le petit-maître chez les moralistes du dix-huitième siècle comme l'équivalent d'un des caractères de La Bruyère le plus célèbre. Le courtisan, Narcisse, est comme une mécanique de montre : machinal, automate, il est terriblement épris de lui-même et passe sa journée à s'agiter beaucoup pour aller nulle part, comme une aiguille de montre qui tourne en rond ('De la cour', 65). Les images de la danse ont la même fonction d'avertissement moral : les automatismes du danseur le privent du libre-arbitre, qualité essentielle de l'homme. Le danseur est devenu pantin. Pire, il est devenu homme-machine. Une lecture plus approfondie de Caraccioli incite à soupçonner un mobile dissimulé : contrecarrer le discours des matérialistes qui prétendent que l'homme n'a pas d'âme, qu'il ressemble aux bêtes et aux machines. Caraccioli, apologue chrétien plutôt progressiste, ferait ainsi une défense subtile et réfléchie de la cause des dévôts.

En dehors des mobiles des uns et des autres, le phénomène global témoigne d'une évolution socio-littéraire faisant de la danse au dix-huitième siècle un sujet de prédilection du discours moraliste. Cela constitue sans doute un indice de la popularité de la danse ainsi que de sa vulgarisation dans les deux sens du terme : il y a non seulement une importante diffusion de l'image et de la terminologie de la danse, mais également une préférence sensible chez les auteurs cités ci-dessus pour une image de la danse affectée, ridicule, résolument vulgaire et peu noble. Même chez van Effen, le portrait de la 'contredanse de l'esprit' n'est flatteur pour la danse que grâce au relâchement de l'esprit de mondanité relatif au siècle précédent. Néanmoins, loin d'avilir la danse, ces images vulgaires laissent penser qu'il existe une contrepartie, un modèle valorisé : la Belle Danse. Grâce à ce modèle – bien qu'il soit sous-jacent et peu exprimé dans nos textes – les moralistes peuvent faire un examen acerbe de tout ce qui n'arrive pas à son niveau. Les normes de la Belle Danse leur permettent de faire une critique de toute danse ridicule.

L'esthétique de caractère semble ainsi avoir permis à la littérature d'avoir prise sur la danse pour en faire un *topos* moraliste. Ce rapprochement chez van Effen et Caraccioli est envisagé par eux uniquement parce que la 'caractérisation' est perçue comme un principe partagé par la danse et la littérature. La parodie en vers de la chorégraphie de Prévost le démontre bien : le 'caractère' du petit-maître peut être directement ou indirectement inspiré par Prévost, mais il atteste tout de même d'une relation étroite reliant les deux. Un tel rapprochement n'est pas dans la mentalité des moralistes du siècle précédent. Il permet aux moralistes du dix-huitième siècle de préconiser non seulement de parler comme nous écrivons, mais également de parler comme nous dansons, et surtout de ne pas parler comme danse le petit-maître.

Danser, c'est sauter par-dessus son ombre

Alain Montandon, Université de Clermont-Ferrand

Résumé :

> Nous traitons dans cet article des représentations imaginaires qui sous-tendent un phénomène historique, sociologique et littéraire propre au XIXe et au début du XXe siècles (Loïe Fuller ou Nijinski étant en cela des modèles), où se dessinent cette idée, que le mouvement même de la danse est un envol et une sortie de soi. On voit apparaître de nouvelles danses qui mettent l'accent sur la vitesse. Avec la valse, la polka, le galop, le chahut, le cancan par exemple, nous avons de nombreux témoignages de cette griserie qui envahit les bals parisiens et dont nombreuses physiologies rendirent compte dans les années 1840. L'ivresse transgressive de la danse, la libération des corps (violemment réprouvée par une certaine morale) conduisent le danseur au delà de ses limites comme l'ont montré Gautier, Flaubert, Nodier, Mallarmé, Rilke et Hermann Hesse dans un conte qui s'inspire de la danse des derviches tourneurs qui fascina tant les voyageurs européens.

Mes collègues vont parler de sujets très précis, voire fort pointus. Vous me pardonnerez de traiter un thème assez général, à partir d'une phrase qui me trotte dans la tête : « danser, c'est sauter par-dessus son ombre ». Phrase un peu sibylline que je veux essayer d'expliquer tant l'idée qui y préside est à la fois un peu vague et à la fois riche d'implications, donnant à la danse une perspective quasiment métaphysique. Ce qui m'intéresse ici, c'est de souligner, à partir du développement de la danse et des danses au dix-neuvième siècle, tout d'abord les représentations imaginaires qui sous-tendent un phénomène historique et sociologique. A partir d'un imaginaire de la danse, ancré dans les représentations contemporaines, se dessine cette idée, fantasme ou concept, que le mouvement même de la danse est une sortie de soi dont nous examinerons les divers modalités. Qu'il s'agisse d'une rétrospection à partir du chronotope tel qu'on le trouve chez un Théophile Gautier par exemple, d'un envol, de ce jeu « entre l'âme et le corps assujetti à son desport rythmique », qui produit une solution de continuité et une espèce d'hypnose « ouverte » selon Paul

Claudel,[1] ou d'« un mouvement du Même vers l'Autre qui ne retourne jamais au Même » pour reprendre les termes de l'esthétique de l'ombre d'un Emmanuel Levinas,[2] la danse apparaît comme le rêve d'un transport dans tous les sens du terme.

Sauter par dessus son ombre implique un détachement de cette pesanteur dont elle figure la part corporelle, l'acquisition d'une légèreté dont Peter Pan nous montre qu'elle est insouciance et envol, l'arrachement à la communauté sociale dont le Peter Schlemihl de Chamisso souligne de manière tragique la coupure, le dépassement de soi dont le cowboy Lucky Lucke, qui tire plus vite que son ombre est le modèle trivial. Ce saut par-dessus l'ombre nous aide à penser le célèbre mot de Nietzsche qui disait ne pouvoir croire qu'en un Dieu qui sait danser.

Retombons d'abord sur nos pieds et considérons la naissance historique d'un tel imaginaire. Les représentations symboliques de la danse ont subies des transformations bien connues avec l'avènement en particulier de la valse à la fin du dix-huitième siècle. Certes le pas circulaire était un élément de base de la danse populaire, et particulièrement dans cette forme collective qu'est la ronde. Mais la valse mondaine introduisit de nombreuses transformations, d'abord celle d'une danse qui privilégie le couple et l'individualité, avec cette rupture proxémique que cela a engendré, comme expression d'une revendication sociale de liberté (qui brise la marche rectiligne à la base de la danse classique) et enfin la vitesse giratoire qu'elle implique. Le couple enlacé et tourbillonnant dans l'espace fermé d'une nouvelle intimité répond à un tel idéal romantique (déjà Werther écrivait : « Tenir dans ses bras la plus aimable des créatures ! Voler avec elle comme le tourbillon qui annonce la tempête ! Voir tout passer, tout s'éclipser autour de soi ! »). Chahut[3] et cancan affirment

---

[1] Claudel à propos de Rimbaud (*L'homme aux semelles de vent*) cité par Gustave Roud, *Petit Traité de la marche en plaine* (Paris 1984), p.72.

[2] Voir 'La Réalité et son ombre', *Temps modernes* 38 (novembre 1948).

[3] Louis Véron définissait la chose ainsi : « La jeunesse des écoles et le peuple se plurent, de concert, à la singulière fantaisie de révolutionner la danse française ; ils remplacèrent les mouvements arrondis, élégants, lentement développés de l'ancienne gavotte de nos pères, par une danse frénétique, convulsive, irrespectueuse, indécente, qu'on appelait d'un mot approprié, le chahut. On fit même un verbe, chahuter » (*Mémoires d'un bourgeois de Paris*, 5 vols, Paris 1857, iii.388). Voir à ce sujet Georges Matoré, 'Cancan et chahut, termes de danse (1829-1845)', dans *Mélanges Bruneau* (Genève 1954), p.177-84.

également avec netteté l'individualisme du danseur. « Le cancan ouvre une faille qui semble s'élargir très vite dans la conception communautaire jusqu'alors dominante » écrit F. Gasnault qui rapproche cet état d'esprit égotiste du comportement dandy et qui pense que ce romantisme est aussi un état d'esprit libertaire.

Cela n'est pas sans provoquer des résistances du côté de la morale qui use fréquemment du paravent de la santé des danseurs pour déguiser des craintes d'une autre sorte. Ainsi « la valse impure, au vol lascif et circulaire » (suivant l'expression de Victor Hugo dans les *Feuilles d'automne*), cette danse apanage des femmes mariées (« des femmes de trente-cinq ans »), paraît être le comble de l'obscénité. Non seulement il n'est pas convenable pour une jeune fille de se laisser entraîner à toute allure, mais l'abandon dans les bras d'un partenaire est proprement scandaleux. « Une jeune personne, légèrement drapée, se jetant dans les bras d'un jeune homme qui la presse contre son sein et qui l'entraîne avec une telle impétuosité que bientôt elle éprouve un violent battement de cœur, et qu'éperdue la tête lui tourne ! Voilà ce qu'est une walse », écrit la comtesse de Genlis, préceptrice de la reine de France, en 1835. Rémi Hess citait cette pensée d'une dame en 1823 : « La valse n'est point dans nos mœurs. Elle annonce de la part de la femme un abandon trop exclusif, contraire à nos idées de politesse, de convenance, et à ce principe d'urbanité qu'il ne faut jamais oublier. »[4] Le mot du chevalier de Ségur est, quant à lui, tout à fait explicite dans sa concision : « Elle a son pucelage, moins la valse. » A quoi fait écho le cri du vicomte de Brieux Saint-Laurent[5] qui considère les danses modernes comme une sorte de prostitution : « Il nous est impossible de trouver un autre terme, pour rendre l'acte d'une femme ou fille, quelque vertueuse qu'elle soit, qui se livre aux étreintes de plusieurs hommes les uns après les autres et même sans pouvoir les choisir. » Pour lui, qui considère que la main appuyée à plat sur la taille de la cavalière, reposant du tranchant sur les bouffants de la crinoline, est déjà une tenue fort immorale, l'axiome : « une polkeuse n'est pas complètement vierge » est une évidence.

---

[4] Cité par Rémi Hess, *La Valse* (Paris 1989), p.142.
[5] Vicomte de Brieux Saint-Laurent, *Quelques mots sur les danses modernes* (Paris 1868). Il cite une Parisienne spirituelle qui disait en voyant polker ses filles : « Grande vertu de la musique ! Comme nous crierions, si nous voyions nos filles ainsi entre les bras de jeunes gens, sans musique ! ».

La médecine vient en renfort aux bonnes mœurs. Après les palpitations de cœur dues à la valse, la polka est accusée par ses secousses répétées d'être fatale aux femmes, de provoquer des maladies incurables,[6] des descentes de matrice (« Peut-être qu'une polka bien accentuée et soutenue par la musique fait plus pour détruire la suspension de l'utérus que les plus grandes fatigues d'un autre genre »).[7] Nul autre mieux que Joseph de Maistre n'a pris le ton du prédicateur farouche pour dénoncer cette excitation des sens provoquée par la danse et avertir les mères inquiètes de ce relâchement des mœurs, de cette décadence (ce que Cellarius appelle très positivement « les exigences du laisser-aller moderne ») qui conduit à préférer un plaisir à un devoir. A quoi Stendhal de répondre que : « Une valse rapide, dans un salon éclairé de mille bougies, jette dans les jeunes cœurs une ivresse qui éclipse la timidité, augmente la conscience des forces et leur donne enfin l'audace d'aimer. »[8] Mais il n'y a pas que la valse, il y a le cancan, le galop, le quadrille, la polka, la mazurka qui chavirent, renversent, agitent les danseurs.

Serge Zenkine rappelait dans une communication faite au colloque de Moulins que les cultures primitives assignaient à la danse autant de fonctions magiques que sociales et que les premières visaient à arracher l'homme (du moins temporairement) à sa condition et à le mettre dans un état extatique, au-delà de l'humain.[9] Si ces manifestations ont bien disparues très généralement dans la réalité dans la civilisation occidentale, l'imaginaire en reste néanmoins fortement enraciné et particulièrement aux dix-neuvième et vingtième siècles où l'on assiste à la multiplication de représentations littéraires fort diverses insistant sur l'aspect transgressif, de ce saut hors de la limite.

Je voudrais d'abord souligner que le dix-neuvième (avant le vingtième) voit apparaître de nouvelles danses qui mettent l'accent sur la vitesse. Avec la polka, le galop, le chahut, le cancan par exemple,

---

[6] *Musée des familles* (mars 1855).

[7] Vicomte de Brieux Saint-Laurent, *Quelques mots*, p.40 (« Tout le soin des mères devrait être de calmer le système nerveux de leurs filles, tandis que les danses où elles se pâment de plaisir l'excitent outre mesure »).

[8] *De l'amour* (Paris 1822), p.33.

[9] Voir par exemple Roderyk Lange, *The Nature of dance : an anthropological perspective* (Londres 1975).

nous avons de nombreux témoignages de cette griserie qui envahit les bals parisiens.

Un certain nombre de témoignages socio-ethnologiques, publiés sous le nom de physiologies, écrits par des feuilletonistes dans les années 1840 (années très fastes qui connurent à Paris un extraordinaire engouement pour la danse, véritable événement social qui toucha toutes les classes, du grand bal mondain ou bourgeois au bal public le plus populaire, celui des barrières),[10] décrivent précisément ce phénomène. Les physiologies sont de petits volumes écrits de manière rapide, sans grand style, qui ressortissaient à un genre de littérature grand public dont Balzac (lui-même auteur du genre avec tout spécialement sa *Physiologie du mariage*) a pu écrire : « Aujourd'hui, la Physiologie est l'art de parler et d'écrire incorrectement de n'importe quoi sous la forme d'un petit livre bleu ou jaune qui soutire 20 sous au passant sous prétexte de le faire rire. » Publiées de manière générale en format in-32 (ou parfois in-18), les physiologies se caractérisaient par leur prix modeste, un nombre moyen de 124 pages, et de nombreuses illustrations et vignettes : « Une physiologie sans vignette, c'est comme du bouilli sans sauce tomate. »[11] Les dessinateurs en sont Daumier, Gavarni, Henry Monnier, mais aussi Cham, Emy, Johannot.

Le nom de physiologie a une consonance pseudo-scientifique qui répond aux aspirations et aux projets d'une époque qui rêve d'établir un tableau rationnel et exhaustif de la société suivant les modèles des classifications botaniques ou zoologiques à la manière des Buffon, Linné, Cuvier. Les auteurs des physiologies systématisent l'exploration, l'analyse du monde humain et social sous la forme d'une enquête (pseudo-)sociologique à visée informative et très souvent satirique et comique. « La physiologie est donc la science, non seulement de la vie individuelle, mais encore de la vie sociale dont les vies des individus ne sont que des rouages. »[12] De telles

---

[10] Ce phénomène a été analysé de manière remarquable du point de vue historique et sociologique par François Gasnault, dans son riche et beau livre, *Guinguettes et lorettes : bals publics à Paris au XIXe siècle* (Paris 1986).

[11] 'Physiologie des physiologies', *Le Charivari* (23 août 1841).

[12] Claude-Henri de Saint Simon, *De la physiologie appliquée à l'amélioration des institutions sociales*, dans *Œuvres de St-Simon et d'Enfantin* (Paris 1875), vol.39, p.170 (cité par Nathalie Preiss, 'Les Physiologies en France au XIXe siècle : étude littéraire et stylistique', thèse de doctorat, Université de Paris IV, 1986, p.451).

« études de mœurs décorées du nom de Physiologies »[13] se caractérisaient par la finesse d'observation et le tour original donné à leur écriture. Mais avant tout « leur style journalistique, dont la lecture est aisée, ainsi que leur facilité à faire pénétrer leurs contemporains curieux dans la vie des autres, est la raison primordiale de leur succès ».[14] L'observation dans la tradition des *Caractères* d'un La Bruyère, d'un Sébastien Mercier (avec ses *Tableaux de Paris*) ou de l'Hermite de la Chaussée d'Antin, prend le tour d'un reportage, écrit dans une allure fort libre et imagée, qui ne s'embarrasse guère de logique, sautant du coq-à-l'âne et aimant les digressions. Je me permets de renvoyer ici à mon livre *Paris au bal* qui analyse et présente treize de ces physiologies consacrées aux bals de Paris, aux danses nouvelles, aux danseuses, etc.

On a parlé de « dansomanie ».[15] Anne Decoret a très justement analysé[16] que les termes « danse » et « manie » associaient « la pratique de la danse à une sorte de folie, de syndrome mental relevant de l'obsession, de l'incohérence, d'un goût excessif, d'un fol enthousiasme » pour cette pratique. Il s'agit là d'un concept sociologique et elle y repère trois paramètres ou symptômes essentiels que sont l'apparition d'abord d'une pléthore de nouvelles danses, l'apparition d'un grand nombre de nouveaux espaces de danse ensuite, et enfin l'établissement de nouveaux types de socialité.

Que ce soit avec la *Chaloupe orageuse* ou le *Taureau furieux,* noms de figures de danse bien significatives, les nouvelles danses (amplement décrites dans les Physiologies qui leur sont consacrées) se caractérisent par un goût prononcé pour la vitesse. Le chahut ou le cancan, le quadrille même, tel qu'il est conçu par Musard, pour qui la règle générale est d'aller toujours crescendo, la polka, le grand galop sont des danses très animées. Le galop est à l'origine une danse

---

[13] Larousse, *Grand Dictionnaire universel du XIXe siècle,* article 'Physiologie'.

[14] Christoph Strosetzki, 'Les Physiologies littéraires', dans A. Montandon (éd.) *Savoir vivre* (Lyon 1990), i.136.

[15] Le terme avait été utilisé comme titre d'un ballet-pantomime, chorégraphié par Paul Gardel sur une musique de Méhul, créé à l'Opéra de Paris en 1800 avec le célèbre Vestris. Il s'agissait d'une transposition du *Bourgeois gentilhomme* où l'on passait en revue les danses à la mode de l'époque.

[16] A propos de la « dansomanie exotique » dans *Les Danses exotiques en France, 1880-1940* (Pantin 2004).

hongroise ou bavaroise à deux temps, très vive[17] et Mme D. Gay qui est sensible à l'effort physique et peu convenable selon elle à la sensibilité féminine écrit : « Il faut avoir un grand fonds d'adoration pour trouver une femme charmante à la fin d'un galop. » La chahut ou le cancan est une danse apparue dans les années trente et considérée comme indécente par nombre de contemporains. Il semble qu'il provienne d'une danse espagnole, la « cachucha » qui semble connue en France à partir des années 1825. Fanny Elssler en fera une spécialité sur la scène de l'Opéra. Chicard selon la légende passe pour être l'inventeur de ces bonds et de ces jambes haut levées (d'autres l'attribuent au comique Mazaré qui, avec ses jambes agiles, jouait le rôle du singe Joko au théâtre Saint Martin). « Tracer les règles du cancan serait bien difficile, puisqu'il se distingue par l'absence de toutes règles. La fantaisie la plus échevelée, voilà son seul guide, et pour une fois qu'il réussit à être amusant et drolatique, cent fois il reste idiot et stupide, quand il n'est pas immoral », écrit le très prude et très moralisateur rédacteur du *Dictionnaire universel du XIXe siècle* à propos de cette danse « née un soir d'orgie sur le sol parisien ». Le débraillé d'un ivrogne ou d'un fou, telle est l'image que fait cette danse moderne sur les esprits au point que les gardes municipaux sont dans l'obligation d'intervenir et s'efforcent de l'interdire. Mais comment résister à une vague qui emporte tout sur son passage ?

La « polkamanie » ou « polkamorbus » déferla sur la capitale durant l'hiver 1843-1844. Dansée à Prague en 1835, à Vienne en 1839 et elle se répand donc brusquement en Europe, à Baden où elle fait fureur, puis à Paris en 1840, introduite grâce à un professeur pragois, Neruda et avec l'aide de Cellarius. Tout Paris veut danser la polka et l'on parle non sans raison de « rage » et d'« épidémie », dont on disait : « ils ne mouraient pas tous, mais tous étaient frappés. »

> La polka fut une marée montante qui couvrit tout. On ne jurait plus qu'en polka, on ne parlait plus que polka, on mangeait des biftecks à la polka, on but du vin idem, on acheta des cravates, des foulards, des chemises, des faux-cols, des... que sais-je, moi, à la polka. [...] C'était une rage, une fureur ; il y eut même des tragédies à la polka, et, parbleu, je crois aussi des femmes et des mariages à la ...[18]

---

[17] « Heureux successeur de la boulangère, le galop est le complément du bal et le bouquet de la soirée » (Oury).
[18] M. Armand Pommier, *M. Lahire et la Grande Chaumière : voyage à travers Paris. Histoire, types, mœurs, célébrités, romances en vogue, etc.* (Paris 1848), p.54 et 59.

Une raison de son succès est sans conteste sa facilité. Il suffit d'un bon danseur pour que tous le suivent et l'apprennent très rapidement. Réduction de la valse à deux temps, avec une rotation du couple plus saccadée que dans la valse, elle ravit la place à cette dernière dans les années quarante.[19] Pour apprendre il suffit d'être bien guidé. « En un instant on en possède le secret » (Mme de Girardin)[20] et l'apprentissage est d'autant plus facile que le climat est porteur : il faut seulement oser. La transe collective facilite l'initiation. Elise Sergent (la fameuse Pomaré, une des reines de la polka) l'a apprise très vite, tout comme Rose Pompon qui auparavant n'avait jamais dansé ou encore Céleste Mogador qui a fait le récit de la révélation d'une soirée qu'elle appelle sa « conversion ».

> On l'entoure, on la regarde, on l'admire : – c'est qu'elle danse, c'est qu'elle sue, c'est qu'elle polke, comme on n'avait jamais vu danser, ni sauter, ni polker.
> On la salua du nom de Pomaré, reine de la polka.[21]

Cette fureur est libératrice des corps. Pritchard gonfle sa poitrine, déboutonne son habit, « ses poings se ferment avec inspiration, sa colonne vertébrale décrit un cercle comme l'arc d'un Parthe, et bientôt les pas les plus inintelligibles, les gestes les plus charivariques arrivent et semblent défier de vitesse le bâton du chef d'orchestre ».[22] Pomaré d'un bras vigoureux entraîne son partenaire dans une course rapide, « en soulevant autour d'elle des tourbillons de poussière ». C'est alors que, suivant la *Physiologie de la polka*, « les petits pieds témoignent une ivresse impossible à décrire ».[23]

L'ivresse peut avoir une origine bachique et comme le dit la *Physiologie des bals de Paris* (1841) de Chicard et Balochard : « La danse invite à boire. Le vin invite à danser. » Il n'est pas rare que ce soient les bouteilles elles-mêmes qui mènent une ronde infernale, comme dans le conte de Wilhelm Hauff, *Une Nuit dans la cave du*

---

[19] Elle comporte un petit nombre de figures : promenade, valse, valse à rebours, valse roulée ou tortillée, pas bohémien.

[20] Hess, *La Valse*, p.15.

[21] *Physiologie du bal mabille* (Histoire véritable de Mlle Pomaré, dite Brin d'amour), dans Alain Montandon (éd.), *Paris au bal* (Paris 2000), p.216.

[22] *Physiologie des bals de Paris et de ses environs. — Bal mabille*, par M. E. Champeaux, dans Montandon (éd.), *Paris au bal*, p.64

[23] Auguste Vitu et Paul Farnèse, *Physiologie de la polka* (1844), dans Montandon (éd.), *Paris au bal*, p.238.

sénat de Brême (1827), inspiré d'Hoffmann ou encore dans celui de Nerval, *Le Monstre vert*. Avec l'ivresse on commence par sauter par-dessus son ombre, quand on en a une ! Hoffmann associe cette perte de l'ombre ou du reflet, autrement dit du Soi, avec l'ivresse et le pacte avec le diable qui est un pacte qui fait sortir des limites. L'ivresse transgressive de la danse, si souvent soulignée par les écrivains, conduit le danseur au-delà de ses limites.

Dans le récit de Théophile Gautier, *La Cafetière*, que nous prendrons comme exemple, la danse – avec son chronotope particulier – a le pouvoir d'échapper au temps et de s'en abstraire pour retourner au siècle précédent. Le bal qui a lieu à minuit, guidé par l'orchestre de la tapisserie, est d'ailleurs tiraillé par la tension du présent et du passé, entre rythmes du menuet et rythmes plus modernes, ou en tous cas plus accélérés et en conflit avec les graves révérences des danses d'antan. Nous avons du coup affaire à une scène fantastique où les danseurs ressemblent à des animaux, à des toupies ou même à des cloches en branle, n'arrivant pas à suivre la mesure et suant à grosses gouttes.

Gautier renoue avec un thème romantique général, qui n'est d'ailleurs pas propre à la danse, mais à laquelle elle participe. Il s'agit d'une activité qui submerge et brise l'individu. Ce peut être l'amour (et le thème de la *Liebestod*) ou bien une activité artistique, comme l'amour de la musique qui va jusqu'à la destruction comme chez le *Chevalier Gluck*, le *Sanctus* ou *Don Juan* chez Hoffmann, et plus encore le *Violon de Crémone* où la musique brise l'instrument. Gautier dans un petit texte peu connu *Le Nid de rossignols* l'a repris en 1833. Dans ce conte où le merveilleux sentimental s'épanouit pleinement, l'action se déroule dans un monde à part, dans un château idéalisé, véritable domaine enchanté où s'épanouit l'extraordinaire talent musical des deux sœurs, Fleurette et Isabeau, qui incarnent les plus hautes qualités artistiques et morales. Celles-ci vouent un culte absolu à la musique, emblème de l'harmonie universelle. Elles souffrent de la « maladie de la musique ». Elles sortent victorieuses du concours de chant où le maître rossignol trouve la mort, mais elles mourront à leur tour, épuisées par leur attachement obsessionnel à la musique.[24] Lorsqu'elles chantent leur dernier chant, le chant du cygne, « il était

---

[24] Le topos du concours de chant entre rossignols et êtres humains remonte au moins au dix-septième siècle. Peter Whyte indique que l'histoire du rossignol qui succombe en chantant est racontée par Famianus Strada dans ses *Prolusiones* (Rome 1617).

facile de comprendre que ce n'étaient pas des créatures vivantes qui chantaient ». « Les deux cousines étaient mortes ; leurs âmes étaient parties avec la dernière note. »

Gautier reprend le thème, mais c'est la danse qui remplace le chant et brisera Angéla, et il ne s'agit pas de n'importe quelle danse, mais de celle qui incarne symboliquement l'expression d'une intériorité fusionnelle remarquable, la valse.

La valse abolit la distance, crée la proximité à la fois des corps et des âmes : « Le sein de la jeune fille touchait ma poitrine, sa joue veloutée effleurait la mienne et son haleine suave flottait sur ma bouche. » Le prestissimo de la valse est un unisono qui s'exprime, comme dans le *Conseiller Krespel* de manière toute physiologique : « mes nerfs tressaillaient comme des ressorts d'acier, mon sang coulait dans mes artères en torrent de lave, et j'entendais battre mon cœur comme une montre accrochée à mes oreilles ». Le rythme, la légèreté, l'absence d'effort (« l'orchestre a triplé de vitesse, pourtant aucun effort n'est nécessaire pour le suivre ») délivrent le couple de la pesanteur, l'isolant du reste du monde dans l'enfermement du délire subjectif, dans une circularité close, celle d'une intimité qui se joue du temps, expérience de l'éternité de l'instant, dans une giration que les images du cadran de l'horloge et de la montre ont préparée, créatrice d'un espace propre clos sur lui-même.

Outre le fait que l'évocation des amours rétrospectives aboutit à des confusions anachroniques (valser à l'époque du menuet !), le chronotope de la danse est saisi dans une perspective énergétique et entropique : l'explosion des forces aboutit en retour à un immanquable affaiblissement, à une perte, une diminution, une déperdition. Le caractère éphémère du merveilleux et du délire est suivi d'un retour à un réel déceptif, à la pesanteur et à la fatigue. Brusquement Angéla se fatigue, elle pèse sur l'épaule de son danseur « si les jambes lui eussent manqué » : « ses petits pieds qui, une minute auparavant effleuraient le plancher, ne s'en détachaient que lentement comme s'ils eussent été chargés d'une masse de plomb ». Et s'il la prend sur ses genoux, elle est devenue froide comme un marbre. Le souvenir de l'événement évoque encore l'âme « dégagée de sa prison de boue », nageant dans le vague et l'infini : « son âme brillait dans son corps comme une lampe d'albâtre et les rayons partis de sa poitrine perçaient la mienne de part en part ». Mais cette union amoureuse ne résistera pas aux désenchantements de l'aube : Angéla s'affaisse…

cafetière brisée en mille morceaux. Le héros qui apprend que sa partenaire était « morte, il y a deux ans, d'une fluxion de poitrine à la suite d'un bal » comprend qu'il n'y a plus pour lui de bonheur sur la terre.

Il nous semble intéressant de noter que la valse, dans son envol céleste, n'a pas perdu entièrement de son caractère transgressif et diabolique, elle sépare les vivants et les morts, l'individu et la société. La mort de la danseuse est un topos longuement utilisé à l'époque et qui est dans maints esprits qui y voient le châtiment très moral à un dérèglement des mœurs, à une violation des normes et règles sociales.

Un tel imaginaire de la valse transparaît pleinement dans l'anecdote souvent rapportée :

> Les journaux sont là pour témoigner du fait. Dans un bal de madame la baronne de T..., à la rue Saint-Honoré, en 1841, un jeune homme qui avait fait plusieurs tours de salon avec mademoiselle de D... fut étrangement étonné de sentir que le poids de sa danseuse augmentait avec la vitesse de sa rotation ; phénomène, comme on sait, tout à fait contraire aux lois de la dynamique. – Il s'arrêta pour faire reprendre haleine à mademoiselle de D... ; mais celle-ci tomba tout à coup à terre : depuis deux minutes, en effet, ce malheureux tournait avec un cadavre.[25]

La vitesse entraîne le danseur au delà de lui-même, dans la folie ou dans la mort.

> Elle aimait trop le bal, c'est ce qui l'a tuée.
> Le bal éblouissant ! le bal délicieux !

écrit Victor Hugo dans le poème 'Fantômes' des *Orientales*, en parlant de celle qui par la valse ou la ronde emportée « Volait, et revenait, et ne respirait pas » :

> Quel bonheur de bondir, éperdue dans la foule,
> De sentir par le bal ses sens multipliés,
> Et de ne pas savoir si dans la nue on roule,
> Si l'on chasse en fuyant la terre, ou si l'on foule
> Un flot tournoyant sous ses pieds.[26]

---

[25] *Physiologie de la polka*, p.257.
[26] Dans *Œuvres complètes*, éd. Jean Massin (Paris 1967), p.587.

L'imagerie du musicien satanique qui entraîne ses créatures dans une danse irrésistible est partout présente. Le célèbre Chicard n'y échappe pas : « Tant que le chef d'orchestre donnera un coup d'archet, tant qu'ils entendront le moindre cornet à piston, ils sauteront comme des possédés ; et si Chicard voulait abuser de son pouvoir, il les ferait danser jusqu'au dernier soupir. »[27]

Ce thème de la danse aux enchantements magiques qui fascinent et emprisonnent le danseur est un motif très répandu, celui d'une danse du diable (dont la thématique a partie liée à la danse des morts, la danse macabre étant d'ailleurs un motif très présent, chez Flaubert par exemple, comme l'a bien montré Yvonne Bargues-Rollins)[28] est repris par exemple par Aloysius Bertrand dans son poème en prose, 'L'Air magique de Jehan de Vitteaux' dans son recueil *Gaspard de la nuit*.[29] Il y a une séduction de la danse et de la danseuse, séduction de cette « grâce si provocante, qu'on la suivrait même en enfer », comme le dit le poète impeccable, Théophile Gautier.[30] Nous avons donc affaire dans cet imaginaire de la danse à l'idée qu'elle conduit à l'extrême, au delà de toutes limites, en dépossédant le danseur de toute volonté, dans une fatale aliénation.

Danser, c'est sauter, sauter dans un monde autre. La giration conduit au saut et à l'envol, ainsi qu'on le voit exprimé dans la danse d'*Inès de Las Sierras* (1837) de Charles Nodier où se trouve décrit le spectacle d'une danse conduisant à « je ne sais à quelle extase plus délirante encore » :

> Elle tournait sur elle-même, comme une fleur que le vent a détachée de son rameau ; elle s'élançait de la terre, comme s'il avait dépendu d'elle de la quitter pour toujours ; elle y redescendait, comme s'il avait dépendu d'elle de n'y pas toucher ; elle ne bondissait pas sur le sol ; vous auriez cru qu'elle ne faisait qu'en jaillir, et qu'un arrêt mystérieux de sa destinée lui avait défendu d'y toucher autrement que pour le fuir.[31]

Le tournoiement et l'élan qui en résulte apparaissent bien dans leur aspect transgressif, puisque la femme apparaît comme un

---

[27] Chicard et Balochard, *Physiologie des bals de Paris* (Paris 1841).
[28] Dans *Le Pas de Flaubert : une danse macabre* (Paris 1998).
[29] Aloysius Bertrand, *Œuvres complètes* (Paris 2000), p.271-72.
[30] *Emaux et camées*, dans *Poésies complètes* (Paris 1970), iii.58.
[31] Charles Nodier, *Contes* (Paris 1961), p.689-90.

fantôme, une revenante et qui ne peut être que dans le mouvement même de la danse.

Pour sauter par-dessus son ombre, il faut concevoir la danse comme un saut ou un envol, suivant l'imaginaire de « la polka qui saute » ou de « la valse qui tournoie » comme on l'écrit dans la *Physiologie du bal mabille*.[32] Le petit reporter physiologiste note les transformations dues à cette frénésie : « Les gens qui trouvaient que les Français dansaient en marchant négligemment et d'un air ennuyé, doivent être satisfaits ; – on ne marche plus aujourd'hui, au bal masqué, que sur les pieds des curieux. – Du reste, quels bonds ! quels sauts ! quelle télégraphie des jambes et des bras ! »[33]

Et le saut, pour lequel Victorine met des gants noirs,[34] saut qui fait fi de toute pesanteur, conduit à l'envol, thème présent dans l'imaginaire du ballet, mais aussi dans toute forme de danse :

> Soudain, un saut : elle s'envole,
> Tel un duvet que souffle Eole,
> Et son petit pied palpitant
> Bat contre l'autre, vivement.[35]

Nul doute également que la danse ait son éthique propre dans la perspective d'un dépassement qui est un autodépassement et dont le Zarathoustra de Nietzsche enseigne la philosophie :

> Or, celui qui veut devenir léger comme un oiseau doit s'aimer soi-même : – c'est ainsi que j'enseigne, moi [...]
> Ceci est ma doctrine : quiconque veut apprendre à voler doit d'abord apprendre à se tenir debout, à marcher, à courir, à sauter, à grimper et à danser : on ne s'envole pas du premier coup ![36]

---

[32] A. Vitu et J. Frey, *Physiologie du bal mabille* (1884), dans Montandon (éd.), *Paris au bal*, p.196.

[33] Louis Huart, *Paris au bal* (1848), dans Montandon (éd.), *Paris au bal*, p.407.

[34] A. Privat d'Anglemont, *Le Prado* (1846), dans Montandon *Paris au bal*, p.154.

[35] Alexandre Pouchkine, *Eugène Oniéguine* (1823), cité par Serge Zenkine, 'La Danse romantique et la transgression', dans *Sociopoétique de la danse*, éd. Alain Montandon (Paris 1998), p.422.

[36] Nietzsche, *Ainsi parlait Zarathoustra*, traduit par Maurice Betz (Paris 1965) p.222-25.

L'envol prend un sens non seulement moral, mais également cosmique et religieux. On avait depuis longtemps comparé la valse à la révolution des astres.[37] Or nombreux sont les voyageurs qui tout au long du dix-neuvième siècle seront fascinés par la danse des derviches tourneurs. Les danses non européennes fascinent bien sûr en raison de l'expérience de ce qui est étranger, de la possibilité de briser les normes culturelles, des possibilités de libération des corps, des résistances de ce que la civilisation a pu appesantir et grever de contraintes. Gautier opposait ainsi danse occidentale et danse exotique, deux cultures aux traditions et aux enjeux différents et opposés. A la danse classique, vivement critiquée parce qu'elle est une négation du corps, négation qui non seulement fait du danseur une marionnette sans chair, mais qui va jusqu'à nier la différence des sexes, il oppose la sensualité des danses orientales. A la femme désarticulée par des mouvements abstraits, aux ballerines qui ont « l'apparence d'araignées qu'on inquiète dans leurs toiles et qui se démènent éperdument », il préfère la fougue du sang méridional des Dolorès et des Camprubi. « La danse est un art tout sensuel, tout matériel, qui ne parle ni à l'esprit, ni au cœur, et qui ne s'adresse qu'aux yeux. »[38]

La danse de l'autre, celle des autres cultures, slaves ou orientales, livre une image totalement différente des danses occidentales, que ce soit en Algérie, en Turquie ou ailleurs. Mais plus que la polka c'est avec la danse orientale que Gautier découvre l'écriture en arabesque d'un corps en extase ou en transe :

> La danse moresque consiste en ondulations perpétuelles du corps, en torsion des reins, en balancements des hanches, en mouvement de bras agitant des

---

[37] « Cette évolution constante opérée par le couple valseur autour d'un point central, que l'on suppose occuper le milieu du salon, rappelle, à n'en point douter, les mouvements de la terre, qui tourne sur son axe en roulant autour du soleil. Cette espèce d'ivresse qui s'empare de notre être, après quelques mesures de valse, nous entraîne, nous lance atteints de vertiges, incapables d'interrompre notre course ou d'en avoir même la pensée ; cela peut donner une juste idée du mouvement perpétuel ; et je hasarde, en émettant quelquefois quelques doutes, une hypothèse ingénieuse sur les comètes périodiques, astres errants, selon moi condamnés par nature à vaguer par l'univers, pour cause de valse infiniment trop prolongée dans l'assemblée des corps organisés » (A. Vitu et Paul Farnèse, *Physiologie de la polka*, 1844, dans Montandon (éd.), *Paris au bal*, p.245.)
[38] Feuilleton de *La Charte de 1830* (18 avril 1937) ; republié dans *Fusains et eaux-fortes* (Paris 1880), p.91-98.

mouchoirs ; une jeune danseuse se démenant ainsi a l'air d'une couleuvre debout sur sa queue ; cette rotation en spirale serait impossible au plus simple sujet de l'opéra ; pendant ce temps, la physionomie pâmée, les yeux noyés ou flamboyants, la narine frémissante, la bouche entr'ouverte, le sein oppressé, la col ployé comme une gorge de colombe étouffée d'amour, représentant à s'y tromper le mystérieux drame de volupté dont toute danse est le symbole.[39]

La danse comme langage de l'inconscient au détriment de l'analyse critique offre un autre chronotope, une autre organisation du temps et de l'espace et les pratiques des bayadères, des derviches tourneurs comme des Aïssasaouas en offrent des exemples particulièrement probants.

Ainsi la danse des derviches tourneurs a-t-elle particulièrement retenu l'attention des voyageurs européens. Théophile Gautier en particulier a minutieusement décrit dans *Constantinople* leurs « valses » (Lamartine quant à lui parle de « valse pieuse ») mettant l'accent sur la pureté et la beauté de ces danses frénétiques :

Un pauvre vieux, porteur d'un masque socratique assez laid au repos, valsait avec une vigueur et une persistance incroyables pour son âge, et sa figure commune prenait, sous l'excitation magique du tournoiement, une singulière beauté ; l'âme, pour ainsi dire, lui venait à la peau, et, comme un marteau intérieur, repoussait et corrigeait par dedans les imperfections de ses traits.[40]

Il est évident que pour la danse, le corps, la forme extérieure, est la porte d'accès de l'âme.[41] Gautier n'y voit rien de désordonné, d'épileptique, mais au contraire une ascèse pleine de maîtrise conduisant à de mystiques ivresses.

Dans cette danse, l'aspect cosmique et religieux domine. Le regard des derviches tourneurs est immobilisé dans l'extase de l'infini divin dont la clarté éclipse la lumière solaire : « Leurs yeux fixes

---

[39] *Voyage en Algérie* (Paris 1989), p.70.

[40] T. Gautier, *Constantinople* (Paris 1894), p.140.

[41] Balzac au début de *Facino Cane* écrivait : « Chez moi, l'observation était devenue intuitive, elle pénétrait l'âme sans négliger le corps : ou plutôt elle saisissait si bien les traits extérieurs qu'elle allait sur-le-champ au delà ; elle me donnait la faculté de vivre de la vie de l'individu sur laquelle s'exerçait, en me permettant de me substituer à lui comme le derviche des Mille et Une Nuits prenait le corps et l'âme des personnes sur lesquelles il prononçait certaines paroles. »

contemplaient les splendeurs d'Allah scintillant avec un éclat à faire paraître le soleil noir, sur un embrasement d'aveuglante lumière. » Les derviches tourneurs voient dans leur extase « les forêts d'émeraude à fruits de rubis, les montagnes d'ambre et de myrrhe, les kiosques de diamants et les tentes de perles du paradis de Mahomet ».[42] Telle extase[43] signifie la perte de la limite entre le Moi et l'Autre dans le mouvement de l'envol.

Comme dans *Spirite,* l'extase est atteinte dans l'envol : les derviches, comme de grands oiseaux blancs, « sur un embrasement d'aveuglante lumière […] flottaient éperdument dans l'éternité et l'infini, ces deux formes de Dieu ».

> Sa jupe, comme un oiseau qui veut prendre son vol, se mit à palpiter et à battre de l'aile. Sa vitesse devenait plus grande ; le souple tissu, soulevé par l'air qui s'y engouffrait, s'étala en roue, s'évasa en cloche comme un tourbillon de blancheur, dont le derviche était le centre.[44]

Une transformation radicale de l'espace et du temps est opéré au point que Gautier ressent :

> Un charme bizarre, [qui] me faisait naître au cœur des nostalgies de pays inconnus, des tristesses et des joies inexplicables, des envies folles de m'abandonner aux ondulations enivrantes du rythme. Des souvenirs d'existences antérieures me revenaient en foule [...] toutes sortes d'images et de tableaux de rêves oubliés depuis longtemps s'ébauchaient lumineusement dans la vapeur d'un lointain bleuâtre.[45]

Barrès quant à lui évoquait ces « heures violentes qui éveillent des territoires endormis de notre conscience ».[46]

Ces « bizarres exercices », « ces exercices étranges, au-dessus de la puissance humaine » sont comparés à la rotation d'une toupie ou d'un « toton qui s'assoupit au plus fort de sa rapidité ».[47] L'extrême de

---

[42] Gautier, *Constantinople*, p.141.

[43] « Ils valsaient, les bras étendus en croix, la tête inclinée sur les épaules, les yeux demi-clos, la bouche entr'ouverte comme des nageurs confiants qui se laissent emporter par le fleuve de l'extase » (Gautier, *Constantinople,* p.138).

[44] Gautier, *Constantinople,* p.138

[45] Gautier, *Constantinople,* p.138.

[46] Maurice Barrès, *Mes Cahiers*, 14 vols (Paris 1929-1957), xi.56.

[47] Barrès, *Mes Cahiers*, xi.132, 136, 140 ; « de même qu'une toupie qui pivote immobile au moment de la plus grande rapidité, et semble s'endormir au bruit de son ronflement » (xi.139).

la vitesse, tout comme l'extrême de la tension d'une danse comme le tango, aboutissent à une apparente immobilité qui semble être le comble du mouvement. Valéry a une belle image pour exprimer cette idée :

> Il lui apparaît que cette personne qui danse s'enferme en quelque sorte, dans une durée qu'elle engendre, une durée toute faite d'énergie actuelle, toute faite de rien qui puisse durer. Elle est l'instable, elle prodigue l'instable, passe l'impossible, abuse de l'improbable ; et, à force de nier par son effort l'état ordinaire des choses, elle crée aux esprits l'idée d'un autre état, d'un état exceptionnel – un état qui ne serait que d'action, une permanence qui se ferait et se consoliderait au moyen d'une production incessante de travail, comparable à la vibrante station d'un bourdon ou d'un sphinx devant le calice de fleurs qu'il explore, et qui demeure, chargé de puissance motrice, à peu près immobile, et soutenu par le battement incroyablement rapide de ses ailes.[48]

L'exaltation « magnétique » dont parlait Nerval à propos des derviches tourneurs dans le *Voyage en Orient*[49] fait écho au « magnétisme » des astres, permettant, dans *Aurélia*, de « rétablir le monde dans son harmonie première ». Lamartine qui n'est dans le fond guère sensible à ces « bizarres extravagances qui dégradent en quelque sorte l'esprit humain » y voyait aussi cependant une « imitation pieuse, dans l'origine, des mouvements des astres dansant devant le Créateur ». Mais il ajoute aussi que cette exaltation extrême aboutit à ce qu'on ne distingue finalement plus rien. « Le temps que dura cette valse étrange, je ne saurais le dire, mais il me parut incroyablement long. » C'est dire que l'on est sorti du temps et que se produit un évanouissement général. L'expérience de la dépersonnalisation et de la destruction des frontières du Moi dans ce mouvement de tournoiement et d'ascension aboutit à une espèce de passage au non-être, voire pour certains au suicide. Gautier note que « les derviches disparaissaient dans leur propre éblouissement ».[50]

---

[48] Paul Valéry, *Œuvres* (Paris 1960), i.1396.

[49] Il arrive pour les tourneurs comme pour les hurleurs un certain moment d'exaltation pour ainsi dire magnétique qui leur procure une extase toute particulière (Gérard de Nerval, *Œuvres*, Paris 1993, ii.668).

[50] « Les tarboukas ronflaient, et la flûte pressait son chant d'un diapason impossible et ténu comme un cheveu de cristal ; les derviches disparaissaient dans leur propre éblouissement ; les jupes s'enflaient, se gonflaient, s'arrondissaient, s'étalaient, répandant une fraîcheur délicieuse dans l'air embrasé, et m'éventaient comme le vol d'un essaim d'esprits célestes ou de grands oiseaux mystiques s'abattant sur la terre »

La danse est alors imaginée comme un évanouissement, une disparition, un envol dans un autre espace et un autre temps. Valéry dans sa Philosophie de la danse y voit « une manière de *vie intérieure* », jouant au plus fin avec sa propre pesanteur. La danse fait abstraction du monde extérieur, elle suspend le monde pour créer le sien propre. Dans cette « sorte de vie étrangement instable et étrangement réglée »[51] où le corps qui danse semble ignorer ce qui l'entoure pour ne s'occuper que de soi, « la danseuse est dans un autre monde, qui n'est plus celui qui se peint de nos regards, mais celui qu'elle tisse de ses pas et construit de ses gestes » ce qui amène le poète à proclamer l'abolition de l'extériorité : « la danseuse n'a point de dehors... Rien n'existe au-delà du système qu'elle se forme par ses actes » (p.1398). La danse est comme somnambulisme artificiel, créant un groupe de sensations qui se fait une demeure à soi.

Mallarmé a plus encore exhibé cette « disparition giratoire du danseur ». Il est vrai que de Loïe Fuller, on pourrait dire – sans que cela soit jugé négativement – qu'elle n'est pas une danseuse, mais « le vertige d'une âme comme mise à l'air par un artifice » (Paul Adam, 1893).[52] Mallarmé, Valéry, Rilke, et avant eux Gautier ont tous souligné le caractère inflammatoire de la danse :

> Est-ce un fantôme ? est-ce une femme ?
> Un rêve, une réalité,
> Qui scintille comme une flamme
> Dans un tourbillon de beauté ?[53]

La vibration des étoffes et des voiles qui vacillent comme des flammes qu'ils représentent abolit les frontières et les repères.[54]

(Gautier, *Constantinople*, p.141). Zenkine se demande à ce propos « si la disparition des danseurs ne rejoint, ici, la métamorphose du danseur qui s'envole pour devenir « esprit céleste » ou « oiseau mystique » (Zenkine, 'La Danse romantique et la transgression', p.434n).

[51] Valéry, *Œuvres*, i.1397.

[52] Cité par Giovanni Lista, *Loïe Fuller : danseuse de la Belle Epoque* (Paris 1994), p.183.

[53] Théophile Gautier, 'Ines de Las Sierras', *Emaux et camées*, dans *Poésies complètes* (Paris 1970), iii.59.

[54] « Les voiles qui s'envolent de toutes parts, engendrent l'idée même du centre comme le lieu de rencontre des vibrations – c'est-à-dire comme un espace vide – une absence » (Mikhaïl Yampolski, le *Démon et le labyrinthe* [en russe], Moscou 1996, p.303 ; cité par Zenkine, 'La Danse romantique et la transgression', p.435).

L'évanouissement de la danseuse s'exécute dans la flamme du corps dansant. En transgressant radicalement les normes de la représentation, la danse de Loïe Fuller, qui se hausse à la dimension d'un mythe, exigeait de nouveaux styles de figuration : sculpteurs et peintres en particulier furent sollicités. Un tableau représentant *La Danse de Loïe* montre seulement une moitié de la danseuse, ce qui renvoie à un ailleurs (puisqu'elle apparaît comme dansant *hors* de la toile). Plus significatif encore, le dessin de Will Bradley, *La Danse serpentine* (1894)[55] où l'énergie vitale du jeu des lignes envahit l'espace, absentant définitivement le corps de la danseuse dont il ne reste dans un coin, minuscules que deux pieds, comme une signature. Telle disparition est bien à la fois purification, destruction, métamorphose de l'ombre en lumière, régénération. « Elle tourne, et tout ce qui est visible se détache de son âme ; toute la vase de son âme se sépare enfin du plus pur. »[56] Aussi la danseuse devient-elle ce « Fantôme qu'à ce lieu son pur éclat assigne ».[57]Loïe Fuller, plus que toute autre appelle les jeux d'ombre et de lumière. Pour Jean Lorrain, « elle filtre et suinte de la clarté ». D'autres parlent de liquidité de feu et de luminosité d'ombre. Etrange logique, étrange nature que celle de la *coincidentia oppositorum :* elles appartiennent traditionnellement à Dieu, au mythe, au rêve, à l'impossible... écrit Guy Ducrey[58] qui n'oublie pas que pour Mircea Eliade : « Une situation transcendantale [...] impossible à concevoir, est exprimée par des images contradictoires ou paradoxales. C'est la raison pour laquelle la formule de la *coïncidentia oppositorum* est toujours appliquée lorsqu'il s'agit d'exprimer une situation inimaginable dans notre Cosmos ou dans notre Histoire. »[59] Sauter par dessus son ombre est bien une impossibilité, c'est du moins ainsi que l'exprime la langue allemande.

Terminons par un conte, qui veut sous une forme condensée saisir l'essence même de la danse. Il s'agit d'un conte d'Hermann

---

[55] Dessin reproduit dans Lista, *Loïe Fuller,* p.287.

[56] Paul Valéry, *Œuvres* (Paris 1960), ii.174.

[57] Stéphane Mallarmé, 'Le vierge, le vivace ...', dans *Poésies* (1887), cité d'après l'édition des *Œuvres complètes* (Paris 1998), p.68.

[58] Guy Ducrey, *Corps et graphie : poétique de la danse et de la danseuse à la fin du XIXe siècle* (Paris 1996).

[59] Mircea Eliade, *Méphistophélès et l'androgyne* (Paris 1962), p.175

Hesse qui imagine avec humour la vie de Willibald von Armel l'Ancien qui avait appris le « sublime exercice généralement désigné sous le nom de *Saut.* ». Envoyé en Orient il avait subi la fascination de la puissance de l'exaltation et la passion fanatique qu'animaient les danseurs fervents. Se liant d'amitié avec le derviche Achmed, il allait mettre sa vie à apprendre cet étrange exercice : sauter par-dessus son ombre. Il avait remarqué qu'Achmed s'éclipsait souvent pour pratiquer de mystérieuses activités, loin des regards curieux. A force d'insister, Achmed lui répondit qu'il sautait par-dessus son ombre. Mais c'est impossible, s'écria Willibald. Son ami l'invita le lendemain et il vit Achmed sauter par-dessus son ombre.

> En réalité, il le vit sauter avec une telle rapidité et une agilité tellement incroyable qu'il fut incapable de déterminer si l'artiste n'était pas réellement plus rapide et plus agile que son ombre, laquelle virevoltait au même rythme endiablé sur le sable. Elle n'avait pas un instant de repos et le maître de l'ombre ne paraissait plus assujetti à la pesanteur ; il planait dans les airs et tourbillonnait sans cesse en bonds fulgurants, tel un papillon ou une libellule, absorbé corps et âme par ses sauts de haute voltige, ses pirouettes et ses cabrioles.
> A quoi pensais-tu en sautant ? demanda-t-il à son ami.
> A qui ? A Lui, à Celui qui n'a pas besoin de sauter […] puisqu'il est lui-même la Lumière, la négation de l'ombre.[60]

Et dès lors la vie de Willibald fut transformée. Il ne chercha plus qu'à atteindre une parcelle de la béatitude et de la lumière qu'il avait vu luire sur le visage d'Achmed. Il eut la nostalgie de ces danses de derviche et de celle d'Achmed, celle de la danse sublimée, fervente et lumineuse.

Le saut de Nijinski auquel Gabriella Brandstetter a consacré un bel article,[61] avait ceci de particulièrement fascinant que, outre la disparition par la fenêtre dans le grand jeté du *Spectre de la rose*, ce bond extraordinaire restait suspendu dans l'élan de sa disparition. C'était dire l'irreprésentabilité de ce « mystère ou « miracle », ce moment de rapt, d'extase de la danse signifiant le passage dans une expérience différente de l'espace-temps, une expérience de libération

---

[60] Hermann Hesse, *Les Contes merveilleux*, traduction de Jeanne-Marie Gaillard-Paquet (Paris 1992), p.247.
[61] 'Le topos de l'irreprésentabilité dans la littérature vers 1900 à l'exemple de Nijinsky', dans Alain Montandon (éd.), *Ecrire la danse* (Clermont-Ferrand 1999).

totale du corps prenant des airs de communion avec l'espace et l'éternité.

Il me semble, pour conclure, que cette image du saut hors de soi, traverse et nourrit depuis le dix-neuvième siècle, encore bien une pensée inconsciente et fort présente de la danse.

Huysmans, Danse, Peinture

Laurent Darbellay, Université de Genève

Résumé :

> Cet article aborde les rapports entre la danse et la littérature à partir du passage consacré par Joris-Karl Huysmans, dans le roman *A rebours*, à deux peintures de Gustave Moreau représentant la danse de Salomé : *Salomé dansant devant Hérode* et *L'Apparition*. Dans ce passage, l'écrivain réalise de véritables transpositions d'art, sans néanmoins décrire la chorégraphie de Salomé selon un suivi narratif. Confronté à la représentation d'une danse dont Flaubert a posé un modèle descriptif inégalable dans *Hérodias*, Huysmans choisit de «tourner autour» de la performance chorégraphique de Salomé, de l'évoquer indirectement par le biais de différents procédés formels et narratifs : le décalage métonymique, l'association du mouvement et de la fixité, l'intertextualité, et enfin l'ellipse narrative. En outre, l'auteur d'*A rebours* exploite certains partis pris esthétiques de Moreau. Par l'entremise de deux *ekphrasis*, Huysmans tient donc un discours à la fois sur la représentation de la danse en littérature et sur l'art de Gustave Moreau.

De nombreux romans abordent la danse sous l'angle d'un spectacle, de la description d'une performance chorégraphique. Il suffit de penser à *La Femme et le pantin* de Pierre Louÿs ou à *Hérodias* de Gustave Flaubert. Le parti pris adopté par Joris-Karl Huysmans dans son roman *A rebours* est autre, puisque l'écrivain traite la danse de Salomé par le biais de deux toiles de Gustave Moreau. A la question « Comment le texte littéraire peut-il représenter la danse ? », *A rebours* propose une réponse singulière : décrire une danseuse peinte, et effectuer ainsi une ekphrasis d'une ekphrasis, une 'ekphrasis au carré'.

Dans le chapitre cinq d'*A rebours*, le narrateur évoque la collection de peintures du personnage central des Esseintes, et il s'arrête principalement sur deux tableaux de Gustave Moreau : l'huile *Salomé dansant devant Hérode*[1] et l'aquarelle *L'Apparition*,[2] toutes

---

[1] *Salomé dansant devant Hérode* (1874-1876), huile sur toile, Los Angeles, The Armand Hammer collection.

deux réalisées peu avant 1876. Ces œuvres sont longuement évoquées l'une après l'autre, sous un angle à la fois descriptif, stylistique et herméneutique. Il s'agit de véritables transpositions d'art, où Huysmans utilise toutes les ressources du langage, des mots, du style, pour offrir un équivalent littéraire au modèle plastique.

Ces pages s'inscrivent dans l'esthétique globale du roman où la pratique des synesthésies occupe une place prépondérante, et elles se veulent avant tout une analyse détaillée de l'art de Gustave Moreau, peintre raffiné, érudit et hermétique qui figure dans le Panthéon des Esseintes comme dans celui de Huysmans. Moreau fonctionne ici comme modèle de l'art décadent tel que le conçoit l'écrivain. Dans une lettre de 1883 à Paul Bourget, il explique ne pas s'être trop étendu sur ce peintre dans son recueil de critiques d'art *L'Art moderne* (1883) : « je le réserve [Moreau] pour mon livre sur le raffinement que je pioche actuellement et dans lequel je parlerai de ses chefs-d'œuvre *L'Apparition* et l'*Hérodiade* ».[3] Les deux œuvres de Gustave Moreau font d'ailleurs partie des rares toiles du peintre que l'auteur d'*A rebours* a eu l'occasion de voir directement – au Salon de 1876 où elles étaient présentées pour la première fois.

Les descriptions de *Salomé dansant devant Hérode* et de *L'Apparition* ne se limitent pas à un éclairage des subtilités et la singularité du style de Moreau. Ces tableaux permettent l'évocation de la figure séductrice et dangereuse de Salomé. La vierge sensuelle et cruelle, séduisant Hérode par ses mouvements ondulants, a fasciné toute l'esthétique 'fin de siècle', en littérature comme en peinture. Il n'est donc pas étonnant qu'elle soit intégrée dans le 'bréviaire' de la décadence que constitue *A rebours*.

Dans *A rebours*, Salomé n'est pas seulement convoquée en tant « qu'idole de la perversité » ;[4] elle est également présentée comme une danseuse. Les deux transpositions littéraires abordent en effet le thème de la danse. Il est explicite dans la toile *Salomé dansant devant Hérode* ; quant à l'aquarelle *l'Apparition*, elle est interprétée par des Esseintes comme un épisode qui suit la mort de Saint Jean-Baptiste, où Salomé est interrompue dans une autre danse par la vision de la tête du Baptiste. Dans la préface d'*A rebours* écrite vingt ans

---

[2] *L'Apparition* (1874-1876), aquarelle sur papier, Paris, Musée du Louvre, département des Arts graphiques, fonds du Musée d'Orsay.
[3] *Cahier de l'Herne Huysmans* (Paris 1985), p.177.
[4] Pour reprendre le titre de l'ouvrage de Bram Dijkstra (Paris 1992).

après le roman, Huysmans parle de son désir « de secouer les préjugés, de briser les limites du roman, d'y faire entrer l'art, la science, l'histoire ».[5] Les œuvres de Moreau donnent l'occasion à l'auteur d'y « faire entrer », par un biais pictural, l'art de la danse.

En élaborant ces deux transpositions, on peut attendre de Huysmans qu'il aille dans le sens de son idéal littéraire face à une œuvre d'art, idéal qu'il définit ainsi dans un texte tardif : « il faut surtout décrire le tableau de telle façon que celui qui en lit la traduction écrite le voie »[6] – et chez l'écrivain cette approche descriptive passe généralement par une dynamisation narrative du tableau.

Dans le cas de la danse de Salomé, et en particulier dans la description de *Salomé dansant devant Hérode*, le souci de « faire voir » et de « faire vivre » la scène[7] ne donne pas lieu à une description suivie et narrativisée des mouvements corporels. L'évocation des toiles de Moreau sollicite plusieurs sens – la vue, l'odorat, l'ouïe –, les adjectifs s'accumulent vertigineusement, les répétitions s'enchaînent. Toutefois, Huysmans ne traite pas la danse dans un suivi narratif. Il préfère déployer plusieurs stratégies descriptives afin de 'tourner autour' de la performance, effectuant une sorte de chorégraphie de la plume qui suggère sans les décrire les mouvements de Salomé. Paul Valéry, dans son essai sur Huysmans, estime que la difficulté principale pour cet écrivain consiste « à trouver le moyen de décrire après un siècle de descriptions, après Gautier, après Flaubert, après les Goncourt ».[8] Dans le contexte de la danse de Salomé, le moyen adopté par l'auteur d'*A rebours* est celui de la description par déplacements (sémantiques, narratifs et intertextuels) à partir des toiles de Moreau. On est à la fois dans la surenchère des moyens d'approche et dans 'l'écart' descriptif. Plus précisément, les approches formelles privilégiées sont : le décalage métonymique, l'association descriptive du mouvement et de la fixité, la citation et l'intertexte littéraires, et enfin l'ellipse narrative.

---

[5] Joris-Karl Huysmans, 'Préface écrite vingt ans après le roman', dans *A rebours* (Paris 1977), p.71.

[6] Joris-Karl Huysmans, 'Préface à l'ouvrage de l'abbé Broussolle *La Jeunesse du Pérugin et les origines de l'école ombrienne*' (1901), dans *En marge* (Boulogne 1991), p.161.

[7] Autrement dit la figure de l'hypotypose.

[8] Paul Valéry, 'Souvenir de J.-K. Huysmans', dans *Variétés, Œuvres* (Paris 1957), i.753.

Dans les transpositions d'art inspirées de Moreau, Huysmans articule deux modèles de la danse de Salomé. D'une part on pense bien entendu au conte *Hérodias*. Flaubert, un de ses écrivains fétiches, y décrit en détail et dans toute leur sensualité les mouvements corporels de la jeune femme. Dans le volume *Ecrire la danse*, Alain Montandon parle au sujet de ce texte de « la grâce voilée d'un corps souple », qui prend « toutes les formes, toutes les métamorphoses, toutes les contorsions serpentines » ;[9] Pierre Brunel, dans son *Dictionnaire des mythes littéraires*, parle même de « précision inégalée »[10] au sujet de cette description.

D'autre part, on songe à la tendance récurrente à la fin du dix-neuvième siècle de considérer la danse, et en particulier celle de Salomé, comme performance insaisissable, comme *dépassement* du corps en mouvement. Comme le résume Alain Montandon, Salomé tend à ce moment à devenir « l'innommable, l'indescriptible, le non signifiable : ce qui échappe radicalement à l'ordre du langage ».[11] C'est ce que reflète la célèbre formule de Mallarmé « peindre non la chose, mais l'effet qu'elle produit »,[12] Mallarmé que côtoie et admire Huysmans et dont il cite un passage d'*Hérodiade* dans le chapitre quatorze d'*A rebours*.

Le traitement singulier de la danse proposé par *A rebours* est favorisé par le contexte de la transposition d'art romanesque qui laisse une grande liberté narrative et interprétative, ainsi que par les choix figuratifs de Gustave Moreau dans ses deux tableaux. En effet, certains partis pris esthétiques du peintre sont exploités par Huysmans pour sa description si particulière. Il ne s'agit pas simplement pour l'écrivain d'aborder des toiles relatives à la danse, mais d'utiliser plusieurs caractéristiques de l'art de Moreau, en particulier son goût pour la pose des corps et pour les bijoux, l'ambiance onirique de ses toiles, ainsi que la structure narrative qui articule les deux représentations de Salomé.

---

[9] Montandon (éd.), *Ecrire la danse* (Clermont-Ferrand 1999), p.18-19.
[10] (Monaco 1988), p.1181.
[11] Montandon (éd.), *Ecrire la danse*, p.21-22.
[12] « J'ai enfin commencé mon *Hérodiade*. Avec terreur car j'invente une nouvelle langue qui doit nécessairement jaillir d'une poétique très nouvelle, que je pourrais définir en ces deux mots : *Peindre non la chose, mais l'effet qu'elle produit* » (Mallarmé, Lettre à Henri Cazalis d'octobre 1864, citée dans *Œuvres complètes*, Paris 1945, p.1440).

C'est uniquement par l'entremise de la peinture que la question chorégraphique semble intéresser l'écrivain ; il ne l'aborde jamais directement, ni dans une chronique ni dans un récit de fiction. *A rebours* n'est toutefois pas le premier texte où il évoque la danse par le biais d'un commentaire pictural. Il s'y est déjà intéressé dans sa critique d'art au sujet de certaines *danseuses* de Degas, dans un passage du compte rendu de *l'Exposition des Indépendants en 1880*. Ce qui frappe Huysmans chez Degas n'est pas la danse comme expression artistique ; l'écrivain souligne plutôt la déformation des corps, la lourdeur des chairs et la mécanique des gestes. Il parle de « dislocation de clowns » et relève chez les jeunes femmes leurs « ressorts d'acier » et leurs « jarrets de fer ».[13] Aux yeux de Huysmans le corps féminin selon Degas n'est pas véritablement dansant, mais plutôt abêti par les sauts. On retrouve ici que ce que Guy Ducrey, dans son ouvrage *Corps et graphies*, appelle la vision « naturaliste » de la danseuse, fréquente chez les écrivains de la fin du dix-neuvième et qui se caractérise par « l'emprise de la matérialité charnelle ».[14]

Degas est totalement absent d'*A rebours*, et la transition Degas–Moreau reflète l'évolution du goût pictural de Huysmans, qui place en 1884, dans le contexte de son roman, l'auteur des *Salomé* au sommet de sa hiérarchie esthétique. Ce sont même plus précisément des *danseuses* de Degas qui ont cédé dans *A rebours* leur place aux *Salomé*. C'est du moins ce que suggère un passage du chapitre cinq, supprimé dans la version finale et qui introduisait ainsi les toiles de Moreau : « Aussi avait-il [des Esseintes] renoncé aux danseuses qu'il possédait de Degas, le grand peintre de la vie moderne ; maintenant il voulait une peinture paraffinée comme la sienne, mais baignant dans la corruption antique loin de nos mœurs, loin de nos jours ».[15] Des Esseintes se sépare des jeunes femmes de Degas au profit de Salomé qui représente la corruption antique par antonomase et qui est également une danseuse. Dans la prédilection accordée à Moreau se manifeste un choix à la fois esthétique et littéraire. Plus que les

---

[13] Joris-Karl Huysmans, 'L'Exposition des Indépendants en 1880', dans *L'Art moderne/Certains* (Paris 1975), p.116 et 118.

[14] Guy Ducrey, *Corps et graphies* (Paris 1996), p.226.

[15] f.29 du manuscrit autographe entreposé à la Bibliothèque nationale sous la cote n.a.f.15761. Extrait cité par Jacques Lethève, 'Goûts et dégoûts de des Esseintes', dans *Cahier de l'Herne Huysmans*, p.150.

danseuses de Degas, les deux *Salomé* ouvrent à l'écrivain une certaine optique descriptive de la danse.

Dans la première partie du chapitre cinq, consacré à *Salomé dansant devant Hérode*, le narrateur commence par développer les données narratives de la scène et anime la figure de Salomé. Tirer parti des virtualités narratives d'un tableau pour « l'animer » est un procédé fréquent de Huysmans dans ses transpositions d'art. Après quatre paragraphes qui décrivent au passé le décor de la scène, le texte passe au présent au moment où Salomé débute sa danse, ce qui contribue à dynamiser et à actualiser la chorégraphie de la jeune femme : Salomé « s'avance lentement », elle « commence la lubrique danse » et « ses seins ondulent » (p.142-43).

La transposition littéraire de *Salomé dansant devant Hérode* est caractérisée par un contexte onirique – le passage est présenté dès les premières lignes comme une rêverie de des Esseintes devant les toiles. La dimension onirique, traditionnellement très propice aux synesthésies,[16] facilite dans *A rebours* à la fois les glissements entre les arts (littérature–peinture–danse) et la mise en mouvement de la Salomé peinte, sur le mode d'une vision de rêve.

La suite de l'épisode, c'est-à-dire la chorégraphie à proprement parler, n'est évoquée que par le biais métonymique de l'animation des bijoux ; ce ne sont plus les mouvements du corps qui sont décrits, mais ceux des parures qui enserrent ce corps : les colliers tourbillonnent, les bracelets « crachent des étincelles », la cuirasse des orfèvreries « entre en combustion, croise des serpentaux de feu, grouille sur la chair mate » (p.143). Seuls ces bijoux viennent évoquer la danse de Salomé.

Dans un passage de *Degas, danse, dessin*, publié en 1936, Paul Valéry s'en prend à l'art de Gustave Moreau, qu'il oppose implicitement à celui de Degas – selon lui le peintre par excellence de la danse. Selon Valéry, Moreau a tenté de « rénover l'art par la bijouterie » et il « a cherché la poésie, mais comme plus d'un de ce temps-là, il l'a cherchée dans l'accessoire ».[17] Or, pour Huysmans, c'est précisément grâce aux bijoux présents dans la scène picturale que le texte peut suggérer les charmes de la chorégraphie. La richesse

---

[16] Que l'on songe au texte de Charles Baudelaire *Richard Wagner et* Tannhaüser *à Paris*.
[17] Dans *Œuvres* (Paris 1960), ii.1185-86.

décorative propre au style de Moreau est une bien meilleure source d'inspiration que le style de Degas pour suggérer la danse.

L'animation métonymique des bijoux a son pendant dans le traitement de Salomé. Suivant une logique proche du chiasme, elle est progressivement tirée vers la fixité. Dès le début de la danse, elle est qualifiée de « solennelle » et « presque auguste » et elle prend la pose : elle s'avance, certes, mais « le bras gauche étendu, le bras droit replié » (p.142) et tenant un lotus.

Dans la suite du passage, le texte l'associe même à une « déité symbolique de l'indestructible Luxure », « élue entre toutes par la catalepsie qui lui raidit les chairs et lui durcit les muscles » (p.145). Elle commence sa chorégraphie pour mieux se figer dans l'immobilité hiératique d'une déesse, et ce sont les bijoux animés qui disent la sensualité de sa danse. Une formule utilisée dans le début de la description annonce la nature ambiguë que lui attribue le texte, entre le mouvement et la fixité. En effet, le narrateur constate que la jeune femme est « semblable à une somnambule » (p.143) qui ne voit personne. La danse est associée à un état somnambulique, qui constitue une position « suspendue » entre le sommeil et l'éveil.

Dans ce traitement si particulier du corps de Salomé, Huysmans tire à nouveau profit d'une caractéristique du style de Gustave Moreau : le traitement des personnages sur le mode de ce que l'on appelle traditionnellement « la belle inertie ». Mario Praz, dans *La Chair, la mort et le diable*, résume ce trait stylistique par une opposition entre Delacroix et Moreau, « le premier peignit des gestes, l'autre des attitudes ».[18] En abordant la représentation de la danse, Moreau n'a pas cherché à saisir un mouvement en cours (comme d'autres représentations picturales de Salomé). Au contraire, il représente la danse en accentuant l'immobilité du corps : elle est en pose sur les pointes et ses gestes sont figés. Moreau écrit au sujet de son tableau *l'Hydre de l'Herne* qu'il cherche à donner à la figure de l'animal un « aspect immobile et inquiétant dans la fixité ».[19] Cette formule convient parfaitement à la *Salomé dansant devant Hérode*. La belle inertie de Salomé contribue à donner à Huysmans un point d'ancrage esthétique pour organiser la description de la danse :

---

[18] Mario Praz, *La Chair, la mort et le diable dans la littérature du XIXe siècle* (Paris 1977), p.247.

[19] Gustave Moreau, *L'Assembleur de rêves : écrits complets de Gustave Moreau* (Fontfroide 1984), p.80.

l'écrivain exploite l'aspect 'pose' de la jeune femme dans le jeu qu'il met en place entre mouvement et fixité.

L'écrivain complexifie encore l'approche descriptive de *Salomé dansant devant Hérode* par deux procédés impliquant des références littéraires : l'écho intertextuel et la citation. Avant tout, la description de Salomé est caractérisée par plusieurs échos flaubertiens. *A rebours* est un livre très riche en intertextes, et Jeanne Bem a bien montré[20] que Flaubert y occupe une place importante. Cet écrivain est convoqué sur un mode explicite, le narrateur précisant que le diadème de la *Salomé dansant devant Hérode* est « tel qu'en porte la Salammbô » – ce qui fait penser au roman éponyme, et plus particulièrement à la première apparition de Salammbô (qui toutefois ne danse pas). Plus discrètement, certaines formules de la description *d'A rebours* font écho à la danse de Salomé dans *Hérodias*. Huysmans écrit que les seins de la jeune femme « ondulent », qu'elle tient « un grand lotus » et il parle de « la moiteur de sa peau » (p.142-43). Chez Flaubert, on trouve les formules suivantes : « [elle] faisait trembler ses deux seins », « elle se renversait […] pareille à une fleur » et « des gouttelettes à son front semblaient une vapeur ».[21]

L'amplitude narrative de la danse se retrouve alors suggérée par un principe de souvenir littéraire. Le passage fonctionne selon une dynamique mnémonique, qui permet de reconstruire la description de la danse dans la profondeur de la mémoire littéraire. La figure de Salomé tendrait alors à s'animer entre les lignes, dans les jeux d'échos flaubertiens.

Le second aspect de la présence littéraire est de l'ordre de la citation. En effet, l'évocation de la danse – et surtout des bijoux animés – est brutalement interrompue : dans la liberté de la transposition d'art romanesque, le narrateur passe à un commentaire sur la fascination qu'exerce Salomé sur des Esseintes. Puisqu'il a souvent rêvé d'elle « entre les lignes » de sa vieille Bible, le texte reproduit le passage de l'Evangile selon Saint Mathieu consacré à la fille d'Hérodias. La description de la danse de Salomé, est remplacée par une citation biblique où la danse « en acte » n'occupe qu'une ligne : « Au jour du festin de la Nativité d'Hérode, la fille d'Hérodias

---

[20] Jeanne Bem, 'Le Sphinx et la Chimère dans *A rebours*', dans *Huysmans, une esthétique de la décadence,* actes du colloque de Bâle, Mulhouse et Colmar (Genève et Paris 1987), p.23-29.

[21] Gustave Flaubert, *Hérodias*, *Trois contes* (Paris 1973), p.134-35.

dansa au milieu et plut à Hérode ».[22] Cette citation est destinée à fonctionner comme support suggestif à un songe de danse – le lecteur étant invité, comme des Esseintes, à rêver devant la citation de la Bible et à imaginer entre les lignes la chorégraphie de Salomé.

Tout de suite après, le narrateur s'attarde longuement sur l'incapacité des Evangélistes, puis des peintres et des écrivains à rendre « les charmes délirants » et « l'inquiétante exaltation » de la danseuse – Gustave Moreau est le premier à y parvenir en dépassant les textes et en faisant voir ce que les autres artistes ne parvenaient pas à évoquer.

A la citation de la Bible, qui suggère tout en prenant la place de la description, se retrouve associé un effet répété de négation, une suite de « ni … ni … ni » qui souligne par contraste la réussite de Moreau. Toutefois, ce commentaire dit et redit l'incapacité des tenants de la plume et du pinceau, au lieu de décrire la danse. Un nouvel effet de déplacement textuel a lieu, qui efface l'évocation directe de la danse et la suggère en creux, dans une étrange sorte de prétérition : on dit le négatif non pas pour mieux affirmer, mais pour suggérer qu'une description se cache entre les lignes.

Dans la transposition littéraire de la seconde toile de Moreau, *L'Apparition*, l'approche stylistique fondée sur l'esquive et le déplacement est encore amplifiée et complexifiée. Huysmans effectue dans la description de *l'Apparition* une reprise discrète du motif de la danse. Le meurtre de Saint Jean-Baptiste est accompli, mais le texte suggère que l'apparition de la tête du Baptiste est venue interrompre une seconde danse. Le narrateur parle de Salomé comme de « la danseuse » et explique qu'elle est presque nue parce qu'elle a perdu ses voiles « dans l'ardeur de la danse ».[23]

Le lien narratif entre les deux épisodes est encore souligné par le retour du présent dans la description de la jeune femme, et surtout par une nouvelle suggestion métonymique de ses mouvements par le biais des bijoux : les facettes des joailleries « s'embrasent » et les pierres s'animent : « une ceinture l'entoure, cache le haut de ses cuisses que bat une gigantesque pendeloque où coule une rivière d'escarboucles et d'émeraudes ». Les couleurs sont même associées à ce travail, puisque les teintes éclatent et contribuent à l'animation des bijoux : les pierres précieuses piquent Salomé « de points de feu,

---

[22] Huysmans, *A rebours*, p.143.
[23] Huysmans, *A rebours*, p.147.

vermeils comme des charbons, violets comme des jets de gaz, bleus comme des flammes d'alcool, blancs comme des rayons d'astre » (p.147).

Par les liens chorégraphiques suggérés entre les deux toiles, Huysmans accentue encore l'évocation elliptique de la danseuse. Les deux transpositions d'art deviennent en quelque sorte deux étapes de la chorégraphie globale de Salomé, le début et la fin de la performance. Pour l'écrivain, l'intuition de la danse semble dépasser un canevas narratif spécifique, et cette approche aboutit à une inscription elliptique de la chorégraphie dans le corps du texte. Il existe un 'trou' narratif entre les deux épisodes de la représentation de Salomé ; la partie centrale du récit, où la fille d'Hérodias fait preuve d'un pouvoir de séduction tel qu'Hérode lui accorde la tête de Jean-Baptiste, se retrouve éludée. Cette danse ne peut se saisir que dans le creux du texte littéraire.

Pour Huysmans les transpositions d'art sont un moyen de démontrer la supériorité de la plume face à la peinture. C'est ce qui ressort d'une lettre à Marcel Batillat :

> Je crois que les transpositions d'un art dans un autre sont possibles. Je crois même que les parfums correspondent à certaines idées, peuvent évoquer des tableaux ou rappeler certains vers. J'ai tenté de le rappeler dans *A Rebours* et dans les *Croquis parisiens* (*Similitudes*). Je crois que la plume peut lutter avec le pinceau et même donner mieux, et je crois aussi que ces tentatives ont élargi la littérature actuelle.[24]

Dans son article *Ecrire la danse*, Françoise Meltzer va dans ce sens lorsqu'elle constate qu'*A rebours* « donne voix […] à ce que la peinture passe sous silence ».[25] Toutefois, le souci de « donner mieux », de « donner voix », n'implique pas dans le cas de la danse de Salomé de décrire le déroulement de la chorégraphie. Peut-être parce que Flaubert en a proposé un modèle absolu – et qu'il vaut mieux jouer intertextuellement avec ce modèle. Peut-être aussi parce que la chorégraphie de la jeune femme possède un aspect foncièrement insaisissable et abstrait. En tous les cas, Huysmans choisit de tourner autour du motif pictural et chorégraphique, de le frôler sans cesse, et

---

[24] Lettre à Marcel Batillat, coll. Pierre Lambert, Fonds Huysmans, Bibliothèque de l'Arsenal ; citée sans précision de date par Fernande Zayed, *Huysmans peintre de son époque* (Paris 1973), p.12-13.
[25] Dans *De la littérature française*, éd. Denis Hollier (Paris 1993), p.764.

de réaliser ainsi une danse de la plume autour de Salomé. Son texte se situe dans un équilibre instable et sans cesse renouvelé entre la présence et l'absence des mouvements de Salomé, entre la description et la suggestion, où domine la sensation que la représentation littéraire de Salomé dansant devant Hérode ne va pas de soi.

Dans *La Fanfarlo*, Charles Baudelaire, écrit : « La danse, c'est la poésie avec des bras et des jambes, c'est la matière, gracieuse et terrible, animée, embellie par le mouvement » et il conclut : « ceux-là seuls peuvent me comprendre à qui la musique donne des idées de peinture ».[26] Dans le cas du chapitre cinq d'*A rebours*, la conclusion serait plutôt : « Ceux-là seuls peuvent me comprendre à qui la peinture donne des idées de danse » !

---

[26] Charles Baudelaire, *La Fanfarlo*, dans *Œuvres* (Paris 1975), i.573.

Les Bals costumés des Rougon-Macquart

Andrew McQueen, Tennessee State University

Résumé :

> Chez Zola, le Second Empire est un régime en quête de légitimité, hanté par le problème de ses origines. Les bals costumés dans *Les Rougon-Macquart* sont des monuments éphémères d'une origine impossible, où la nostalgie d'une nostalgie antérieure se donne libre jeu. Par le biais de l'aphasie, les bals de *La Curée* et de *Une Page d'amour* servent de relais dans la parodie de ce discours messianique qui avait accompagné l'avènement de Louis-Napoléon. L'aphasie n'a pourtant pas une valeur uniquement parodique dans *Les Rougon-Macquart* ; l'aphasie négatrice des bals annonce une aphasie génératrice, celle qui fonde une représentation mythique de l'origine du cycle lui-même.

Les paroles de Zola dans sa préface au premier roman des *Rougon-Macquart* sont demeurées célèbres :

> Je veux expliquer comment une famille, un petit groupe d'êtres, se comporte dans une société, en s'épanouissant pour donner naissance à dix, à vingt individus qui paraissent, au premier coup d'œil, profondément dissemblables, mais que l'analyse montre intimement liés les uns aux autres.

Et Zola de continuer en précisant la nature de cette famille qu'il projette :

> Physiologiquement, ils sont la lente succession des accidents nerveux et sanguins qui se déclarent dans une race, à la suite d'une première lésion organique [...] Historiquement, ils partent du peuple, ils s'irradient dans toute la société contemporaine, ils montent à toutes les situations [...] et ils racontent ainsi le second Empire à l'aide de leurs drames individuels, du guet-apens du coup d'Etat à la trahison de Sedan.[1]

---

[1] Emile Zola, *Les Rougon-Macquart : histoire naturelle et sociale d'une famille sous le Second Empire*, éd. Henri Mitterrand, 5 vols (Paris 1960-1967), i.3.

A ces deux objets (la famille et l'Empire dont elle serait le reflet) correspondent deux mythes d'origine. Nous n'aborderons pas ici le premier de ceux-ci, la mise en mythe des origines de la famille Rougon-Macquart, le déploiement dans le cycle d'une série de références à des intertextes de la Bible hébraïque qui par exemple associent la matriarche de la famille à Eve et à Abraham. Par contre nous examinerons en détail l'autre mythe d'origine, celui qui concerne la naissance du Second Empire. Or dans ce cas-ci, les références intertextuelles des *Rougon-Macquart* renvoient plutôt au Nouveau Testament de la Bible chrétienne. Et comme nous le verrons, le bal costumé, surtout celui raconté dans le roman *Une Page d'amour,* est un lieu privilégié de cette réécriture parodique des origines de l'Empire.

Tel que le texte le met en récit, le monde des Rougon-Macquart est fondé en large mesure sur le coup d'état de Napoléon III. Or le cycle de Zola ne raconte pas de façon explicite la prise du pouvoir de Louis-Napoléon. Le premier roman du cycle, *La Fortune des Rougon* n'est pas situé à Paris, mais à Plassans : c'est le coup d'Etat, version Plassans, qui figure chez Zola. Et si, selon Marx, le coup d'Etat de Louis-Napoléon en 1851 n'était que la répétition ridicule de celui de son oncle, dans *Les Rougon-Macquart* ce ridicule est outré par la parodie, car il s'agit de l'imitation d'une imitation. A Plassans, Pierre Rougon s'empare du pouvoir au nom de Louis-Napoléon.

L'un des aspects les plus caractéristiques du coup d'Etat de Louis-Napoléon était son recours, pour se légitimer, à un discours messianique traditionnel. Dans son livre *The Theory of social and economic organization,* Max Weber examine trois espèces de légitimité : celle qui est basée sur un argument rationnel, celle basée sur un argument traditionnel, et celle basée sur un argument charismatique.[2] Pour légitimer son renversement de la Constitution, Louis-Napoléon et son équipe ont surtout fait appel au charisme : le prince-président a été présenté comme sauveur de la France. En effet, la peur régnait chez les classes dirigeantes de la Seconde République. Comme Maurice Agulhon l'a bien dit : « Les bourgeois conservateurs restaient persuadés que la seconde République recommencerait la première ; les dénégations de 1848 n'avaient pas suffi à les

---

[2] Max Weber. *The Theory of social and economic organization*, traduit par A. M. Henderson et Talcott Parsons (New York 1947), p.328.

convaincre. »[3] Mais « la hantise la plus forte était moins celle de la terreur que celle de la jacquerie. Sous ce terme le bourgeois conservateur redoutait la violence populaire spontanée, parce qu'il attribuait à la 'populace' (aisément confondue avec le peuple) des instincts très facilement sanguinaires ». Louis-Napoléon et son équipe ont encouragé la peur. Cette politique se manifeste dans des pamphlets tels que *Le Spectre rouge de 1852,* dont l'auteur, Auguste Romieu, allait devenir administrateur sous l'Empire. Romieu y écrit :

> Les pauvres, dressés à l'envie, à la haine, à la soif du pillage, sont prêts à ravager, par leurs millions de bras, les châteaux, les appartements luxueux, à disperser, dans un long cri, tout ce qui leur paraît une insulte [...] Celui qui surgira dans la grande crise prochaine sera indigne de l'immense rôle dont Dieu l'aura pourvu, s'il laisse subsister un seul des éléments désorganisateurs sous l'action desquels nous vivons depuis notre enfance.[4]

Louis-Napoléon aurait été le messie qui devait surgir : toute une propagande a entouré son avènement. Ce que résume assez bien *The London Times* dans son numéro du 13 octobre 1852. En parlant du discours que le maire de Sèvres a adressé au prince-président lors de sa visite à cette ville, *The Times* dit :

> At this moment it is the whole of France electrified which salutes her saviour, the elect of God, by this new title, which clothes him with sovereign power, 'God wills it', is repeated with one voice – *vox populi, vox Dei.* It is the marriage of France with the envoy of God which is contracted in the face of the universe, under the auspices of all the constituted bodies, and of all the people.

Or, comme nous venons de l'indiquer, le coup d'Etat est absent des *Rougon-Macquart* : il y est représenté par une imitation, par une bataille ridicule livrée contre des rouges imaginaires à Plassans. Dans cette bataille, Pierre Rougon tient le rôle de Louis-Napoléon. A son égard, nous lisons « on acceptait le sauveur Rougon sans le discuter », et plus tard, « c'était vraiment un héros, un sauveur » (i.241, 289). En tant que messie, Rougon est associé au Christ par le biais des blessures que celui-ci avait reçues aux mains, celles que l'apôtre Thomas voulait voir. A Plassans, la blessure est déplacée ; elle prend la forme d'une fêlure dans une glace de l'hôtel de ville. La glace a été

---

[3] Maurice Agulhon, *1848 ou l'Apprentissage de la république* (Paris 1973), p.119.
[4] 3e édition (Paris 1851), p.47.

brisée par une balle ; sa fêlure est un monument, quoique éphémère, du sacrifice de Rougon pour la France. C'est la preuve de l'héroïsme de Rougon, c'est l'évidence qu'il a vraiment agi en sauveur, c'est sa réponse à ceux qui doutent (i.241) :

> Jusqu'à la nuit, il y eut une procession d'individus qui, sous mille prétextes, pénétrèrent dans le cabinet, dont Rougon laissait, d'ailleurs, la porte grande ouverte ; ils se plantaient devant la glace, dans laquelle la balle avait fait un trou rond, d'où partaient de larges cassures ; puis tous murmuraient la même phrase : 'Fichtre ! la balle avait une fière force !'.

Le miroir, ce monument éphémère, est un spectacle destiné à légitimer le coup d'Etat. Le déplacement du spectacle politique vers un petit hôtel de ville de province en assure le caractère parodique. A l'origine de l'Empire dont la famille Rougon-Macquart est la synecdoque, Pierre Rougon est plus petit encore que celui que Marx a surnommé Napoléon-le-Petit. Mais tout comme le souverain qu'il représente, Rougon porte le masque d'un messie.

Or, dans la tradition chrétienne, le messianisme s'associe évidemment au temps pascal. Il convenait donc que cette saison jouât un rôle important dans le calendrier du Second Empire : les semaines avant le carême, et ensuite la fête de la mi-carême, sont deux moments privilégiés où l'Empire, pour ainsi dire, s'est spectacularisé. Dans son livre *Spectacular politics : Louis-Napoleon Bonaparte and the fête impériale,1849-1870* (Oxford 1997), Matthew Truesdell explore l'importance du spectacle officiel dans la légitimation et le fonctionnement du Second Empire – les mariages, le baptême du prince, les expositions. A cette liste j'ajouterais le bal, et notamment les bals costumés qui avaient lieu juste avant le carême et à la mi-carême. Nombreux sont les témoignages de ces bals dans les écrits des contemporains. Et *Les Rougon-Macquart* transcrivent ce phénomène : en effet, les romans y font appel dans une complexe réécriture parodique d'un discours qui visait à légitimer les origines de l'Empire.

Il y a deux bals costumés dans *Les Rougon-Macquart*. Le premier a lieu dans *La Curée,* roman qui raconte la vie de la société parisienne de l'Empire à travers l'histoire du spéculateur Aristide Saccard. L'autre bal est décrit dans le roman *Une Page d'amour,* où il s'agit de l'adultère d'une veuve bourgeoise, Hélène Grandjean. Regardons d'abord *La Curée.*

Aristide Saccard vient à Paris peu après le coup d'Etat de Louis-Napoléon. Son frère Eugène lui trouve un poste à l'hôtel de ville, et c'est ainsi qu'Aristide tire profit de la reconstruction de Paris par Haussmann. Le bal costumé d'Aristide a lieu dans son hôtel près du parc Monceau ; c'est un bal de la mi-carême. Or, comme Corinne Saminadayar l'a remarqué, dans les récits de bal dans le roman du dix-neuvième siècle, il est assez peu question de la danse elle-même.[5] Le sixième chapitre de *La Curée* décrit, il est vrai, plusieurs danses, en particulier le cotillon dit « Les Points Noirs ». Mais il est surtout question dans ce chapitre d'autres éléments du bal : du souper par exemple, des tableaux vivants qui précèdent la danse, des costumes que portent les invitées.

La liste des travestissements portés à ce bal costumé est assez conforme aux listes de costumes fournies par la chronique mondaine du Second Empire. Au bal de Saccard il y a des marquises, des châtelaines, des laitières, des espagnoles, des bergères, des sultanes, et des costumes allégoriques : des pierres précieuses, par exemple. Ainsi conçu, le bal fait tout pour évoquer le faste de la cour du dix-huitième siècle : il reprend à la fois les costumes de cour de l'Ancien Régime et les costumes nostalgiques que l'on portait dans les bals costumés de l'époque. Parmi ces derniers figurent des costumes qui participent de trois espèces d'idéalisation : l'idéalisation de la vie campagnarde, de formations sociales antérieures, et d'une altérité exotique. Il y a nostalgie dans ce bal Saccard, et nostalgie de la nostalgie d'une autre époque. Nous nous retrouvons, en effet, face à une représentation de cette nostalgie institutionnalisée si caractéristique du Second Empire.

Le bal Second Empire fonctionne comme monument éphémère d'une autre société politique, d'une société fondée non sur une légitimation charismatique, mais plutôt sur une légitimité traditionnelle. En dansant chez Saccard, le monde parisien du roman s'inscrit dans la transcription fictive de ce contexte politique et social qui a produit par exemple le bal Louis XV chez le comte de Morny, les costumes Marie-Antoinette que portaient l'Impératrice Eugénie et tant de celles qui l'imitaient, et les jeux à St.-Cloud où le courtisan prenait un rôle dans l'imitation d'une cour *ancien régime*. Dans *Une Page d'amour,* le bal d'enfants costumé évoque la même tradition. Le costume principal est celui de Lucien Deberle, le fils de l'organisatrice

---

[5] Corinne Saminadayar, 'Miroir tragique, miroir comique : lire la danse', dans Alain Montandon (éd.), *Sociopoétique de la* danse (Paris 1998), p.316-17.

du bal. Comme plusieurs de ses invités, Lucien est habillé en marquis Louis XV. Parmi les autres costumes figurent des laitières, des Ecossais et une Japonaise, ainsi que des personnages tirés de la commedia dell'arte et de fables. Mais ici à la nostalgie institutionnalisée style Empire s'ajoute une nostalgie plus intime : les parents se plaisent à regarder ce qu'ils imaginent l'innocence de leurs enfants, ils se rappellent par le biais de ce spectacle une enfance idéalisée. En effet, comme le signale le *Trésor de la langue française,* on peut être nostalgique soit de ce qu'on a connu, soit de ce qu'on n'a jamais connu : de l'enfance, ou d'une légitimité traditionnelle qui effacerait le statut accidentel des élites officielles du Second Empire.

Et pourtant, si le pouvoir charismatique du prince-président était fondé sur la manipulation habile de signes, le bal costumé Second Empire qui y supplée est caractérisé chez Zola par l'aphasie. Le bal dans *La Curée* était précédé d'une série de tableaux vivants, *Les Amours du beau Narcisse et de la nymphe Echo,* créés par le préfet Hupel de la Noue. Hupel de la Noue n'avait pas de cesse de répéter que son intention était de renoncer à la tentation de la poésie pour choisir cette forme plus noble, car muette. En effet, quelle forme pourrait mieux représenter l'histoire d'Echo, cette nymphe qui perd le don de la parole pour devenir pure répétition, le monument éphémère des paroles de son interlocuteur ? Le bal chez Saccard, qui marque la fin de la liaison incestueuse entre Renée Saccard et son beau-fils Maxime, se solde d'ailleurs par la mise en valeur de cette aphasie mythique. Renée devient Echo. Découverte avec Maxime par Saccard, lâchée sur-le-champ par son beau-fils, Renée n'aura plus rien à dire. Elle sombrera dans le silence que symbolise le bruit absurde du bal. La perte de la parole caractérise l'acteur qui ne se distingue plus de son rôle : Renée ne joue plue le rôle d'Echo ; elle est Echo. Et devant cette confusion, la parole s'en va.

L'aphasie est également au cœur du bal costumé représenté dans le roman *Une Page d'amour* – mais ici, c'est une aphasie qui fait plus explicitement référence aux origines de l'Empire. En gros, on peut dire que ce roman est le récit de l'amour adultère de deux personnages, Hélène Grandjean et le médecin parisien Henri Deberle. L'intrigue est compliquée par la maladie, et par la jalousie maladive de Jeanne, la fille d'Hélène. A la fin du récit, après la mort de sa fille, Hélène retrouve son impassibilité de bonne bourgeoise, et elle se marie avec son ami, M. Rambaud. Mais au milieu du roman, un bal d'enfants est organisé par la femme du docteur Deberle, Juliette Deberle. Nous lisons : « Vers la fin du mois, Mme Deberle fut agitée d'un grand projet. Tout d'un coup, elle venait d'avoir l'idée de donner un bal d'enfants. La saison était déjà bien avancée, mais cette idée emplit tellement sa tête vide, qu'elle se lança aussitôt dans les préparatifs avec son activité turbulente » (ii.884). En effet, la saison est bien avancée... Car, d'ordinaire, les bals costumés d'enfants comme le bal dans *La Curée* avaient lieu à la mi-carême. Et Zola lui-même écrit, dans les dossiers préparatoires d'*Une Page d'amour* : « Une après-midi de Mi-Carême, rouge et or, avec quelques vols de nuage pourpre, volant lentement sur la ville. Fin de mars. Une ville rougeoyante ; le premier souffle de printemps » (f.436). Et pourtant, dans le roman tel que Zola le fait publier, Juliette Deberle ne commence à organiser son bal que vers la fin du mois d'avril ; le bal costumé d'enfants n'aura donc pas lieu avant le début du mois de mai.

Pourquoi situer un bal de la mi-carême au mois de mai ? Un tel décalage évoque l'un des intertextes clés de cet épisode, l'histoire de la Pentecôte qui raconte les origines de l'Eglise. La Pentecôte chrétienne est évidemment une fête d'origine juive : au temple de Jérusalem, cinquante jours après la Pâque (c'est-à-dire le 14 nisan) on célébrait la fête des prémices. Comme le raconte l'auteur des Actes des Apôtres :

> Quand le jour de la Pentecôte arriva, les Apôtres se trouvaient réunis tous ensemble. Tout à coup il y eut un bruit qui venait du ciel comme celui d'un violent coup de vent : la maison où ils se tenaient en fut toute remplie ; alors leur apparurent comme des langues de feu qui se partageaient et il s'en posa sur chacun d'eux. Ils furent tous remplis de l'Esprit Saint et se mirent à parler d'autres langues, comme l'Esprit leur donnait de s'exprimer (Actes des Apôtres, 2.1-4).

Dans l'Eglise primitive, « pentekostê » signifiait à la fois le jour même de la Pentecôte, et la période de cinquante jours qui s'étendait de la Pâque jusqu'au jour de la Pentecôte. Cette période était inaugurée, soit le dimanche de Pâques, soit le jour correspondant au 14 nisan, par un repas eucharistique. On avait jeûné pendant plusieurs heures, voire pendant plusieurs jours, avant la « pentekostê » ; l'arrivée de la fête de la « pentekostê » rompait le jeûne. Et la « pentekostê », ainsi inaugurée, était une période d'allégresse : les chrétiens primitifs fêtaient le retour à la vie du Seigneur, et la promesse eschatologique liée à cette défaite de la mort.

Tout comme les fêtes pascales qui se déplacent dans notre calendrier grégorien, le bal d'enfants dans *Une Page d'amour* a lui-même subi un déplacement. Ce déplacement prend un sens particulier si nous examinons la structure du bal tel que Juliette Deberle l'a configuré. Comme je viens de l'indiquer, dans l'Eglise primitive, le jour de Pâques était conçu comme un moment de passage. Dans son étude de cette fête, Odon Casel écrit : « Si l'on prend la Pâque dans son intime essence, elle est le passage du jeûne à la fête, par conséquent à proprement parler un seuil, le franchissement d'une frontière entre la mort et la vie ou, mieux encore, entre la vie présente et celle de l'éon à venir. »[6]

Or, dans *Une Page d'amour,* quand les enfants arrivent il s'asseyent devant un petit théâtre de marionnettes, et leurs mères les entourent, assises le long des murs du salon. Malgré leur énergie, les enfants attendent le début de la représentation : comme l'écrit Zola « tous les yeux étaient fixés sur le rideau rouge » qui cachait le théâtre. Puis on ouvre le rideau, et Polichinelle sort de la coulisse. Le texte précise : « C'était une de ces pièces effroyables, ou Polichinelle, après avoir rossé le Commissaire, tue le Gendarme et piétine avec une furieuse gaieté sur toutes les lois divines et humaines » (ii.894). L'œuvre de Polichinelle offrirait ici l'image carnavalesque de l'œuvre du Christ, dont le sacrifice, selon de la théologie de Saint Paul, a inauguré une nouvelle ère, celle de la foi ; la loi, si elle n'est pas annulée, est dépassée. Après que Polinichelle a achevé son œuvre de destruction, un magicien arrive – justement pour effectuer des transformations. Les enfants s'ennuient. Puis, après cette veillée, le moment capital arrive (ii.896) :

> Mais le rideau rouge s'était écarté de nouveau, et un spectacle magique avait mis debout tous les enfants. Sous la vive clarté de la lampe centrale et de deux candélabres à dix branches, la salle à manger s'étendait, avec sa longue table, servie et parée comme pour un grand dîner…. C'étaient des gâteaux montés, des pyramides de fruits glacés, des empilements de sandwiches, et, plus bas, toute une symétrie de nombreuses assiettes pleines de sucreries et de pâtisseries.

Les enfants, d'abord intimidés par ce spectacle gastronome, finissent par dévorer le repas. Ensuite, il y a un débordement de gaieté général : on crie, on saute, on danse.

---

[6] *La Fête de Pâques dans l'église des Pères* (Paris 1963), p.89-90.

Donc, le texte ne donne pas une fausse date. Ce bal n'est pas un bal de la mi-carême, quoiqu'il en ait les apparences. C'est un bal de la Pentecostê. Le repas féerique en est le pivot : après que l'ère de la loi a été dépassée sinon annulée, on prend un repas mystique, on fête le passage à une nouvelle ère. Et la joie déborde.

On le sait, l'effusion de l'Esprit a marqué les Apôtres le jour de la Pentecôte. Leurs paroles sont devenues étranges. Luc nous dit :

> Or, à Jérusalem, résidaient des juifs pieux, venus de toutes les nations qui sont sous le ciel. A la rumeur qui se répandit la foule se rassembla et se trouvait en plein désarroi, car chacun entendait sa propre langue […] Ils étaient tous déconcertés, et dans leur perplexité ils se disaient les uns aux autres : « Qu'est-ce que cela veut dire ? ». D'autres s'esclaffaient : « Ils sont pleins de vin doux » (Actes des Apôtres : 2. 5-6, 12-13).

L'équivalent chez Zola de cette glossolalie des Apôtres, c'est l'aphasie, la perte progressive de la parole, le retour à la prime enfance. La distinction entre spectateur et spectacle, entre adulte et enfant, s'efface. Justement, à force de regarder le spectacle du bal d'enfants, Henri et Hélène parlent de moins en moins bien. Ils perdent le don de la parole et commencent à se répéter des bribes de phrases dépourvues de sens. Ils balbutient. Dans cette aphasie, l'axe de la sélection et l'axe de la combinaison sont tous les deux troublés. Zola écrit même une très belle phrase à ce sujet : « Et, pendant que [Hélène] buvait, [Henri] s'approcha d'elle, les lèvres gonflées et frémissantes de l'aveu qui montait de son cœur » (ii.899). Avec ces pauvres lèvres gonflées, gonflées comme les enfants qui viennent de bouffer, Henri n'arrive pas à articuler les consonnes nécessaires pour communiquer son désir à Hélène. Finalement, il parvient à répéter tout bêtement – « Je vous aime ! oh ! je vous aime !... Je vous aime, oh ! je vous aime !... Je vous aime... je vous aime » (ii.901). Il devient Echo, pris dans une répétition automatique. Et Hélène de se sauver, interdite par ces balbutiements d'apôtre ivre.

Le bal costumé d'*Une Page d'amour,* en reprenant la thématique de l'aphasie déjà évoquée dans *La Curée,* tourne en dérision le mythe messianique qui a fondé la légitimité des origines de l'Empire, et que *La Fortune des Rougon* a déjà ridiculisé. L'avènement du sauveur se solde par la disparition du Logos. Le bal costumé est un lieu privilégié de cette réécriture du mythe dans la mesure où il met en scène une nostalgie institutionnalisée caractéristique du Second Empire – la nostalgie d'une autre forme de légitimité. Le charismatique est devenu l'aphasique.

Mais l'aphasie n'a pas uniquement une valeur parodique dans les *Rougon-Macquart :* parler de l'aphasie négatrice des bals costumés, c'est en même temps évoquer l'aphasie génératrice du texte, celle qui fonde une représentation mythique de l'origine de l'énonciation du cycle. Le dernier roman du cycle, *Le Docteur Pascal,* a pour personnage principal l'archiviste de la famille. Pascal Rougon garde dans sa salle de travail, classées paratactiquement, des milliers de fiches sur les différents membres des Rougon-Macquart. Il a à peu près renoncé à la médecine, surtout après la grosse déception que son prénom évoque en creux. En effet, le texte le présente comme un messie gnostique raté, un savant qui, croyant sauver les malades auxquels il donnent des injections, croyant avoir trouvé une panacée universelle, finit par reconnaître la nullité de sa vocation messianique.

Mais en réalité le destin du docteur Pascal est scripturaire, et non pas médical. La fin de sa vie est marquée par une aphasie porteuse. Pascal perd progressivement la parole, et son grand témoignage, les fiches sur la famille, disparaît lui aussi. La mère de Pascal, soucieuse de supprimer l'histoire scandaleuse de sa famille, et d'ailleurs sur le point d'ériger un monument aux Rougon, fait brûler les fiches. Le premier échec de Pascal semblerait se répéter. Et pourtant : à la fin du cycle apparaît une nouvelle figure mythique, l'enfant posthume de Pascal, l'enfant anonyme qui signale la résurrection du docteur. Le cycle a en effet préparé ce moment grâce à une thématisation récurrente du Logos. Et maintenant, les fiches deviennent parole. Pascal meurt, Pascal renaît en son fils, mais il renaît en tant que récit. Une crise d'aphasie à la fin du cycle prépare la représentation mythique de l'origine du récit lui-même. Il ne s'agit plus d'une répétition vicieuse, comme celle du monument éphémère qu'est le bal Second Empire dans les Rougon-Macquart, mais plutôt d'une répétition bien-portante. Ou plutôt d'une transformation. Pascal ressuscité n'est pas Echo. Les fiches deviennent récit. Le bal costumé dans les *Rougon-Macquart,* en thématisant l'aphasie et en la rapprochant du problème de la légitimité du Second Empire, a contribué à préparer cette ultime référence pascale.

La Ballerine illettrée :
Transformations of the feminine in Mallarmé's dance writings

Hélène Stafford, University of Aston

Abstract :

Stéphane Mallarmé's texts on dance criticism occupy a prominent place in dance literature. They have also been of major interest to the Mallarmé specialists who have seen in them the key to a greater understanding of the whole of his work. In this article I determine how his dance writings can be interpreted in the context of the whole of the *œuvre*, including for example the women's magazine he wrote and produced, *La Dernière Mode*. I establish to what extent the female presence in Mallarmé's poetry tends towards metaphors, women's bodies absent or negated by the gaze of the poet. As the poet responds to the stimulus of the dance, he divests the female dancer of her womanly characteristics, recasting her in his own imagination both as feminine principle and incarnation of 'l'Idée', and also as mythical being, 'au-delà de toute vie possible', a composite of other female characters inhabiting his *œuvre*, constantly poised between presence and absence, stillness and movement, a locus for a precarious balance which is endlessly re-enacted in his own writing practice.

The following quotation from Stéphane Mallarmé's writings on dance raises a number of crucial questions relating to aesthetics, to dance in particular, and to his own relationship with and understanding of the Terpsichorean art and of art in general :

> A déduire le point philosophique auquel est située l'impersonnalité de la danseuse, entre sa féminine apparence et un objet mimé, pour quel hymen : elle le pique d'une sûre pointe, le pose ; puis déroule notre conviction en le chiffre de pirouettes prolongé vers un autre motif, attendu que tout, dans l'évolution par où elle illustre le sens de nos extases et triomphes entonnés à l'orchestre, est, comme le veut l'art même, au théâtre, *fictif ou momentané* (OC p.296).[1]

---

[1] All quotations from Mallarmé are taken from the Pléiade edition of the *Œuvres complètes*, ed. Henri Mondor and G. Jean-Aubry (Paris 1945), henceforth abbreviated to '(OC page)'.

Is dance about dancers ? About the dance as performance and event, '*fictif ou momentané*' ? Or about the meaning for the spectator of his own rapture as he follows the precise and ordered dance pattern of the female dancer, shedding as she performs her gender characteristics ? Scandalously difficult and involved, oscillating between a study of philosophical concepts and an analysis of poetic writing practice, Mallarmé elaborates in rhythmic prose memorable statements on the status of dance, music, theatre and art. Against the rich and substantial history of dance commentary, the legacy of his notably short comments on specific performances and performers have proved surprisingly enduring. It is striking to note that a large number of contemporary aesthetic approaches and modern theories of dance quote Mallarmé as seminal in the history of dance writing and dance criticism. Not only does he mark the beginning of modern poetry in France and Europe, but with Théophile Gautier he also opens a new avenue in nineteenth-century dance literature, one which will be subsequently exploited by Paul Valéry, and which has stimulated a prolific production of twentieth-century literature in the form of numerous dialogues, exchanges on and exegeses of the poet's writings on dance.

A number of critics and Mallarmists have suggested reasons for the lasting and prominent place that Mallarmé as poet thinker has been given in the world of dance literature. I am not going to analyse here why he has so captivated the collective imagination of the dance establishment that no historical or theoretical perspective fails to pay homage to the writer. Yet it is interesting to note that his actual output specifically on the topic of dance criticism was modest, a few pages here and there in *Divagations*.[2] His approach has none of the focus of the dancer turned critic, able to display wide understanding and incisive criticism of the physical feats performed by the dancers and of their artistic and interpretative qualities. Neither is he able to enter into specific discussion of the technical accomplishment of the dancers, nor does he accurately describe the steps, poses and their *enchaînements*. He is therefore a theorist rather than critic, a spectator and admirer of dance but a spectator vitally interested in the philosophical and aesthetic issues which confront the artist, be he musician, painter or dancer. He watches the dance with the eyes and the linguistic sensitivity of a poet reworking into his poetry and prose the magic of the performance.

Mallarmé continues to offer a theoretical paradigm to many dance critics and philosophers of art who discuss the question : 'what is dance ?'. In his attempt to formulate an answer, it is with all the linguistic and conceptual complexity and difficulty for which he is renowned that he responds in poetic prose to the stimulus of dance performance, to the self-conscious display of artistic movement, and to the enchantment of an art which is to him both

---

[2] Mallarmé, *Divagations* (Paris 1897).

alien and familiar, a language and the negation of language, an affirmation of the lived in body and its denial. The complexity of his response is partly responsible for the enduring appeal of his dance writings, inexhaustibly rich and open to multiple interpretations. Indeed their very complexity has enabled Mallarmé critics to see them as a key or method to reading his *oeuvre*.

But this special status given to Mallarmé's dance writing as cipher, as a grid towards an understanding of the whole of his production is problematic in its failure to question the degree to which the dance writings express a clear and ongoing aesthetic vision, and the place the writings have within the whole *œuvre*. Therefore isolating them in order to decode the poetic and prose works might obscure a number of intriguing paradoxes and knots, and the opposite procedure might well prove equally fertile. In this article, I propose, in the context of the whole of the *œuvre*, including for example the women's magazine he wrote and produced independently and unaided, *La Dernière Mode* (September to December 1874),[3] to determine how the dance writings can themselves be deciphered. In particular, Mallarmé's attitude to the female dancer, and his negation of the dancer as a woman, can be productively examined in the light of his relationship to the feminine. I intend to establish to what extent the female presences in Mallarmé's poetry tend towards the characteristics of the female dancer, metaphors rather than women, their bodies absent, or negated by the gaze of the poet. Does the feminine principle, often seen by Jungians as the origin of dance[4] have a function in the poet's dance writings, other than that identified by Kristéva in Mallarméan writing practice as a subversive undermining of the Law of the Father by a self-conscious stretching and challenging of syntactic laws ?

In *La Dernière Mode*, a fashion magazine addressed exclusively to women, Mallarmé as sole writer, producer and editor responds to his own dream of the feminine. His female readership is a construct, created by the

---

[3] Mallarmé's ambition to produce a fashion magazine dates from April 1872 when he mentions the idea to Heredia. The complete title of the journal is *La Dernière Mode, gazette du monde et de la famille*. In all, he produced eight bi-monthly issues between 6th September and 20th December 1874 (see OC p.1625). Each issue included fashion plates, extensive and elaborate descriptions of *toilettes* for every occasion and season, recipes, an education page, (fictitious) readers' letters and the editor's responses, literary contributions, book and theatre reviews, advertisements, advice on interior decoration and gardening, all written and produced by Mallarmé himself.

[4] See David Michael Levin, 'Philosophers and the dance', in *What is Dance ?*, ed. Roger Copeland and Marshal Cohen (Oxford 1983), in which he comments that the origin of dance lies in the female principle (or in Jungian terms, the *anima*), but that in a Western patriarchal society it is necessarily organised around male dominance. (p.86).

imagination of the poet turned fashion writer, one that is both dominated by a fascination of the feminine, and governed by a patriarchal set of prejudices and misogynistic impulses. In order to render the female acceptable to himself, Mallarmé concentrates not on the body but on its attire. He creates and shapes woman, as mythical being, from the materials with which he clothes her. She literally is what she wears, rising from the flowing and complex folds of her garments and the equally complex detours of the sinuous Mallarméan sentence as an archetype of the feminine :

> Somme toute, jamais ne régnèrent plus superbement les tissus opulents et même lourds, le velours et presque les brocarts d'argent ou d'or, non moins que, léger, moelleux, clair, le nouveau cachemire qui se porte le soir ; mais parmi cette enveloppe, somptueuse ou simple, plus qu'à aucune époque va transparaître la Femme, visible, dessinée, elle-même, avec la grâce entière de son contour ou les principales lignes de sa personne (alors que, par derrière, la magnificence vaste de la traîne attire tous les plis et l'ampleur massive de l'étoffe) (OC p.833).

Notions of grace, contours and lines are assimilated to this demi-goddess, adorable not because of any inherent characteristic but because of her adornment. The female body is adorned in order to make it adorable, concealed in order to reveal a new and divine form. In Mallarmé's description of a ball gown, woman as dancer is not defined by her moving body but by her apparel, visible yet insubstantial in the cloud formed by her dress :

> La tradition, à laquelle plus ou moins obéissent toutes les Toilettes de Bal, je la définis : rendre légère, vaporeuse, aérienne pour cette façon supérieure de marcher qui s'appelle danser, la divinité apparue en leur nuage (OC p.797).

Woman is first and foremost a fashion plate, to be created, shaped, played with and gazed upon, immobilized and displayed by the objectivising and divinising eye and pen of the male poet. Artful concealment is here the principle of transformation, as it will also be in Mallarmé's descriptions of la Loïe Fuller, the American dancer who took Paris by storm in the 1890s. She was famous for her use of costume, silk materials, and play of light and space. The reflection of coloured lights on metres of flowing and billowing shiny material created the illusion of transformation, not into a mythical but explicit feminine as in *La Dernière Mode*, but into objects associated to feminine symbolism :

> Au bain terrible des étoffes se pâme, radieuse, froide la figurante qui illustre maint thème giratoire où tend une trame loin épanouie, pétale et papillon géants, déferlement, tout d'ordre net et élémentaire (OC p.308).

Here the status of the female dancer is reduced to that of 'figurante', a purely decorative and secondary role as costume and moving material are given the principal one, superseding and annihilating in their awesome effects the image of the female body, transforming it into giant symbols of femininity which could be interpreted as participating from a Jungian feminine principle. And yet later on in the same article, 'Autre étude de danse - Les fonds dans le ballet', the writer effects a reversal in his interpretation, acknowledging not only the woman behind the illusion, but also the spiritual nature of the illusion itself :

> Qu'une femme associe l'envolée de vêtements à la danse puissante ou vaste au point de les soutenir, à l'infini, comme son expansion –
>
> La leçon tient en cet effet spirituel – (OC p.308)

In the first lecture of *Problems of Art*,[5] Langer attempts to provide a definition of the dance : 'The dance is an appearance, if you like, an apparition. It springs from what dancers do, yet it is something else'.[6] Mallarmé was at once more specific, describing one particular dancer in a specific context, and more vague in his 'effet spirituel'. But he would have recognised in 'la danse puissante et vaste' Langer's definition of dance as an 'apparition of interactive powers', of a dynamic image produced by a woman through the medium of shimmering material, used as a transforming agent. In his commentary on Georges Rodenbach's article 'Danseuses', which appeared in *Le Figaro* on 5th May 1896, he returns to a discussion of costume and materials :

> Une armature, qui n'est d'aucune femme en particulier, d'où instable, à travers le voile de généralité, attire sur tel fragment révélé de la forme et y boit l'éclair qui le divinise ; ou exhale, de retour, par l'ondulation des tissus, flottante, palpitante, éparse cette extase. Oui, le suspens de la Danse, crainte contradictoire ou souhait de voir trop et pas assez, exige un prolongement transparent (OC p.311).

Woman is depersonalised, destabilised and fragmented by the gaze of the poet spectator, whose 'extase' is conditioned by the undulations of the material; what exactly is he fearful or hopeful of seeing ? Is he as

---

[5] Entitled 'The Dynamic image: Some philosophical reflections on dance' (see footnote 4; also published in the *Dance observer* in July 1956).

[6] *Problems of Art* (London 1957), p.5.

in *La Dernière Mode*, 'un érotique rêveur qui joue avec des déshabillés, des voiles soyeux et des convoitises […]', in Henri Mondor's words ?[7] Or is the *extase* dependent on his ability to mentally abolish the female body of the dancer, to fragment it and artificially recreate a new and divine shape by the 'prolongement transparent' ? As with the writer/impersonator of *La Dernière Mode*, the spectator of the dance and the dancer is caught in a contradictory psychic position : on the one hand, his attraction to the feminine is equally apparent in the dance writings and in the fashion writings, yet it is not woman who is the centre of attention. In *La Dernière Mode*, she disappears under layers of descriptive prose, whilst in the dance writings she ceases to exist as woman. The sentence most often quoted is one of Mallarmé's most memorable legacies to the field of dance literature and aesthetics : 'A savoir que la danseuse *n'est pas une femme qui danse*, pour ces motifs juxtaposés qu'elle *n'est pas une femme*'(OC p.304). The transformation here is one that necessarily both reduces and universalizes, simplifies and complicates, moves away from the feminine whilst at the same time invoking it at a different level. She becomes metaphor, 'résumant un des aspects élémentaires de notre forme, glaive, coupe, fleur, etc.' (OC p.304). Beyond the transformation of the costume which blurs and effaces her womanly shape, reducing her to 'un des aspects élémentaires de notre forme', the dancer becomes a symbol of the synthesis of the material world and of art. The emblematic objects listed, 'quand s'isole pour le regard un signe de l'éparse beauté générale, fleur, onde, nuée et bijou, etc., (OC p.295) acquire meaning for the spectator by a process of analogy :

> En juxtaposer l'aspect à notre nudité spirituelle afin qu'elle le sente analogue et se l'adapte dans quelque confusion exquise d'elle avec cette forme envolée – rien qu'au travers du rite, là, énoncé de l'Idée, est-ce que ne paraît pas la danseuse à demi l'élément en cause, à demi humanité apte à s'y confondre, dans la flottaison de la rêverie ? (OC p.295-6)

The condition for the spectator, in order to achieve fusion between one of the 'aspect élémentaire de notre forme' and the female dancer is one of rêverie and awareness of spiritual nakedness, a tantalising spiritual confusion between material and symbolic, between reality

---

[7] Henri Mondor, *Vie de Mallarmé*, (Paris 1941), pp.359-60.

and dream. The meaning of the dance hovers in an in-between space invested by the spectator with ideal qualities. Materiality and corporeality become, by a process akin to alchemy, transmuted into disembodied image, leaving only the illusion of the tangibility of this image. But the materiality of the objects named as symbols, and their obvious female connotations invest the dance with a potent underlying femininity, regardless of the disappearance of the female dancing body, the 'forme envolée'. As flower or vessel, as jewel or water, she is an aspect of *anima*, her half-human characteristics further feminised by the objects to which she is assimilated. 'L'impersonnalité de la danseuse, entre sa féminine apparence et un objet mimé', is the necessary condition for the *anima* to become potent as underlying principle of the dance. The Aristotelian mimetic function has been displaced by the analogical function, and the mind of the spectator is now the locus of a process of willed and exquisite confusion in the midst of favourable rêverie in the Bachelardian sense.

The very real women dancers that Mallarmé writes about, La Cornalba, La Laus, Mademoiselle Mauri, La Loïe Fuller,[8] are invested with the mythical and fictional qualities of his female characters. Many of them in turn possess the 'à demi-humaine' quality of the ballerinas, the 'fée' of 'Apparition', the nymphs in 'L'Après-midi d'un faune', the mermaids and nixes and princesses who appear in later poems. They are representations of the mysterious aspects of the feminine, removed by their dream status from the ballerinas of the 1890s, yet conjoined in Mallarmé's poetic writing in sisterly proximity. The most notable of them, Hérodiade, traditionally a dancer as the historically named Salomé, represents in the poem the almost static figure of the non-dancer. Under her usual name of Salomé, she has stimulated much artistic activity as the embodiment of the evil and lascivious dancer, the dangerous female predator

---

[8] Mallarmé saw La Cornalba in Gondinet's ballet *Viviane*, in which she danced the part of the eponymous fairy. Queen Geneviève, wife of King Arthur, was danced by La Laus. The ballet was performed for the first time at the Eden-Théâtre in October 1886. Mademoiselle Mauri had one of the principal roles in the ballet *Les Deux Pigeons*, inspired by La Fontaine's fable. Henri de Régnier was one of the librettists, the music written by André Messager, the ballet performed for the first time at the Théâtre national de l'Opéra in October 1886. Loïe Fuller performed for the first time in Paris at the Folies-Bergères in November 1892. She became known as 'La Fée Lumière' by her adoring fans, thanks to her innovative use of material and coloured lights.

whose dance means both desire and death, *Eros* and *Thanatos*. As Mallarmé's Hérodiade, she is fixed in a permanent and isolating stasis, trapped in narcissistic specularity, revealing in her non-dancing her unexpressed desires. Frozen in waiting, 'j'attends une chose inconnue' (OC p.48), she is haunted by glimpses of her dancing destiny yet incapable of actualising the bodily display of desire. The dance is therefore displaced onto the Baptist in the 'Cantique de Saint Jean' (OC p.49) in a new and startling form as sun and decapitated head enter into inverse parabolas and perform a gruesome ballet. Anna Balakian writes : 'the legendary dance of Hérodiade is here transformed into a gradual fixation into immobility ; as eyes become jewels, and darkness is willed to be a permanent atmospheric condition, she awaits metamorphosis'.[9] Yet the ingredients of dance and of the female dancer are present in the poem, not as fully realised gestural dance, but at the level of rhythm, tension and precarious balance. There are no balletic 'envols', no aerial performances, but the fetichistic gaze of the poet isolates Hérodiade's feet and her hair as symbolic of her femininity and of her as yet unfulfilled destiny as a dancer. Mallarmé's avowed project in his letter to his friend Cazalis in October 1864 was a 'poétique nouvelle', 'peindre non la chose mais l'effet qu'elle produit', and it is therefore in the very fabric of the poem that the oscillations and micro-movements symptomatic of the unrealised dance are enacted. Hérodiade walks, with her 'pieds qui calmeraient la mer' (OC p.44), she wanders, 'elle erre', she invests the space she inhabits with relentless and haunting movement. The rhythm of verse and rhyme structures her wanderings, bringing together tensions and repressed violence in measured sequences. Joan Dexter Blackmer provides a useful definition of dance as 'the development of the ability to continually readjust the tension connecting a hundred polarities in order to move harmoniously'.[10] This could apply equally to Hérodiade as written poem enacting the dance and to Hérodiade as character in the poem as she awaits the ever-delayed moment of the dance whilst continuously and embryonically rehearsing it. She is both the negation of the long list of expressly female and sensuously corporeal dancing Salomés, and the embodiment of the origin of dance, gaining her apparent stillness

---

[9] Balakian, 'Hérodiade and virtual reality', in *Mallarmé in the twentieth century*, ed. Robert Greer Cohn (London 1998), p.138.

[10] Blackmer, *Acrobats of the gods: Dance and transformation* (Toronto 1989), p.68.

'from strenuous activity of balanced energies'.[11] In the 'irréalisation chorégraphique de son crime',[12] she simply is expressing, as a tormented adolescent on the threshold of mysterious and frightening womanhood, in the restlessness of her bodily movements, in a precarious balance, always on the point of destabilisation yet never dissolving into chaotic and uncontrolled animation, the tensions that inhabit all dances and all dancers. Paradoxically, it is the real dancers (in the sense of historic and documented reality), the Cornalbas and the Fullers, who are not, 'jamais qu'emblême point quelqu'un…' (OC p.304), and it is the mythical and narcissistic princess who takes on the female characteristics and bodily presence absent from Mallarmé's ballerinas.

All dance tends towards immobility, as all music tends to silence, and the poem towards the blank space. The relationship between stability and instability, between balance and imbalance, between movement and immobility are central concerns for the writer and for the dancer. Valéry's dancer in *L'Ame et la danse* attains greatest perfection in her movements when she gives the impression of immobility, of perfect balance : 'Je contemple cette femme qui marche et qui me donne le sentiment de l'immobile'.[13] Mallarmé's Hérodiade, and the woman saint in 'Sainte' for instance, are the contrasting female figures to the ballerinas of 'Crayonné au théâtre'. Hérodiade has the stillness of violently repressed emotions, whereas Sainte has the immobility of resolution. In contrast to the ballerinas, she simply is ; 'A la fenêtre recelant/ […] Est la Sainte pâle' (OC p.53), bringing the movement of 'ruisselant' and of 'vol' into perfect equilibrium :

> A ce vitrage d'ostensoir
> Que frôle une harpe par l'Ange
> Formée avec son vol du soir
> Pour la délicate phalange
>
> Du doigt que, sans le vieux santal
> Ni le vieux livre, elle balance
> Sur le plumage instrumental,
> Musicienne du silence.

---

[11] Blackmer, *Acrobats of the gods*, p.68.

[12] Jean-Pierre Richard, *L'Univers imaginaire de Mallarmé*, p.428, quoted in *Ecrire la danse*, ed. Alain Montandon (Clermont-Ferrand 1999), p.20.

[13] In *Eupalinos*, (Paris 1944), p.148.

As for the ballet dancer, for whom achieving balance is the main aim, the saint's presence is entirely tied to her perpetually fixed and perfect movement. As the light changes and moves with the course of the sun she remains still at the centre of the stained glass window, poised, displaying as in a performance an image of herself as a feminine, mysterious presence in constant movement yet in constant immobility, forever playing silent melodies. 'Elle reposerait, immobile au centre même du mouvement. Isolée, isolée, pareille à l'axe du monde...'.[14]

Mobility is the characteristic of the female body in 'Billet à Whistler' (OC p.65). As a dancer, she is identified first of all as 'tourbillon de mousseline', mixing both costume and dance figure, and replicating the wild gyrating movement of the initial 'rafales' in the first strophe. But it is also characterized by its opposite, the immobility at the centre of the 'tourbillon', where the interplay of forces gathers such violent impetus that it reaches a tense and precarious stillness. In L'Ame et la danse, Valéry's platonic dialogue ends on the dancer's own commentary of her experience of 'tourbillon' : 'Asile, asile, ô notre asile, ô Tourbillon ! – J'étais en toi, ô mouvement, en dehors de toutes les choses...'.[15] The sudden 'apparition' of the female dancer as a woman is eclipsed by the whirlwind movement of her clothes, symbolising the moment of the dance, the gesture, intangible, gone in a second, only her costume keeping the lingering memory in its foaming layers of the rapid twists and turns of the female body. Foam is endlessly changeable, endlessly dissolvable, trace rather than object, shapeless and weightless. The image of foam is a recurrent one in the Mallarméan imaginaire, in 'Salut', in 'Brise marine' but also in the dance texts, where the danseuse is the 'mouvante écume suprême' in the 'lavage à grande eau musical du Temple', or on la Loïe Fuller, 'morte de l'effort à condenser hors d'une libération presque d'elle des sursautements attardés décoratifs de cieux, de mer, de soirs, de parfum et d'écume' (OC p.309). The images of dissolution and of unsubstantial, multiform matter, foam as the natural equivalent of mousseline, or as a light and airy composite medium, the result of the fusion of two elements, reveal the difficulty the poet encounters in attempting to fix in words the impossibly quick dance movement. Her knee is the only part of her body mentioned, as the agent of movement, 'Que soulève par son

---

[14] In Eupalinos, p.177.
[15] In Eupalinos , p.179.

genou'. The female dancer has become movement itself, a force of nature associated with wind and lightning ('foudroyer avec le tutu'), but also attaining at supreme immobility, as in the eye of the storm, the perfect balance of tensions held together in a taut and dangerous play of forces. As dancer, and as the embodiment of art, she has the power to transform time and space, to fuse elemental and artistic principles :

> Voyez-vous…Elle tourne…Un corps, par sa simple force, et par son acte, est assez puissant pour altérer plus profondément la nature des choses que jamais l'esprit dans ses spéculations et dans ses songes n'y parvient ![16]

Although this is a playful poem, light as foam, it nevertheless addresses crucial questions on the nature of art, the relationship between the ordinary and art, on dance as embodiment of the feminine and of the relationship between spectator and female dancer.

The written text is the locus where the female body under the transforming gaze and pen of the poet, is fragmented, dissolved, negated, exorcised by the power of art both as dance and as written word, in order to be recreated at one level as feminine symbol. As a basic aesthetic utopia, the dancing female body is invested with powerful and paradoxical qualities. In classical ballet, it is the illusion of weightlessness, the anti-gravitational imperative that directs the choreography. Flying, winged and birdlike movements, vertical and extended lines en pointes contribute to the illusion of immateriality. This is the point where language fails, where the dance now has to write itself with a different vocabulary and a new system of signs and hieroglyphics, where the limits of language force the poet into acknowledging the failure of his own art to account for the transformations and metamorphoses of another form of art :

> Certaines formules désignant ce qui dans la danse ne peut accéder à la représentation reviennent constamment, telles : l'incomparable, l'inexplicable, le mystère, le miracle. Et c'est un moment très particulier de la danse qui dans l'inventaire des topoi de l'indicible prend la place rhétorique : à savoir celui de « l'élévation »'.[17]

---

[16] In *Eupalinos* , p.176.
[17] Gabriella Brandstetter, 'Le Topos de l'irreprésentabilité dans la littérature vers 1900', in *Ecrire la danse*, ed. Montandon, p. 219.

The dancing body effaces itself with each movement, dancing towards its own negation, and it is the gaze of the spectator that acts as meaningful connection between movements in a constant state of disappearing. From material symbol, flower, water, butterfly, the female dancer, having lost her personal identity, now also loses her symbolic feminine identity, to become a metaphor or the expression of 'idée', the ultimate metamorphosis of the body changed by the power of the dance as an art both creating a form of writing ('écriture corporelle') and having to renounce the scriptural ('poëme dégagé de tout appareil de scribe') in order to fulfil, through the medium of the body of the 'ballerine illettrée' the supreme transformation into 'l'incorporation visuelle de l'idée'. The gaze of the poet is both immobilizing, as in the descriptions of women in *La Dernière Mode*, and investing the female body with dynamic and spiritual properties, as in the descriptions of ballerinas. But the dynamic image can only proceed from initial ocular and imaginative fragmentation (the knee of the dancer in 'Le Billet', for instance, the feet of the ballerina), or from a complete annihilation of its femaleness :

> A coup sûr on opérera en pleine rêverie, mais adéquate : vaporeuse, nette et ample, ou restreinte, telle seulement que l'enferme en ses circuits ou la transporte par une fugue la ballerine illettrée se livrant aux jeux de sa profession […] Oui, celle-là […] pour peu que tu déposes avec soumission à ses pieds d'inconsciente révélatrice […] la fleur d'abord *de ton poétique instinct*, n'attendant rien autre la mise en évidence et sous le vrai jour des mille imaginations latentes : alors, par un commerce dont paraît son sourire verser le secret, sans tarder elle te livre à travers le voile dernier qui toujours reste, la nudité de tes concepts et silencieusement écrira ta vision à la façon d'un Signe, qu'elle est (OC p.307).

The context of rêverie is a constant and necessary condition for the poet spectator, one that applies equally to non-dancing women and to non-dancing dancers. In the first case, Mallarmé says of *La Dernière Mode* that 'les huit ou dix numéros parus servent encore, quand je les dévêts de leur poussière, à me faire longtemps rêver' (OC p.664), and in the second, Hérodiade is the woman who appears fleetingly and yet is the central, tantalising and barely glimpsed presence in 'Le Nénuphar Blanc' as she walks past the day-dreaming poet. The transforming agent is the space of the spectator's imagination as he allows his 'poétique instinct' to dictate a new vision of the dance, written by the illiterate ballerina not with letters but, unconsciously, with her feet, 'un jeu de chaussons de satin pâle vertigineux', sending imaginary roses, 'les roses qu'enlève et jette en la visibilité de régions supérieures un jeu de chaussons' with her 'pointes, et taquetés, allongés ou ballons'. As a silent sign, she is both transformed and transforms, medium, agent, created and creating, 'à travers le voile qui toujours reste', without alphabet, the naked idea, the 'Gloire du long désir, Idées' (OC p.56), of 'Prose'.

What then has happened to woman in the dance writings ? Has she danced herself into extinction, claimed for herself new, universal status and symbolism, undergone a spiritual metamorphosis or written herself into an impersonal, 'in-individuel' abstract sign, as in the constellation of the 'Coup de dés' ? Has the power of rhythm, a central principle in dance and poetry, so possessed the female dancing body that it disappears in its own movements, in the 'tourbillon de mousseline' ? Quoting Rodenbach, Mallarmé links the magic of costume and material with the dissolving and occulting power of rhythm : 'le soin propre aux ballerines depuis les temps "de compliquer de toutes sortes d'atours vaporeux l'ensorcellement des danses, *où leur corps n'apparaît que comme le rythme d'où tout dépend mais qui le cache*"'(OC p.311). Dance and rhythm are now fused into a visual form of 'Idée', ultimate transformation of the feminine into universal principle :

> La Danse figure le caprice à l'essor rythmique – voici avec leur nombre, les quelques équations sommaires de toute fantaisie – or la forme humaine dans sa plus excessive mobilité, ou vrai développement, ne les peut transgresser, en tant, je le sais, qu'incorporation visuelle de l'idée (OC p.306).

But in order for the transformation to take place, the spectator must himself become impersonal, an 'impersonnel ou fulgurant regard absolu, comme l'éclair qui enveloppe, depuis quelques ans, la danseuse d'Edens, fondant une crudité électrique à des blancheurs extra-charnelles de fards, et en fait bien l'être prestigieux reculé au-delà de toute vie possible' (OC p.306-7). In this mythical being both created and symbolised by the danseuse, all of Mallarmé's female characters find their true dimension : in the artifice of artistic creation, under the layers of 'tulle illusion', the atours vaporeux of mousselines, in 'robes aussi fugitives que nos pensées' in the 'silence palpité de crêpes de Chine', under the shaping and negating gaze of the poet, their presence/absence remains as a mysterious feminine principle, 'au-delà de toute vie possible', yet vital as inspiration for and challenge to the writing practice of the poet.

Alfred Jarry's *Messaline* : a significant indicator of changing tastes in dance performance in 1900

Jill Fell, Birkbeck College, London

Abstract :

Alfred Jarry's novel, *Messaline* of 1900, is often passed over as a *roman de mœurs*. In fact it is a contribution to the literature of protest and the history of dance. Its central chapter, 'Il dansait quelquefois la nuit', transposes popular contemporary acrobatic performance to a Roman context and signals a shift in the focus of French public interest away from the female dancer, heralding the positive reception of Diaghilev's Ballets Russes. Jarry's picture of decadent Rome is an allegory for fin de siècle Paris. He can be grouped with Edmond de Goncourt, Jean Lorrain and Oscar Wilde as an astute monitor of public taste. Their texts cited here chronicle the social changes leading to the unexpected success of Nijinsky's sexually ambivalent performances. Through the dancer Mnester, the foil to Messalina, Jarry puts forward a new type of androgynous hero, blurring gender and anticipating the modernist cult of the athlete.

Alfred Jarry is mainly known as author of the 1896 play *Ubu roi* and as inventor of pataphysics. His later novel, *Messaline, roman de l'ancienne Rome*, which builds on the theme of female tyranny encapsulated in the caricature character of Mère Ubu, also contains a remarkable scene of solo acrobatic dance, performed by a Roman mime. This highly detailed scene deserves to be put on the map of French dance writing, for although Jarry's novel purports to be about the ancient city of Rome, Jarry's subtitle is ironic. Rome is simply a template on which to transpose aspects of his own cultural landscape. The unchanging background detail of brothels, circuses and formal gardens were all within Jarry's reach in Montmartre and Versailles.

An astute observer, if not creator of new trends, Jarry was one of the late nineteenth century commentators to register the shifting focus of interest from the female to the male dancer ; from the delicate point work of the prima ballerina to more sensational athletic feats of strength or exotic foreign performances, such as dervish dancing. With his clever portrayal of decadent Roman dance he was actually signalling a turning point in French audience tastes and a change in the social balance of audiences themselves. The scene that he gives us is neither a conventional account of ballet performance, nor a pure reconstruction of Roman performance, but a hybrid form of acrobatic, if not shamanistic dance, whose elements were composed from the very varied types of dance available to the Paris audiences of his day.

Jarry was a supporter of liminal causes and a liminal being himself. When he came to write on dance therefore, it is hardly surprising that he fastened on the liminal aspect of solo male acrobatic performance. It took a further nine years for this subtle change that he heralded to force its way into the mainstream. This came with the arrival of the Ballets Russes, when Paris audiences acclaimed the performances of Nijinsky and Fokine and many of the elements of acrobatics, which are accepted without question as a part of dance performance today. 'The attributes of liminality are necessarily ambiguous' writes Arnold van Gennep, 'since they elude or slip through the network of classifications that normally locate states and positions in cultural space'.[1] First published in serial form in 1900, Jarry's Messaline can be regarded as a kind of indicator text – an inconspicuous carrier of a new element and one which eluded classification. On the surface the novel would appear to be a racy roman de mœurs celebrating the sexual exploits of a typical femme fatale among the considerable shoal of late nineteenth century romans de mœurs, such as Sienkiewicz's Quo Vadis ? and Pierre Louys's Aphrodite ; Helen of Troy, Jocasta, Cleopatra and Messalina, the famous femmes fatales of myth and history had been repeatedly celebrated in Decadent art and literature. But Jarry was a declared opponent of historical reconstruction.[2] This was not the main purpose of his novel. His underlying aim was to put forward the notion of the male acrobat as dancer, not in a supporting role but as a solo performer and choreographer in his own right. He makes a case for including acrobatics in the canon of dance. Did Jarry daringly put this argument forward without any prior learned validation ? The answer is

---

[1] Arnold van Gennep is dubbed 'anthropologist of the edge' by Michael Camille in *Image on the edge : the margins of mediaeval art* (London 1992), p.9.

[2] This was the burden of his 1902 lecture at the Salon des Indépendants, 'Le temps dans l'art', dans *Œuvres complètes* (henceforward *OC*), ed. Michel Arrivé, Henri Bordillon, Patrick Besnier and Bernard Le Doze, 3 vols (Paris 1972-1988), ii.637-41.

no. His usual practice was to base his seemingly outrageous ideas on existing academic and literary texts and visual material.

The precise text that I want to examine is the central chapter of Messal*ine*, which carries the title 'Il dansait quelquefois la nuit'. This is a quote from Suetonius' account of the emperor Caligula and refers to an incident where he had some senators woken at night to watch him perform. Jarry's novel is situated after his death and during the reign of Claudius. The dramatic tension of the novel is not so much between Messalina and the cuckolded Claudius, as between Messalina and the object of her desire, an actual Roman *pantomimus* by the name of Mnester, adulated in his day and a shaper of public taste. Messalina conceives a passion for Mnester, who according to Suetonius, had been the favourite and lover of the late Caligula. Her passion is not returned and, in revenge, Messalina obtains his execution. The story could be seen as an inversion of the Herodias and John the Baptist story, where Salome's dance is used as a bargaining tool to gain a favour from the male power figure, in that here the dancer is male and his dance is an almost sacred personal rite in defiance of the chief spectator. In blasphemous terms it is as if John the Baptist were dancing in honour of the dead Christ. Jarry's significant chapter focuses on the scene where Mnester has been ordered to dance in honour of Claudius' birthday before a large audience. In fact he performs his dance, accompanied by an unequivocal song, as an act of memorial to his dead lover, Caligula, the mention of whose name Claudius has forbidden by law. So this is at the same time a rebellious act contravening the emperor's ban and a sacred act of devotion as far as the performer is concerned, one in which the audience and the idea of entertainment are irrelevant.

Jarry conceived Mnester's dance as a disruptive force, in the same category as his 1896 production of *Ubu roi*.[3] Not only is the final part of it performed upside down and spinning in a state of magical suspense and entrancement, but, at the climactic moment, an eclipse takes place to fulfil the *nuit* of the chapter's title, contravening two of dancing's norms : first that it should be performed with the feet

---

[3] Stephen H. Lonsdale categorizes antique dance as either an 'ordering force' or a 'disruptive force' (*Dance and ritual play in Greek religion* (Baltimore and London 1993).

and secondly that it should be visible.[4] Social disruption indeed ensues, in that the circus audience panics and turns against the emperor for forcing the dancer, now seen as endowed with supernatural powers, to dance against his will.

Only Messalina resists the distraction and panic and keeps her eyes glued to the dancer, thus avoiding the blinding effect of the eclipsing sun. It is through her eyes that the reader is shown the apparently obscene conclusion of the dance, in which she supposes the dancer to be curled up in what Jarry calls the *baiser de Narcisse*, a private act of masturbation, in which she had disturbed him during an earlier scene.[5] As he rolls to a halt, she imagines his final curled up posture, which symbolically replicates the falling to earth of a star or planet, to be a repetition of his offstage sexual activities.[6]

Messalina is Jarry's caricature of New Woman, the desiring, if not lascivious female observer, who represented the changing gender balance of Paris audiences, as more and more wealthy society ladies attended circus performances and circulated in Montmartre. Drawing from the visual arts, there are two paintings which particularly strike me as registering this change. The first is Toulouse Lautrec's *Dressage des nouvelles, par Valentin le Désossé* of 1889-90, where the painter places a well-dressed bourgeoise, eyes lowered in false modesty, in the foreground of his outdoor scene showing this famously multiple-jointed dancer in action. The second, though in a provincial and seemingly different context, is Paul Gauguin's *La Vision du sermon* of 1880. Given that the scene of Jacob wrestling with the Angel is supposed to be taking place in the imagination of the Breton women that he depicts, Gauguin justifiably translates the biblical scene into a local wrestling event. Like Lautrec he emphasizes the female audience by placing them in the foreground and reduces the wrestling figures to miniatures. Carried away by her fantasy, one coiffed figure with lowered eyelids is lasciviously licking her lips. Gauguin's statement about the desiring female seems unequivocal.

---

[4] These norms must be set against Alain Montandon's argument in the present volume, that it is only through the moment of disappearance, which represents total liberation from the body, that dance attains its true abstract nature. 'La danse fait abstraction du monde extérieur, elle suspend le monde pour créer le sien propre'.

[5] Jarry, *OC* , ii.105.

[6] See Thieri Foulc, 'Mnester ou l'art du sphéricubiste', *Europe* (March-April 1981), p.120-25 and 'Mnester ou l'énigme du sphinx', *Collection εσωτερικα,* 19 (Collège de Pataphysique, n.d.).

Jarry's story of Messalina's fascination with an acrobat-dancer is based on a number of texts both ancient and contemporary. The arcane word that he uses to describe the acrobat in the climactic upside down phase of his dance is *cubiste*. Although lexicographical history credits Jarry with the invention of this word in his *Visions actuelles et futures* of 1893, French cataloguers of Greco-Roman statuary had already galliciszd the Greek word *kubistitir*, meaning 'acrobat', or 'circulator' to give the alternative forms of *cubistère* and *cybistère*, which were in specialist use well before 1893. Jarry's shorter word, *cubiste*, humorously challenged the circularity of the Greek referent with the misleading vision of a cube. In *Messaline* itself Jarry cites the well-known passage on Achilles' shield in the Iliad, which mentions two acrobats (*kubistitiria*) forming the central hub ; but his 1893 usage is likely to have come via Plato's dialogue on Love in the *Symposium*, which refers to the original eight-legged androgynes, who, says Plato, progressed like somersaulting tumblers, using his own alternative term of *kubistontes.*[7] Mnester's defining androgynous nature is more important to the intention of Jarry's chapter than his acrobatic profession.

One of the contemporary source texts that Jarry must have used, as did Valéry for his *Degas, danse, dessin*, was Maurice Emmanuel's *La Danse grecque antique d'après les monuments figurés* of 1895[8] and it is an interesting coincidence that Nijinsky, to whom Jarry's fictitious dancer looks forward, choreographed his *L'Apres-midi d'un faune* of 1912 according to the paintings on Greek vases. Emmanuel divides classical Greek dance into several categories, and includes acrobatic dance in a larger ludic category that he calls 'jeux rythmés'. From this section, which shows a bronze statuette of a male tumbler held by the Cabinet de Médailles of the Bibliothèque nationale, I believe that Jarry took his image of what he calls a *cubiste* and Emmanuel calls a *kubistétère*. Learned validation to back up the classification of the acrobat as dancer is important and Emmanuel's earlier thesis was well grounded in early classical

---

[7] See Foulc, 'Mnester ou l'art du sphéricubiste' and 'Mnester ou l'énigme du sphinx' ; Jill Fell, 'Alfred Jarry's alternative cubists', *French cultural studies* 6, part 2, n°17 (June 1995), p.249-69.
[8] Paul Valéry, Letter to Louis Séchan, in *Œuvres*, ed. Jean Hytier, 2 vols (Paris 1960), ii.1407.

sources.[9] One of these was the fifth century AD writer, Nonnus, who, in his *Dionysiaca*, refers to 'cubistic' plunging movements in terms of dance.[10] Although some of the details of Mnester's scaled costume seem to be drawn from an entry in the Cabinet de Médailles catalogue of antique bronzes, he changes the *subligaculum* or embroidered loincloth worn by Roman acrobats to a dramatic codpiece more appropriate to a mediaeval mummer and which he describes as a 'masque imitateur de la face qu'il orne'. Here is the catalogue entry :

> Cubiste ou saltimbanque (Cernuator) marchant sur les mains. Il est nu, imberbe et porte la *subligaculum*, analogue au maillot des bateleurs d'aujourd'hui, qui est orné de cercles gravés en creux ; sa tête est couverte d'un bonnet dont les attaches passent sous le menton. Le mains sont refaites en cire. Travail de l'époque romaine, patine brune.[11]

With crescent-shaped sequins designed to catch the light, Mnester's costume was certainly similar to those of contemporary circus acrobats. To highlight his sexual nature, Jarry adds a tooth-like point to the centre of the crescents, which, he says, make the acrobat look as if he is covered in love bites. The sequins open and close as he changes position, clothing him when upright, and revealing naked flesh when he turns upside down. Jarry removes the leather safety helmet of Mnester's antique bronze model – he will put his life at stake to give his audience a greater thrill. Instead he wears a single crescent earring, emphasizing the feminine aspect of his character, as well as of the moon, itself a female symbol.

It is worth dwelling a while longer on Emmanuel's category of *kubistétères* as he pursues his argument as to what is or what is not dance. Rhythm, he insists, is the governing factor, recalling that from Homer to Lucian to Plutarch, Greek writers had been content to gather gymnasts, acrobats, ball-players under the general heading of ορχυσται ('dancers'). He tells us that that the Greek philosophers finally proposed the principle that eurhythmics or the perfection of rhythm was the most precious quality of the soul and that it was able to infiltrate the soul through the body. The grace of a ball-player, an

---

[9] Emmanuel, *De Saltationis Disciplina apud Graecos* (Paris 1894).

[10] Nonnus, *Dionysiaca* (Cambridge MA 1940), Vol. i, Bk xv, ll.58-69. I am grateful to Dr Alexander Hardie for drawing my attention to this passage and locating it for me.

[11] Ernest Babelon and J.-Adrien Blanchot, *Catalogue des bronzes antiques de la Bibliothèque nationale* (Paris 1895), p.426, entry 463.

acrobat or a dancer could be appreciated according to their mastery of eurhythmics and were all entitled to be called dancers. Emmanuel's successor in the field, Louis Séchan, writing in 1930, does not show any male acrobats in his similar section on *kubistétères* and places them in his section on private entertainment – performing *sauts périlleux* over swords at banquets, emphasizing their sensational and sexual character, – but where, as Xenophon tells us in his *Anabasis*, the quality of grace is no less a factor and infuses the acrobats with extraordinary beauty. Séchan's definition of the cubistic art is as follows :

> L'art de kubistétère consistait essentiellement à se jeter sur les mains (kubistan) puis, à revenir à normale soit en rabattant ses jambes, soit en achevant un tour complet. Il pouvait faire ainsi une série de tours rapides, et parfois même peut-être, l'appui des mains étant supprimé il accomplissait de véritables 'sauts périlleux'.[12]

The 'saut périlleux' with its built-in element of mortal risk is one of the essential ingredients of acrobatic dancing and of Mnester's dance. Jarry emphasizes that Mnester performs not just a single turn in the air, but one and a half turn. This extra half turn meant that the acrobat had to land on his hands and risked pitching on his face and breaking his neck, as the American acrobat, Johnny Aymer, had done in 1859.[13] Emmanuel's and Séchan's illustrations show acrobats performing their leaps between upturned swords as Xenophon describes. These perilous leaps perhaps constitute the main element separating acrobatics from the ballet. Nijinsky, with his final breathtaking leap and disappearance through the window in *Le Spectre de la rose*, came near to injecting ballet with the heady ingredient of mortal danger.

With its combination of eroticism and emphasis on the ambivalent sexual nature of the dancer, Mnester's fictitious dance certainly anticipates both *Le Spectre de la rose* and *L'Après-midi d'un faune*. Nijinsky's near-transparent, dappled costume of 1912 was no less revealing than Mnester's, and his codpiece of grapes no less eye-catching than Mnester's crescent-shaped one. The third striking common element between Jarry's fictitious construct and *L'Après-midi d'un faune* is the period of stillness and disregard for the waiting

---

[12] Louis Séchan, *La Danse grecque antique* (Paris 1930), p.225-26.
[13] George Speaight, *A History of the circus* (London 1980), p.65.

audience with which they both begin. This stage of immobility which, in Jarry's account, lasts until the orchestra is forced to fall silent, falls outside Western traditions, conforming more to the preliminary stage of an Indian Kathak dance, where the dancer patiently waits for inspiration. Jarry's dwells on this long moment of suspense and silence, which the impatient Roman crowd subsequently interrupt :

> Au centre d'un étonnement Mnester demeura immobile jusqu'à se confondre avec les dorures, où il s'adossait, du socle rose de l'obélisque de Caius, et si longtemps que le rythme ternaire des flûtes et le barrissement mouillé des éolipyles de l'hydraule, qui préludaient à sa danse, à l'imitation des battements de mains, s'atténuèrent et attendirent.[14]

Nijinsky's opening movements in the *Faune*, as described by Cyril Beaumont, show him equally oblivious to any watching audience :

> A little way up the hillside was a fallen tree trunk on which the Faun indolently reclined, resting on his left elbow, his back half-turned to the audience, his right knee drawn up, and his right hand placed to his lips as if he were idly playing on a flute. Now and again he would cease his playing and, taking up a bunch of dark grapes, whose fragrance he greedily inhaled, crush the fruit against his lips.[15]

Jarry's fictitious version progresses into something recalling the very origins of dance, when early man is thought to have taken the movement of the wind on water or grass as the register of a sacred presence and attempted to imitate it :

> La tunique d'écailles d'or frémit au soleil comme le vent hérisse l'échine d'un fleuve. Toutes les parties de son corps souple ont l'air de jongler les unes avec les autres, et chacune, où qu'elle aille, est suivie amoureusement d'un morceau de soleil. [...] Et toujours Mnester ondule et se disloque, et le *bruit* de sa voix sourde est comme un roulement d'engrenages précieux et terribles, et toujours chaque partie de son corps, où qu'elle s'égare est suivie amoureusement d'un morceau de soleil.[16]

This undulating movement, here described, was one of the elements of the erotic Roman pantomimic dance known as the *sikinnis*, from which Turkish belly dancing is thought to owe its origins. Again we

---

[14] Jarry, *OC*, ii.108.
[15] Cyril Beaumont, *The Diaghilev Ballet in London* (London 1940), p.53.
[16] Jarry, *OC*, ii.109.

look forward to Nijinsky, not this time in the stiff frieze-like movements of the *Faune* but in the *Spectre de la rose*, caught in all their evanescent fluidity by the faint pencil strokes of Valentine Gross.

The third stage of Mnester's dance comes very suddenly with the *saut périlleux*, which also leaves his body and sexual parts exposed :

> Le mime, après un *saut et demi* périlleux, est retombé sur les mains, en posture de cubiste, les écailles d'or renversées, écartent leurs feuilles ; les lunules polies ne réfléchissent plus que l'ombre ; la lumière et la vue baisent Mnester tout nu par les entremailles, et le subligar se rabat comme on hausse une visière.[17]

The shock of the acrobatic feat, combined with the sudden nudity takes us back into a more barbaric era, or else forward into the most contemporary performance. In his discussion of Jean Genet's 'Pour un funambule', which has extraordinary coincidental resonances with Jarry's chapter, John Stokes describes the 'saut périlleux' as 'an impossible trick [...] that would turn repetitive gesture into [...] a state of absolute being sustained by an infinite sequence of liberating movements, each one substituting for the last'. His remarks on the phallic and narcissistic characteristics of the acrobat apply just as much to Jarry's use of this metaphor as Genet's. The *funambule*'s performance he describes as 'a kind of sexual circle' where 'the artist is his own starting point, a self-stimulator who gives life to his artistic medium and he is, at the same time, the living material of his admirer'.[18]

Jarry's dancer, who first begins to spin on one hand and then on the nape of his neck in a position which prefigures contemporary breakdancing has entered a trance world of his own. Mnester's improbable feat of gaining enough momentum to spin continuously on the nape of his neck was unknown during Jarry's lifetime, as far as I am aware.[19] Jarry indicates that he is not conforming to standard

---

[17] Jarry, *OC*, ii.111-12.

[18] John Stokes, 'Aux funambules : acrobatics and aesthetics', *French cultural studies* 3, part 3, n°9 (October 1992), p.294.

[19] G. Strehly who recorded many acrobatic acts at the end of the nineteenth century mentions only one instance of an acrobat balancing on the nape of his neck, but without spinning (*L'Acrobatie et les acrobates*, Paris 1904, p.95). Yet Beaumont, speculating whether the strain on Nijinsky's spine had affected his brain, records that when dancing the role of the Gold Negro in the death scene of *Schéhérezade*, he had

Roman practice by telling the reader that this is the first time that a mime has accompanied his performance with a song. The fact that Mnester sings in an abnormal guttural voice, typical of mediumistic utterances, signals that we have moved out of the context of entertainment and even out of a Roman context to Oriental or African sacred shamanistic performance :[20]

> Mnester ne chante plus, mais parle pour soi, et dans une attitude de méditation il a croisé ses bras et penché sa tête sur sa poitrine, et c'est sur sa nuque maintenant qu'il gyre, comme les orbites inertes des astres sous ses pieds joints, lentement, comme depuis éternellement. [...] Et à cette minute on cessa de voir la danse.
> Le cirque se remplit de nuit soudaine, de tumulte et d'horreur.[21]

So as the eclipse takes place, the dance has moved from the natural to the supernatural plane, not only reflecting the movement of the planets but apparently dislodging the natural order, in that the moon, as Mnester's *damagomi*, or summoned spirit, responds to his dance and sadistically or lovingly bites into the actual sun, fulfilling the symbolic message of the toothed crescents of his costume. This is also the stage of pure abstraction referred to by Montandon.

Although I have said that we had perhaps moved into a more barbaric era than was within the repertoire of the Ballets Russes, when we look at André Levinson's description of Stravinsky's music for *L'Oiseau de feu* of 1910, we can find extraordinary resonances with Jarry's text of 1900, which pays careful attention to the orchestral effects of disorder and panic. Both descriptions evoke the typical

---

spun on the back of his neck. See Beaumont, *The Diaghilev Ballet in London*, p.36. I am grateful to Alastair Macaulay for reminding me about this.

[20] W. O. E. Osterley quotes J. G. Frazer as mentioning a special voice used in Gold Coast rituals : It is while dancing to the drums that the priest or priestess lets fall the oracular words in a croaking or guttural voice which the hearers take to be the voice of the god. See W. O. E. Osterley, *The Sacred dance: a study in comparative folklore* (Cambridge 1923), p.129.

[20] The Polish theatre director, Jerzy Grótowski, after studying primitive methods of voice production, classified this as the use of the laryngeal resonator which recalls the roaring of wild animals, and which (no doubt deriving from shamanistic rituals), is used in Oriental and African theatre (Jerzy Grótowski, *Towards a poor theatre*, London 1968).

[21] Jarry, *OC*, ii.112-13.

pattern of frenzy and sudden hiatus that occurs in shamanistic rituals :[22]

STRAVINSKY	JARRY
But suddenly the deafening uproar of the orchestra ceased and accompanied solely by the shrill, dry beats of the xylophone, the dance continued in a strained, gasping, tragic silence. Then a piercing trumpet note broke the spell and the throng of mad men whirled and stamped with increasing violence. [23]	La musique s'était étouffée avec le soleil, sauf un des joueurs de flûte, qui, devenu subitement fou, soufflait à perdre haleine la même note suraiguë presque sans discontinuer et la trompette prodigieuse de l'orgue à vapeur qui pataugeait à pieds d'éléphant aveugle dans son automatique, joyeux et insupportable rythme ternaire.[24]

Stravinsky's shrill xylophone notes correspond to the demonic and piercing flutes which Jarry uses to summon the spirit who will take possession of Mnester. They contrast with the bassoons, described by Levinson as 'crashing like perforated skulls', whose barbaric pounding bass corresponds to the sound produced by Jarry's steam organ and to the deep grating of Mnester's voice, described 'comme un roulement d'engrenages précieux et terribles'.

The final stage of the dance is when the spent dancer, curled up in a ball, and still cast in the metaphorical role of a planet, rolls to a halt at the edge of the circus, unnoticed by all but the insatiable eyes of Messalina. Described as 'plus noirs que deux charbons éteints', Messalina's eyes, which have unflinchingly followed Mnester's dance throughout the eclipse and the audience panic, underline one of Jarry's main points in this chapter, that the lusting female gaze was quite as uncomfortable to the male dancer as the male equivalent to the female dancer. The sequel to this is of course that the woman scorned is perhaps even more dangerous than the male. Jarry deviates from classical sources in depicting Mnester's execution as being at Messalina's behest and obtained through her sexual power over

---

[22] 'Alors soudain le chaman frappe les mains, à n'importe quel instant du chant et tout le monde se tait. Silence profond (et c'est très impressionnant [...] ce silence profond après le rythme rapide et tant soit peu hypnotisant de la chanson). Alors le chaman s'adresse à son damagomi' (Mircea Eliade, *Le Chamanisme et les techniques archaïques de l'extase*, Paris 1968, p.245).

[23] André Levinson, 'Stravinsky and the Dance', *Theatre arts monthly* (November 1924), reprinted in Joan Acocella and Lynn Garafola (ed.), *André Levinson on dance* (Hanover and London 1991), p.37.

[24] Jarry, OC, ii.113.

Claudius, rather than as Claudius' punishment either for his having slept with his wife or for infringing the ban on the utterance of Caligula's name.

Aside from the obvious example of Oscar Wilde's Salomé, performed by the Théâtre de l'Œuvre in the same year as *Ubu roi*, there are two other contemporary texts which have clear resonances with Jarry's chapter. The first is Edmond de Goncourt's *Les Frères Zemganno*, published in 1879, which figures a fabulously wealthy American trapeze artist, known as La Tompkins, who conceives a passionate desire for the younger and more talented of the two brother acrobats. Here is the model for Messalina and Messalina's eyes : 'Les regards jetés par la Tompkins au clown, n'avaient ni coquetterie ni tendresse, ils se posaient presque durement sur lui, scrutant son anatomie avec un peu de l'attention marchande d'un œil d'un eunuque noir achetant à un marché d'esclaves.'[25] Feet to nose, in an unmistakable act of scorn, the young acrobat cocks a snook at the American star in public. In revenge, she successfully sabotages his equipment, causing his legs to be broken in an accident from which he will never recover.

The second text is Jean Lorrain's portrait of an acrobat performing at Olympia, in *Monsieur de Phocas*, presented as fiction, but recorded as June 1895 and very likely a real personal observation, suggesting that Jarry did not have to look very far for a living model for his 'Roman' acrobat :

> Moulé dans un maillot de soie pâle, un acrobate, nudité brillantée et moirée par place de lumière électrique et de sueur, se renversait dans un cambrement de tout son être ; puis, se redressant tout à coup dans un effilement imposait à tous l'hallucinant spectacle d'un homme devenu rythme, d'une souplesse animée d'un mouvement d'éventail.[26]

Oddly enough, Lorrain notes that the preening, overdressed women in the boxes and stalls are sizing each other up, rather than the acrobat on stage, who pursues his graceful act almost unobserved, – that is until he moves into the dangerous phase of his dance. Lorrain is more interested in the psychology of the jaded aristocratic male observer, who seeks a vicarious thrill from the peril confronted by the acrobat :

---

[25] Edmond de Goncourt, *Les Frères Zemganno* (Paris and Naples 1981), p.167.
[26] Jean Lorrain, *Monsieur de Phocas* (Paris 1992), p.32-33.

> Ce gymnasiarque peut se casser le cou à chaque seconde : c'est très périlleux ce qu'il fait là, mon cher ; et ce qui vous plaît en lui, c'est le petit frisson qu'il vous donne... Quelle émotion si ses mains lâchaient la barre ? Avec la motion acquise de sa rotation, il se romprait net la colonne vertébrale et qui sait si un peu de matière cervicale ne jaillirait pas jusqu'à nous ! [...] C'est l'horrible instinct de la foule devant les spectacles qui réveillent en elle les idées de luxure et de mort.

It is thus not simply the female spectator who is the object of Lorrain's critical observations but spectators *en masse*. Both Jarry's and Lorrain's novels bear the marks of the arguments of Gustave Le Bon's, who had written on the brutalising effect of crowds.[27]

As Lynne Garafola has remarked, the dynamic new aesthetic of the Ballets Russes shattered the travesty paradigm of the nineteenth century.[28] But in 1896 both Jarry and Wilde had already separately spoken out against the practice of women playing young boys' roles in the theatre. On the evidence of Jarry's text and the others I have mentioned, it would seem that the travesty paradigm had already been undermined through the popularity of the great circuses, where gymnasts performed from an early age. The sophisticated spectacles provided by Barnum's and Le Nouveau Cirque had been drawing middle class audiences away from ballet, theatre and concert hall for many years. The Ballets Russes, for the first time, offered the rigour of ballet, combined with the exotic flavour, the colour and the dynamism of the circus. It was a winning formula for its time.

Goncourt, Wilde, Lorrain and Jarry were all keen observers and chroniclers of the customs of their times. Henri Dorra in his *Symbolist art theories* has singled out Jarry as herald of a century in which everything would be larger, faster and potentially more lethal than before,[29] one which demanded ever more technically difficult feats from individuals and if we look at recent choreography, this is certainly true. As a racing cyclist, fencer and canoeist, Jarry also represented the modernist preoccupation with physical fitness[30] (he

---

[27] Gustave Le Bon's *Psychologie des foules* of 1895 identified the characteristics of crowd impulsiveness, irritability, incapacity to reason and exaggerated emotions, as belonging to inferior forms in evolution, such as women, savages and children.

[28] Lynn Garafola, 'The travesty dancer in nineteenth-century ballet', *Dance research journal* 17 n°2 and 18 n°1 (1985-86), p.35-40.

[29] Henri Dorra, *Symbolist art theories*, p.306-307.

[30] Harold B. Segel, *The Body ascendant : modernism and the physical imperative* (Baltimore and London 1994).

moreover believed that speed itself induced a special state of creativity which made the mind more receptive to new forms and colours) perhaps similar to Valéry's belief in the special mental state that he called 'l'état dansant'. Jarry's fictitious choreography for the Roman dancer Mnester represents his belief that, in this special mental state, the body can be pushed beyond its normal limits to perform extraordinary feats. We are still pushing at the limits of what the body and the mind can achieve, but it is interesting that Jarry's vision of acrobatic dancers who can dance on one hand and spin on the nape of their necks is fulfilled by contemporary breakdancing, a form of street dance. On the cusp of the nineteenth and twentieth centuries Jarry's Mnester represents one of the first challenges in literature to the mystique of the feminine in dance literature and from the *prima ballerina* norm. Drawn partly from Greek and Latin sources and partly from the actual sub-cultures of Paris, Mnester is a far more adventurous depiction of a dancer and more relevant to twentieth century dance than the later rather abstract figure of Valéry's Athikté in *L'Ame et la danse*. At the descriptive level, Jarry's 1902 article on the reptilian acrobat Juno Salmo at the Nouveau Cirque[31] shows many similarities with his earlier account of Mnester's performance. Part-fiction and part-documentary, 'Il dansait quelquefois la nuit' does indeed elude precise categorization. While on the one hand, we can note that this piece anticipates Valéry's belief in dance as a means to attaining a special abstract state, Jarry's message is mainly one of protest against the primacy of the female dancer and against the public's heterosexual stance towards the dancer, who here also stands in for the writer. 'Il dansait quelquefois la nuit' stands in line with Jean Cocteau's future article on the acrobat, Barbette's high wire act[32] and Jean Genet's memorial essay to his lover, 'Pour un funambule'.[33]

---

[31] Jarry, *OC*, ii.334-36.

[32] Jean Cocteau, *Le Numéro Barbette* (Paris 1980). Also see Stokes, 'Aux funambules' ; Naomi Ritter, 'Art and androgyny : the aerialist', *Studies in twentieth-century literature* 13, n°2 (Summer 1989), p.173-93 ; Mark Franko's chapter, 'Where he danced', in *Dancing modernism/performing politics* (Bloomington and Indianapolis, IN, 1995), p.93-107 and Jennifer Forrest, 'Cocteau au cirque : the poetics of *Parade* and "Le Numéro Barbette"', *Studies in twentieth-century literature* 27, n°1 (Winter 2003), p.9-47.

[33] Jean Genet, 'Pour un funambule', first published in *Preuves* 79 (September 1957), p.30-37.

Whether or not the chapter also constitutes a private memorial we may never find out for sure.

The fact that Mnester was a real historical figure exempted Jarry from contemporary charges of perversity in his invention, but as a symbol of trangressiveness and as a cannon blast, however muffled, in the war for putting homosexual expression in dance or literature on a par with heterosexual, his choice of this figure was a clever one. Following on the heels of Salomé, Mnester announces a turning point in French dance literature, as a herald of changing audience tastes and an early intimation of the great male dancers of the twentieth century, particularly Nijinsky and Nuryev.

Faune en papier, faune en mouvement

Pascal Caron, Paris IV-Sorbonne

Résumé :

Entre *L'Après-midi d'un faune* de Stéphane Mallarmé, publié en 1876, et le ballet *Prélude à l'après-midi d'un faune* de Vaslav Nijinski, présenté au Théâtre du Châtelet à Paris en 1912, quels sont les points de passage ? Ces œuvres issues de pratiques différentes semblent n'avoir que leur titre en commun. Pourtant, les commentaires journalistiques qui les accueillent, à plus de trente ans d'intervalle, usent d'une même rhétorique, révélatrice des rapports entre danse et poésie au tournant du siècle. De la folie à la maîtrise absolue de la conscience, les *Faunes* soulèvent des problèmes qui leur appartiennent moins qu'à la conception des rapports entre les arts et à l'idée qu'on se fait de la créature mythologique. En retour, cette dernière permet au commentateur de situer Mallarmé et Nijinski dans un seul espace discursif, plus imaginaire que réel, où danse et poésie trouvent peut-être leur unique lieu de rencontre.

Le lendemain de la première représentation du ballet de Vaslav Nijinski, *Prélude à l'après-midi d'un faune*, Gaston Calmette intervient dans *Le Figaro* pour dénoncer un outrage aux mœurs. Du moins est-ce ainsi que l'histoire de la danse relate l'épisode, ajoutant un chapitre de plus à la mémoire des grandes œuvres bafouées. Mais est-ce bien une démonstration d'impudeur, de bestialité, que le journaliste dénonce ? On peut observer, comme l'a fait récemment Roland Huesca,[1] que le costume de Nijinski était affublé d'apophyses discrètes, cornes, oreilles allongées par des pointes de cire, et en déduire que le 'phallique' agissait d'autant plus efficacement que ses indices étaient subtilement répartis sur *tout* le corps. Parallèlement à cette détermination plastique, somme toute très relative, une autre, sociale, dut exercer son influence dans le 'scandale'. Les lieux forment un tissu de significations : un spectacle acceptable à

---

[1] Roland Huesca, *Triomphes et scandales : la belle époque des Ballets russes* (Paris 2001), p.143-50.

l'Alhambra pourra être inadmissible au Théâtre du Châtelet. Le cadre détermine alors le sens de l'œuvre et l'accueil qu'on lui réserve.

Toutefois, prenons garde que ce cadre dicte seul la valeur, même négative, que nous pouvons prêter à représentation passée. Certes, il n'y a pas de danse en soi. Mais le cas de *L'Après-midi d'un faune* est singulier. Dès 1912, toute intervention journalistique ne se fait jamais sans évoquer, explicitement ou non, Stéphane Mallarmé et son propre *Après-midi d'un faune*, publié en 1876 chez Alphonse Derenne. N'y a-t-il pas, dans cette filiation peut-être plus imaginaire que réelle, une pensée des rapports entre pratique discursive et pratique corporelle, entre les mots et les gestes ?

Nous laisserons de côté les correspondances formelles qui restent difficiles à tracer, même en présence de la partition chorégraphique du *Faune*, déchiffrée en notation Laban par Ann Hutchinson Guest et Claudia Jeschke.[2] Les 110 vers du poème ne correspondent pas littéralement, pour ainsi dire, aux 110 mesures du *Prélude* de Debussy, ou à celles de la chorégraphie. Notre enquête ne consiste pas, non plus, à mesurer l'influence d'une pensée mallarméenne du théâtre et de la danse sur les Ballets Russes de Diaghilev.[3] Il serait téméraire d'avancer que Nijinski ait eu une connaissance autre qu'indirecte du poème de Mallarmé, peut-être par le biais de Jean Cocteau ou de Léon Bakst. Poème et ballet sont-ils donc deux satellites enchaînés à une idée commune, mais qui ne se rejoignent jamais ? Voyons comment on a utilisé le nom de Mallarmé et son poème pour parler de ce qui est sans mots. Voyons comment, en retour, le ballet de Nijinski a contribué à cristalliser une interprétation du *Faune* poétique, dont nous subissons encore, peut-être, les prolongements.

Un faune selon Calmette et Rodin

Rappelons-le : Gaston Calmette *supprime* (le terme est de lui) le compte rendu de Robert Brussel dans *Le Figaro* du 30 mai 1912. Il rapporte sa propre expérience du spectacle et circonscrit avant tout le domaine de sa prise de parole :

---

[2] *Nijinsky's* Faune *restored*, éd. Ann Hutchinson Guest (Amsterdam 1991).
[3] On trouvera des éclaircissements sur cette question dans le catalogue *Nijinsky : prélude à L'Après-midi d'un faune*, éd. Jean-Michel Nectoux (Paris 1989).

> Je n'ai pas à juger la musique de Debussy qui, d'ailleurs, ne constitue pas
> une nouveauté puisqu'elle est vieille de dix années, et mon incompétence
> est trop complète sur la transposition de ces subtilités pour que je puisse
> discuter avec les éminents critiques ou les jeunes amateurs qui taxent de
> chef-d'œuvre les « préludes, interludes et paraphrase finale » inspirés à un
> danseur par l'œuvre de Mallarmé.[4]

La précaution est aussi intéressante qu'elle semble inutile. Si Calmette ne juge pas, en effet, l'œuvre de Mallarmé ou celle de Debussy, il prend soin de mêler habilement les trois *Faunes* dans un seul et même espace. De quelle « transposition » parle-t-il ? De la transposition du poème en musique ? De celle qui effectue le passage de ce premier syncrétisme au ballet ? Deuxième élément qui jette la confusion dans un propos qui s'efforce pourtant, nous le verrons, de la dénoncer, « préludes, interludes et paraphrase » évoquent non seulement le projet initial de Debussy, mais aussi le ballet inspiré « à un danseur par l'œuvre de Mallarmé ». Debussy disparaît. Sa musique, trop vieille, nécessite toutefois un commentaire écrit pour être mise à l'écart. Sa disparition n'est pas un anéantissement ; elle *lie* Mallarmé et Nijinski en sacrifiant son identité d'œuvre musicale à la transposition. L'influence va du poète vers le danseur.

Après cette mise en situation, Calmette articule son propos autour d'une définition de l'art. Nijinski n'a pas d'abord transgressé une norme morale, mais une frontière selon laquelle l'art est reconnu en tant que tel : « Ceux qui nous parlent d'art et de poésie à propos de ce spectacle se moquent de nous. Ce n'est ni une églogue gracieuse ni une production profonde. »[5] Les épithètes « gracieuse » et « profonde », parce que la première se rapporte à une églogue, caractérisent implicitement le *Faune* poétique. Taisant son point de comparaison, le journaliste n'a pas à porter de jugement sur Mallarmé, ce qui l'amènerait sans doute à une prise de distance rhétorique comme par rapport à Debussy.

Il ressort de cette mécanique des masques que *L'Après-midi d'un faune* poétique, à la fois raturé et conservé, arme de mots la critique du mouvement. Et ce n'est pas là une stratégie exclusive à Calmette. Odilon Redon, dans une lettre envoyée à Serge Diaghilev (sans doute sur sollicitation) et publiée dans *Le Figaro*, entend

---

[4] Gaston Calmette, 'Un faux pas', *Le Figaro* (30 mai 1912), p.1, reproduit dans le catalogue *Nijinsky*, p.47.
[5] Catalogue *Nijinsky*, p.47.

défendre la cause de Nijinski. Sa référence à Mallarmé est une apologie :

> Toute joie souvent accompagne une peine : au plaisir que vous m'avez donné ce soir, s'ajoute le regret de ne pas avoir vu, au milieu de nous, mon illustre ami Stéphane Mallarmé.
> Lui, plus que tout autre, eût apprécié l'admirable évocation de son esprit. Je ne crois pas que dans l'art irréel il soit possible de donner avec plus de raffinement l'un des caractères de son art.[6]

Toute la lettre file cette évocation nostalgique. Elle convoque l'esprit de Mallarmé. Celui-ci ne côtoie plus le personnage d'Hamlet qui se réserve l'image d'une Ophélie « intacte » et unique, « sous le désastre ». Il s'identifie au spectre. Une opération de transsubstantiation artistique soutient la défense : Redon invoque un esprit qui prête les caractère irréels de son art à celui du danseur.

Un transfert important a lieu, entre les mots et les gestes, qu'il nous faut résumer. Mallarmé est une cause : à la fois source et explication des gestes de Nijinski. A ce que le poète reconnaissait comme l'une de ses deux passions d'art, le ballet, Redon donne la forme d'un véritable fantasme. « Qu'eût été sa joie de voir apparaître, sur la frise vivante que nous venons de voir, le propre rêve de son Faune, et ses rêveries portées sur les ondes légères de la musique d'un Debussy et rendues sensibles par la plastique d'un Nijinsky et l'ardente couleur d'un Bakst ? » Ce ne sont plus la pensée ou le rêve du poète qui apparaissent, mais bien le rêve du faune lui-même. Mallarmé lui a moins cédé la place qu'il l'anime par *tous* ses propos. Son nom découvre l'invisible, et cette vision paradoxale se contente d'être « portée » par la musique, les gestes, le décor, comme par de simples adjuvants.

Redon traite le *Faune* comme la créature de Mallarmé, revendique son amitié avec le créateur, et réfugie le ballet sous le signe de ce dieu. Par conséquent, Nijinski et le faune chorégraphique deviennent les créatures du poète. Calmette perçoit sans doute la dimension religieuse du débat, quand il congédie la mémoire de Mallarmé pour attaquer Rodin sur un terrain bien réel. Il l'accuse d'exposer à la Chapelle du Sacré-Cœur « une série de crayons

---

[6] Lettre reproduite par Calmette dans 'A propos d'un faune', *Le Figaro* (31 mai 1912). Cité d'après le catalogue *Nijinsky*, p.49. Les citations suivantes renvoient à la même page.

libidineux et de croquis cyniques précisant, avec plus de brutalité encore, les attitudes impudiques du faune qui fut justement sifflé hier au Châtelet ».[7] Il y a donc des degrés dans l'impudeur. La débat esthétique est ramené à la question de l'occupation des lieux sacrés, par l'artiste licencieux. L'affaire se poursuivra, et la livraison du 2 juin du *Figaro* nous apprend que M. Bérard, sous-secrétaire d'Etat aux Beaux-Arts, a désigné des représentants pour observer les activités du sculpteur.

Le litige se terminera à la faveur de Rodin qui garde sa place à l'Hôtel Biron. Du point de vue des habitudes esthétiques, il serait facile d'expliquer l'emportement de Calmette par l'opposition historico-génétique du ballet classique et de la danse moderne. En effet, à l'appui de sa dénonciation, le directeur du *Figaro* cite le *Spectre de la rose*, modèle absolu de la bonne danse, de la danse susceptible de provoquer le plaisir dans toute la noblesse de l'art : « Voilà les spectacles qu'il faut donner au public. C'est le charme, le goût, l'esprit français : et c'est à ces sources pures qu'il faudra toujours puiser quand on voudra provoquer, pour de longues soirées, l'enthousiasme d'une salle conquise par la poésie, l'émotion, le rêve et la beauté. Le reste est condamné à périr. »[8]

Comme l'a montré Gabriela Brandstetter,[9] le *Spectre de la rose* transforma Nijinski en représentation littéraire de l'irreprésentable, en symbolisation d'un absolu dont le mouvement équivaut à une ascension infinie. Le *Faune*, alors, pèche par son poids. Par bestialité érotique, oui, mais aussi par des « gestes de lourde impudeur ».

Le problème peut donc être formulé de manière laconique : le faune chorégraphique a-t-il de l'esprit ? Si oui, lequel ? C'est à cette question que répond Rodin, dans une lettre qui peut avoir été rédigée par Roger Marx, intitulée 'La Rénovation de la danse'.[10] Il situe Nijinski dans ce qui constitue déjà une tradition, la lignée des Loïe Fuller et Isadora Duncan qui devaient « nous réapprendre à aimer la beauté du corps, du mouvement et du geste », et que la foule aime en

---

[7] Calmette, 'A propos d'un faune', p.1. (la présentation de Calmette n'est pas reproduite dans le catalogue *Nijinsky*).

[8] Calmette, 'A propos d'un faune', p.1.

[9] Gabriela Brandstetter, 'Le Saut de Nijinski. La danse en littérature, représentation de l'irreprésentable', *Littérature* 112 (décembre 1998), p.3-13.

[10] Auguste Rodin, *Le Matin* (30 mai 1912), cité d'après le catalogue *Nijinsky*, p.51.

retour parce « qu'ils ont recouvré la liberté de l'instinct et retrouvé le sens d'une tradition fondée sur le respect de la nature » (p.51). Au cœur d'une dialectique de l'artificiel et du naturel, d'une tension entre expressivité maîtrisée et expression d'affects primaires, la chorégraphie de Nijinski réalise l'absolue redécouverte du corps humain. Rodin s'efforce de dégager la représentation de la banalité, partant, du lieu commun identifié à une situation *terrestre* du mouvement (p.51) :

> Plus de saltations, plus de bonds, rien que les attitudes et les gestes d'une animalité à demi consciente : [...] son regard épie, ses bras se tendent, sa main s'ouvre au large, les doigts l'un contre l'autre serrés, sa tête se détourne avec une convoitise d'une maladresse voulue et qu'on croirait naturelle. Entre la mimique et la plastique, l'accord est absolu : le corps tout entier signifie ce que veut l'esprit.

L'extériorité surprenante d'une gestuelle qui renonce aux bonds et aux sauts découvre en revanche un espace intermédiaire, celui « d'une animalité à demi consciente ». Ce caractère médian représente l'argument principal de Rodin. Nijinski a su mettre en scène et donner à voir un *absolu de milieu* où les contradictions se résolvent. C'est l'esprit qu'il faut voir. Sans doute, la maladresse avec laquelle le danseur tourne la tête est-elle calculée, chorégraphiée. On la « croirait » cependant naturelle. Il importe alors que le spectateur se plie à la croyance et suppose une conscience sous l'animalité du faune, une nature spirituelle.

Dans ce contexte, chez Rodin comme chez Redon, l'églogue de Mallarmé est utilisée comme signifiant de la conscience. Elle permet de dégager l'empan du mouvement archaïque d'une ignorance réelle, non jouée, pour la soumettre à la « volonté expressive ». La défense positive explique que le ballet de *L'Après-midi d'un faune* est *l'art de produire l'expressivité archaïque à volonté*. Comme le dix-neuvième siècle voulut le faire avec la folie, les monstres, les aberrations de l'esprit et du corps, dans la continuité des études 'tératologiques' et des essais de fécondation artificielle menés par Geoffroy Saint-Hilaire.

Si « le corps tout entier signifie ce que veut l'esprit », il n'y a pas à s'inquiéter sur cet esprit et sur cette volonté. Mais il importe de les défendre. Et c'est un autre point commun avec le *Faune* de Mallarmé, transfert entre les mots et les gestes que nous allons maintenant préciser. Après avoir identifié l'esprit du faune chorégraphique, en la personne et en la pensée de Mallarmé, le spectateur hérite peut-être, logiquement, des défaillances de cet esprit.

De Mallarmé

Quand *L'Après-midi d'un faune* paraît chez Derenne en avril 1876 les réactions négatives ne se font pas attendre. Le poème comporte une difficulté que Mallarmé reconnaît de manière indirecte dans sa réponse à l'enquête de Jules Huret, quand il rappelle que son *Faune* « fit hurler le Parnasse tout entier ».[11] Mais elle ne justifie pas les réseaux symboliques ou référentiels que les critiques mettent à contribution. Dans *Le National* du 5 mai 1876, paraît un article signé « Baron Schop » qui se présente comme un compte rendu[12] et qui témoigne de la complexité des problèmes soulevés par les *Faunes*.

Le raffinement poétique heurte le Baron, tant dans sa dimension matérielle – l'édition à petit tirage – que dans la parole poétique. Il est alors dévalué selon un mouvement proportionnel au luxe qui le caractérise : « Voilà qui est sans prix ! Et dire que ça ne coûte pas plus de quarante francs ! Mais quel papier, quels caractères, quelles eaux-fortes ! Manet lui-même, le célèbre Manet a voulu illustrer de son burin transcendant cette poésie surhumaine. Complicité criminelle.»[13]

La criminalité, alors à l'ordre du jour (Lombroso publie son *Uomo criminale* en 1875, traduit en français en 1887), implique le paradigme médical. La convoquer devant le poème constitue une manière efficace de rabaisser au sol une singularité qui, autrement, peut être céleste, merveilleuse, divine, surhumaine. Le 30 juin 1876, un article anonyme paraît dans la *Gazette anecdotique*, intitulé 'La Folie parnassienne'. L'auteur commente le poème qu'il appelle « La

---

[11] Stéphane Mallarmé, *Igitur, Divagations, Un coup de dés*, éd. Yves Bonnefoy (Paris 1976), p.393.
[12] Cette analyse de réception est redevable au travail de Daniel Grojnowski, 'Explications françaises : les premières lectures de *L'Après-midi d'un faune* (1876-1896)', dans *Romantisme. Les Poésies de Stéphane Mallarmé : une rose dans les ténèbres*, actes du colloque d'agrégation des 22 et 23 janvier 1999, éd. José-Luis Diaz (Paris 1999), p.207-217. On retrouvera certains des textes auxquels nous faisons référence dans le choix de Bertrand Marchal, *Mallarmé* (Paris 1998).
[13] 'La semaine parisienne', *Le National* (5 mai 1876), p.2.

Matinée du Faune » et précise, en faisant écho au Baron Schop : « Tel est le titre d'un soi-disant poème qui semble être un défi porté à l'intellect humain. »[14] Aucun sens, même caché ou ésotérique, n'est supposé au poème. Si l'intellection fait problème, c'est pour cette seule raison qu'il n'y a rien à comprendre. La difficulté de l'expression devient une faille au niveau même de la conception poétique.[15]

L'impuissance, quant au déchiffrement du poème, est placée du côté du poète. Le trouble ne vient pas de l'incapacité ou de l'insuffisance du lecteur. Il provient de la pensée du poète qui écrit sans penser. Le problème est analogue à celui qui a été ressenti devant le ballet de Nijinski, et la question posée par les *Faunes* peut être reformulée : dans quelle mesure l'œuvre est-elle maîtrisée ? Comment peut-on affirmer qu'elle n'est pas l'effet d'un esprit malade, d'un caprice tantôt cérébral, tantôt sensuel et impudique ?

Les réactions positives s'empressent de répondre. Le premier article favorable à *L'Après-midi d'un faune* paraît dans *La République des lettres* le 20 avril 1876. Il est dû à Catulle Mendès. « L'impression qu'on en garde c'est d'avoir été, pendant la lecture, faune soi-même. »[16] Mendès loue la clarté du poème, rejette l'accusation d'obscurité absolue, tout en admettant que l'« auteur difficile » semble se plaire à infliger au lecteur une véritable acrobatie spirituelle. Mais il suffit de « s'efforcer un moment », et ce qu'on croyait inintelligible ne l'est plus. Pour être faune soi-même, le lecteur doit s'engager dans la recherche de ce qui constitue la beauté : « les inventions d'un esprit délicat, les tendresses d'un cœur discret, les visions d'un œil artiste » (p.151). Mendès quitte ses impressions personnelles pour affirmer l'axiome général susceptible de guider la lecture du *Faune* : « Tout lecteur lettré doit être un peu le faune de ces nymphes, les idées » (p.152).

L'association est importante. Nymphes, idées, n'est-ce pas une façon d'écarter toute accusation d'impudeur ? Chez Mallarmé,

---

[14] 'La folie parnassienne', *Gazette anecdotique* (30 juin 1876), p.373.

[15] En complément à l'article du Baron Schop, *Le National* publiait des extraits du *Parnassiculet contemporain, recueil de vers nouveaux*, parodie du premier *Parnasse contemporain* (Paris 1872). C'était adjoindre la critique et la pratique parodique, tout en ayant la prétention d'embrasser la *conception* de la poésie contemporaine.

[16] *La République des lettres* (20 avril 1876), cité d'après l'édition Slatkine (Genève 1971), i.151.

« [l]es idées ont leur pudeur », souligne Mendès. C'est là rabattre au plan de l'activité intellectuelle la poursuite animale et le plaisir charnel qui signerait sa fin. Toutes les défenses du poème valorisent la lucidité et la maîtrise consciente dont Mallarmé témoigne. Exactement comme Rodin admire le naturel auquel Nijinski nous fait croire.

L'attitude exceptionnelle du personnage de Huysmans, des Esseintes, mérite cependant quelques remarques. On sait combien est positive sa lecture de *L'Après-midi d'un faune* et d'*Hérodiade*, dans le chapitre XIV d'*A rebours*, paru en 1884.[17] Rappelons les trois vers qui provoquent l'admiration du personnage :

> Alors m'éveillerais-je à la ferveur première,
> Droit et seul, sous un flot antique de lumière,
> Lys ! et l'un de vous tous pour l'ingénuité.

Le protagoniste passe vite le cap de l'identification fantasmatique et, contrairement à Mendès, les idées qu'éveille en lui le poème sont dénuées de pudeur (p.318) :

> Ce vers qui avec le monosyllabe lys ! en rejet, évoquait l'image de quelque chose de rigide, d'élancé, de blanc, sur le sens duquel appuyait encore le substantif ingénuité mis à la rime, exprimait allégoriquement, en un seul terme, la passion, l'effervescence, l'état momentané du fauve vierge, affolé de rut par la vue des nymphes.

Aucun autre lecteur ne prête une telle dimension charnelle aux nymphes. Généralement, on s'accorde avec la vision de Catulle Mendès. Les nymphes sont idéales, fantasmatiques, et elles le restent aujourd'hui dans la plupart des lectures de l'églogue.

Pour qu'elles ne soient cependant pas un délire, il faut que l'esprit qui les produit exerce un contrôle hors du commun. Selon Teodor de Wyzewa, Mallarmé, dès ses premiers vers, « voulait évoquer le monde supérieur, désiré : l'évoquer par une intelligente volonté d'artiste logicien, non par un métier, ou une disposition

---

[17] J.-K. Huysmans, *A rebours*, éd. Marc Fumaroli (Paris 1977). Rappelons que les études de Verlaine sur les *Poètes maudits*, Tristan Corbière, Arthur Rimbaud et Stéphane Mallarmé, parurent dans *Lutèce* en 1883-1884. Léon Vanier les édite en volume, tiré à 253 exemplaires, en 1884. Elles contribuèrent à attirer l'attention des lecteurs sur l'œuvre de Mallarmé; voir l'édition de Michel Décaudin (Paris 1982).

naturelle et irréfléchie ».[18] Toute spontanéité est écartée, tout instinct. L'attitude d'Anatole France n'est pas différente dans son compte rendu de *Vers et prose*, paru dans *Le Temps* du 15 janvier 1893. Il prend soin d'introduire de la sorte le lecteur au poète, dont il lira quelques lignes plus loin : « On ne pouvait pas non plus soupçonner des troubles graves dans sa fine et subtile intelligence » (p.2). Parler de Mallarmé implique, utile précaution, de faire d'abord la lumière sur son esprit afin de dissiper tout malentendu. Du *Faune*, Anatole France appréhende l'étrangeté et l'originalité poétique sur le mode prudent de l'impression : « [J]'y entrevois, dans une ombre colorée et chaude, cette idée profonde que le désir est une plus grande volupté que la satisfaction même du désir » (p.2). La pudeur est une exigence qui concerne aussi bien l'œuvre que l'expérience du spectateur et du lecteur.

Des nymphes absentes

Nous pouvons maintenant faire l'hypothèse d'une relation entre la compréhension écrite du poème et celle du ballet. Il est curieux que ni Calmette, ni Rodin, ni Redon, ne fassent attention aux nymphes. Car le tout-Paris gagné par les Ballets Russes désigne d'abord les grandes oubliées du débat : les femmes. Le point de litige et le scandale concernent le corps du faune. Pourtant, dans la revue *Comœdia illustré* du 15 juin 1912, la chronique intitulée 'Nos étoiles et la mode' propose non seulement aux dames les chapeaux de Lewis, les créations d'Agnès, mais rappelle l'incidence positive de la saison des Ballets russes sur la mode féminine :

> Les ballets russes nous ont apporté cette année de nouvelle joie, et leur art, en progrès constant, nous a conviés à ce « rapprochement de la nature », dans *L'Après-midi d'un faune*, aux mouvements synthétiques si artistement reconstitués de la Grèce archaïque, par Nijinski. – Nous les attendons l'an prochain, avec les nouvelles productions de leur travail si fécond, dont nous escomptons les mêmes joies d'art, encore décuplées.[19]

---

[18] Teodor de Wyzewa, 'Stéphane Mallarmé. Notes', *La Vogue* 11 (5-12 juillet 1886), p.367-68.
[19] *Comœdia illustré* 18 (15 juin 1912), p.775.

Dans la même chronique, on pouvait lire, le 15 mai, une incitation à la faveur du jeune chorégraphe :

> Toutes les femmes cultivées sauront apprécier et louer les beautés de ces spectacles, et toutes donneront leurs enthousiasmes à Nijinski, dont nous aurons la révélation de maître de ballet, et de metteur en scène dans *L'Après-midi d'un faune*, conception chorégraphique, mimographique (si je puis dire) tout à fait neuve et que nous allons bientôt connaître.[20]

L'ensemble du ballet est négligé par les réactions journalistiques qui insistent sur le corps du danseur, sur la visibilité nouvelle de l'élévation aérienne qui a fait son succès. On peut encore s'étonner qu'il soit question d'impudeur ou de transgression morale quand le second terme du couple érotique est tout simplement oblitéré, comme s'il n'avait jamais existé sur la scène. Le ballet de *L'Après-midi d'un faune* est traité comme un solo. Faut-il voir là une preuve que la sensibilité précède l'œuvre, que les spectateurs devancent les innovations formelles, compte tenu de la valorisation du solo qui caractérisera le vingtième siècle ? Dans la chronique de mode féminine, le solo en question est tout spécialement destiné au dames. Dans la critique artistique forte de sa prétention à l'objectivité, les interactions du groupal et de l'inter-individuel n'existent plus. Le faune n'aura eu que deux relations : l'une le place en face de lui-même, et l'autre, elle aussi érotique, l'allonge avec passion sur le voile.

Certains intervenants donnent toutefois une place aux nymphes. Gaston de Pawlowski, dans son article du 30 mai 1912, 'Troisième série des Ballets russes', se sert d'elles pour expliquer la stylisation de la chorégraphie. A côté de leurs gestes, « archaïques mouvements de bras et de mains », en marge de l'illustration des vases antiques qu'elles réalisent, leur disparition prédomine. Les nymphes importent moins que la passion avec laquelle le faune « couche à terre ce fantôme blanc et, petit à petit, s'abaisse sur lui et s'anéantit dans une voluptueuse mais idéale étreinte ».[21] Entre fétiche et fantôme, le vêtement de la grande nymphe est tout sauf une écharpe. Louis Vuillemin, dans le même numéro de *Comœdia*, s'en tient aux caractéristiques d'une féminité à la fois chaste et curieuse,

---

[20] *Comœdia illustré* 16 (15 mai 1912), p.667.
[21] *Comœdia illustré* (30 mai 1912), p.1-2.

comme si le ballet n'était que le support de déterminations agréables, mais canoniques :[22]

> On dirait un jeune bouc, séduisant par l'inconscience de sa naturelle animalité. Ses compagnes, les nymphes, sont adorables de grâce imprécise, un peu animale aussi, très féminine cependant, un peu effrayée, pas trop, espiègles enfin et, pour tout dire, pareille à des Mélisande qui se seraient légèrement dégourdies ![23]

Le commentaire est marginal et n'a pas la prétention d'expliquer l'originalité du ballet. La mention des nymphes permet surtout d'affirmer une relation indirecte avec le poème de Mallarmé, sur la base d'une existence idéale du féminin, de ses attributs et de ses comportements.

Le fétichisme final, la « prise du voile » dira le chansonnier Henri Fursy en raillant l'affaire de l'Hôtel Biron, devient autonome et signe l'expressivité d'une âme de nature supérieure. Alors que l'œuvre de Nijinski est déterminée par l'exploration stylistique d'un certain rapport du masculin et du féminin, les articles qui en verbalisent l'expérience louent ou conspuent un être suffisant. Jalousie des intervenants : l'unique relation sur laquelle est fondée la critique va de celui ou de celle qui écrit au faune.

Il s'agit d'éliminer la rivale, de ne pas considérer son rôle et sa place dans l'œuvre afin d'interagir à son tour avec le rôle-titre du ballet. C'est la seule façon de prendre la parole en toute légitimité, c'est-à-dire comme si le *Faune* nous avait regardé. En orientant les déplacements des danseurs sur un axe parallèle à la rampe, Nijinski fait vivre, autant qu'il met en scène, une rivalité esthétique. Il chorégraphie l'ordre d'un éros où le spectateur doit inventer sa place. Les omissions le montrent : le spectateur aime le corps du danseur ou le rejette, avant d'en admirer les gestes. Les nymphes, elles, sont tout simplement passées sous silence, ou dépouillées des principales caractéristiques gestuelles que la chorégraphie leur assigne.

Sans doute ce processus d'élimination des nymphes tient, d'une part, à la réputation que les rôles précédents ont formés autour

---

[22] On trouvera un exemple 'scientifique' de l'ambivalence féminine, qui explique ce que nous entendons par 'canonique', dans Havelock Ellis, *Studies in the psychology of sex* (London 1897), trad. Par Arnold Van Gennep, *Etudes de psychologie sexuelle*, tome 1 (Paris 1908), p.73.

[23] Louis Vuillemin, 'L'œuvre', *Comœdia illustré*, (30 mai 1912), p.2.

de Nijinski. D'autre part, il coïncide avec la redécouverte du 'naturel' dans l'art, naturel toujours conscient de lui-même. Il est intéressant d'observer que c'est la conscience, instituée valeur esthétique, qui régit la relation érotique. Celle-ci se résume alors au narcissisme, sorte de décalque de l'autonomie du *Faune* de Mallarmé. Voilà le prix moderne de la perfection. Esprit ou corps, l'admirable est *en soi*. Le retour au naturel, si important au tournant du siècle, n'oserait jamais se tourner vers des réalités inférieures.

Conclusion

D'un commun accord, les nymphes sont des présences incertaines dans le poème. Elles sont les fantasmes créés par les « sens fabuleux » du faune. Avec Nijinski, les nymphes *devraient être* incontournables, puisqu'elles dansent sur la scène et constituent à ce titre un élément essentiel de la chorégraphie. L'événement est au contraire amputé de son intégrité, de sa totalité matérielle. Le scandale d'impudeur ne résulte plus d'un hermétisme, mais d'une projection spontanée de l'auto-érotisme qu'on semble en droit d'attendre d'un faune, en 1912.

Au croisement de la littérature et de la danse, la figure du faune a été bouleversée jusqu'à signifier l'envers de l'accouplement. Raoul Aubry, dans 'La Soirée d'un satyre', publié dans le *Gil Blas* du vendredi 31 mai 1912, suppose que les « censeurs » ont eux-mêmes perdu toute notion de la moralité pour attaquer de la sorte un faune qui n'a rien d'inconvenant. Le thème du ballet, que la tradition a pu charger de comportements inacceptables pour une sensibilité raffinée, avait suscité des appréhensions. « Mais unanimement on avait reconnu la chasteté parfaite d'une telle interprétation de la scène idyllique de Mallarmé, et justement nous remarquâmes, pour nous en réjouir, l'absence des égrillarderies conventionnelles de ces fantaisies galantes par quoi les faunes ont coutumes, dans les ballets vulgaires, de pourchasser les nymphes » (p.1).

Le syncrétisme de Nijinski et de Mallarmé est réalisé. A quel prix ? Sans doute au prix d'un amoindrissement de la force d'ébranlement des œuvres. Chaste, conscient de sa matière, de sa nature fabuleuse, de son désir impossible à assouvir ailleurs que dans le rêve, tel est le faune moderne. Tels sont, peut-être, la danse et la poésie modernes. Est-ce là réaliser l'axiome dictée par Mallarmé :

> A savoir que la danseuse *n'est pas une femme qui danse*, pour ces motifs juxtaposés qu'elle *n'est pas une femme*, mais une métaphore résumant un des aspects élémentaires de notre forme, glaive, coupe, fleur, etc., et *qu'elle ne danse pas*, suggérant, par le prodige de raccourcis ou d'élans, avec une écriture corporelle qu'il faudrait des paragraphes en prose dialoguée autant que descriptive, pour exprimer, dans la rédaction : poème dégagé de tout appareil du scribe.[24]

Je préfère plutôt penser que Mallarmé n'énonçait pas une vérité absolue et éternelle, mais nous livrait magnifiquement son regard de spectateur attentif. Et qu'il nous invitait, par là même, à pratiquer le nôtre, sans soumettre à une quelconque loi, les mots et les gestes.

---

[24] Mallarmé, *Igitur, Divagations, Un coup de dés*, p.192-93.

Frederick Ashton's *Illuminations* :
Dance and literature as parallel universes

Alastair Macaulay, Financial Times and Times Literary Supplement

Abstract :

Frederick Ashton's ballet *Illuminations* is a rare example of a great choreographer's response to great poetry. Yet this response – shaped by the forms of Ashton's dance theatre and by Benjamin Britten's setting of Rimbaud's words in his song cycle *Les Illuminations* – is far from literal, even at moments when an illustration of the poetry is balletically achievable. Ashton even depicts aspects of Rimbaud's life, though, again, often far from literally. The central figure is the Poet ; the ballet links his personal experience to his artistic visions in a fluently changing dreamscape, no part of which remains the same. The Poet relieves himself in a *pissoir*, yet, when the words 'Je danse' occur, he does not dance. Unorthodox in several ways when new, *Illuminations* was considered scandalous by some when new in 1950. Today, it remains unique. It fascinatingly illustrates the question : How do you dance to literature ?

I am particularly drawn to the title of this volume of articles, *Sur quel pied danser ?*, for it draws us to the central notion of feet. Feet are one of the crucial connections between dance and literature : feet in dance, feet in verse. I do not say that the Greeks danced to Homer's hexameters. But, from the Greeks on, verse does contain a secret dance quality. Part of the thrill of the tango, the minuet, the waltz, is in the scansion. (These dances can even have caesuras.) Stravinsky, when he returned to the Greek idea to compose *Apollo* (*Apollon Musagète*, 1928), said that his subject was versification. One of the muses he put into this ballet was Calliope, and he based her variation upon the famous couplet of alexandrines in Boileau : 'Que toujours dans vos vers le sens coupant les mots / Suspende l'hémistiche et marque le repos'.[1]

But there's a much more unusual sense of 'sur quel pied' in the ballet *Illuminations*. When Frederick Ashton was choreographing

---

[1] Eric Walter White, *Stravinsky's Sacrifice to Apollo* (London 1930), p.128.

this ballet in 1950, he made two contrasting ballerina roles, which he named Sacred Love and Profane Love. The young ballerinas Tanaquil LeClercq and Melissa Hayden, respectively, rehearsed them, in pointe shoes. When he had finished making the ballet, however, Ashton told Hayden to take the shoe off her left foot, and to dance her role with that foot bare. She was horrified – until he explained to her that he had set all the pointework on the right foot : something she had not even noticed. The role of Profane Love has been danced with one foot bare ever since. This is just one feature among many that make this ballet like no other.

Nevertheless, despite the inspiring title of this volume, is it really possible to dance to literature ? Fred Astaire sings some of the greatest lyric verse of the twentieth century and dances to his song, but not at the same time. He does one ; then the other. And his dancing is no neat equivalent of his singing. 'I won't dance, don't ask me' (in the film *Roberta*) is a nice example of what I wish to talk about with *Illuminations*. Astaire sings one thing ('I won't dance') ; then he dances the opposite.

You can try turning literature into dance. *Romeo and Juliet* and *A Midsummer night's dream* are the two most frequent examples ; and as the articles of this volume remind us, *L'Après-midi d'un faune* is among many others. Almost always, however, these operate as dance by first removing the words. *Illuminations* is an exception. While it is danced, we hear poems from Arthur Rimbaud's *Les Illuminations*, in their original French texts, as sung in Benjamin Britten's arrangement for high voice and strings.

Ballet people tend not to be literary. And yet many of the canonic works of the ballet repertory come from literature. *Coppélia* and *The Nutcracker* both come from Hoffmann. The canon of ballet classics owes a particular debt to French literature. *La Sylphide* (Paris 1832), the archetype of all nineteenth-century Romantic ballet, was based on Charles Nodier's novel *Trilby*. The scenario for *Giselle* (Paris 1841) was written in large part by Théophile Gautier, who, amid all his other forms of writing, had been a practising dance critic for six years before that ballet's premiere.

Literary Romanticism in ballet

This volume of articles is about dance and literature : specifically, dance and French literature. The connection between ballet and literature was never more vital than in the high summer of French Romanticism. Ballet, as we know it today, is still largely shaped by the nineteenth century, and particularly by the Romantic ethos. Ballet's canonic classics are still its nineteenth century ballets. Its leading twentieth-century choreographers, Ashton included, refined an essentially nineteenth-century model. And that model came out of the tragic sense of French Romanticism, out of its essentially tragic sense of dualism. 'Romantic poetry springs from our agony and our despair,' said Charles Nodier as early as 1820. 'This is not a fault in our art, but a necessary consequence of the advances made in our progressive society.'[2] It was in Paris, between the late 1820s and the early 1840s, that ballet acquired the tradition of sexist dualism that defines it to this day. She, the ballerina, is a Romantic icon, an ideal, and she dances on pointe. He, the danseur, is an earthbound mortal, and his feet stay chiefly on the ground. He partners her ; she may not return the compliment. He may not rise onto pointe, the single feature that most renders her sublime. This is sexism, though it is surely a species of sexism that privileges the female. When I call ballet the sexist art, I do so because, alone among the arts, it is predicated upon this stylistic dualism between the two genders, a dualism that was not seriously crucial to ballet's nature until the Romantic era.

I'm talking here of the archetypal tradition of ballet. Even then, there were exceptions. But this dichotomy between male and female was shaped by the 1832 ballet *La Sylphide*, which reversed the sexes of Nodier's *Trilby*, where a croftswoman is erotically drawn by a male sprite.[3] The Scottish hero of *La Sylphide* is torn between two females : the ballerina (who is a sylph from another world and whom he literally cannot grasp), and his fiancée (who cannot exert the same

---

[2] Charles Nodier, quoted by Marilyn Butler, *Romantics, rebels, and reactionaries : English literature and its background, 1760-1830* (London 1981), p.3.

[3] Ivor Guest, *The Romantic ballet in Paris*, 2nd edition (1980), p.112ff. Alastair Macaulay, 'The author of *La Sylphide*', *Dancing Times* (London, November 1989), 140-43. The version of *La Sylphide* usually seen onstage today is the 1836 one, choreographed in Copenhagen by August Bournonville to different music. Very effective in other ways, it builds up the male role in dance terms and therefore blunts some of the stylistic dualism which was marked in the 1832 original.

fascination). The original Sylphide was Marie Taglioni, who had been acclaimed as the first Romantic ballerina since her debut in Paris in 1827. The first ballerina for whom pointework seemed natural and expressive rather than strenuous and acrobatic, Taglioni was nicknamed 'Marie pleine de grâce': she seemed to embody 'la grâce' in both its physical and spiritual senses. Women dancers had begun to 'taglionise' their dancing within weeks of her Parisian debut in 1827, and aspects of her style permeate many ballerina roles created throughout the nineteenth century. Gautier, who started as a dance critic in 1836, called her a Christian dancer, a dancer for women.[4] Gloriously partisan, he preferred a different Romantic ballerina who had joined the Paris Opéra in 1834 : Fanny Elssler. When he began writing, both Taglioni and Elssler were the star ballerinas of the Opéra ; during the late 1830s and up to the late 1840s, they went on to extend their international careers to such cities as London and St Petersburg. Gautier called Elssler 'pagan', a dancer for men, a 'hermaphrodite' – all key terms in his iconology.[5] Though Gautier does not use the famous Nietzschian terms, he certainly leaves us feeling that Taglioni was Apollonian, Elssler Dionysiac. His accounts of Elssler's dancing in Le Diable boiteux (1836) seems to recall the title character of his 1835 novel Mademoiselle de Maupin.[6] Thanks to him, she even has a place in Mario Praz's classic study The Romantic agony (1934).[7] (As for male dancers – who in most cases had become stylistically pedestrian, a porteur to these female divinities – Gautier knew enough to detest all save the most exceptional.)[8]

Why am I telling you all this dance history ? Because in Illuminations we have a Taglioni figure – Sacred Love, white, pure, asexual, transcendent – and an Elssler figure – Profane Love, a Bacchante with vine leaves in her hair and grapes, sexual, partly real, slightly hermaphroditic (she, in part, represents the Verlaine side of Rimbaud's life), who has that one foot/leg bare ; as well as an earthbound male protagonist who does plenty of movement but little

---

[4] Théophile Gautier, La Presse (11 September 1837 and 24 September 1838), edited and translated by Ivor Guest, in Gautier on dance (London 1986), p.16 and 53.
[5] 24 September 1838. Also Gautier, 'She is hermaphrodite', La Presse (1837), quoted by I. Guest, Fanny Elssler (London 1970), p.75.
[6] See Gautier, quoted by Guest, Fanny Elssler, p.112.
[7] Mario Praz, The Romantic agony, 2nd edition (Oxford 1951), p.414.
[8] Gautier, La Presse (2 March 1840), in Guest, Gautier on dance, p.87.

real dancing. Though Gautier's celebrated reviews turned the difference between Taglioni and Elssler into an exercise in compare-and-contrast so drastic that any reader may feel they are seeing them side by side, the two ballerinas in fact never appeared onstage together during the main part of their careers. Ashton, however, places both archetypes side by side in *Illuminations*. Loves Sacred and Profane represent the two opposite poles that pull the male protagonist in opposite directions, and they stand over the drama as do Artemis and Aphrodite in Euripides's *Hippolytus*. They are both muses, both symbols. Sacred Love, the Taglioni figure, is Christianity ; she is 'pleine de grâce' ; she is even the Idea of the Good. Profane Love is the flesh, sex, gratification, the hungry claims of the world. Two of the ballet's most literal and prosaic moments both focus on her. In the first, she has sexual grapplings with the Poet. In the second, she has him shot.

And just who is this male protagonist ? He is not Arthur Rimbaud – though the ballet's score uses poems from Rimbaud's *Les Illuminations*, and though the sex and the shooting are biographical, extra-poetic, facts that come from the intense homosexual relationship that Rimbaud had with the poet Paul Verlaine around the time he was writing most of them. Loves Sacred and Profane may suggest the opposed poles of Christianity and sexual desire that marked Rimbaud's thought, but they apply equally to any Christian artist who committed fornication outside holy wedlock. The hero of *Illuminations* could be Tannhäuser, who is likewise drawn to both the Christian Elisabeth and the pagan Venus. Ashton simply calls him the Poet.

This very title, 'The Poet', is another legacy of nineteenth-century ballet. The male protagonist of those nineteenth-century Romantic/classical ballets – *La Sylphide*, *Giselle*, *La Bayadère*, *Swan Lake* – is often a duplicitous shit, cheating on one or both of the two female characters with whom he is amorously involved, and yet he has some quality of soul that makes him a Romantic hero. In each ballet, he sees a world beyond this one, enters it, and there pursues the ballerina amid her native element. Even in such ultra-classical ballets as *The Sleeping Beauty*, there is a Romantic vision scene, in which the hero envisages the heroine in a dream-world, a world which he then enters in order to join her. In 1908, the Russian choreographer Mikhail Fokine abstracted the essence of Romantic ballet into one pure-dance one-act ballet, *Chopiniana*, as the Russians still know it today : a vision of sylphs gathered in a moonlit glade around one man. When Diaghilev first presented it in the West in 1909, he re-titled it *Les Sylphides ;* and the male dancer, this quintessence of the lone Romantic artist within his own dream, became known as the Poet.[9] *Les Sylphides* became a core work of international repertory until the late 1970s. Several subsequent twentieth-century ballets also featured a male Poet at their centre. George Balanchine, for example, in his 1946 *Night shadow* (a ballet now more widely known as *La Sonnambula*), has a Poet who is torn between two females, the sensually alluring Coquette and the luminous, mysterious, strangely emotional Sleepwalker.

Why call the hero of these ballets the Poet ? It is not as if, in any ballet, he sits down to dash off a sonnet.[10] But it is he who sees what others do not. Byronically, he lives for experiences that others never have.

Ashton made four ballets that revolve around such poet/artist figures. These are the 1936 *Apparitions* (to Liszt music, as arranged by Constant Lambert, who also devised the scenario), the 1941 *The Wanderer* (to Schubert music, usually given in an arrangement by Liszt), the 1950 *Illuminations*, and the 1968 *Enigma variations* (to Elgar's famous score). Though these four were never danced together in repertory at any one time, they form a sort of corpus, sharing certain Ashtonian ideas about the artist, life, and art.[11] And they show certain compositional features in common. In *The Wanderer*, in *Illuminations*, and in *Enigma variations*, there is, among the subsidiary characters, a pair of young lovers, who are utterly absorbed in one another. Though these two exist, so to speak, on the margins of each ballet, they help to demonstrate what their ballet's main thrust

---

[9] I have never been able to determine who called the hero of *Les Sylphides* 'The Poet', or whether Fokine approved this appellation.

[10] In *Apparitions*, the Poet is briefly seen to try writing, before abandoning the effort.

[11] See David Vaughan, *Frederick Ashton and his ballets* (London 1977), on all four ballets. It would have been possible to see both *Apparitions* and *The Wanderer* as danced by the Vic-Wells Ballet during the years 1941-45. When *Illuminations* was danced in London in 1950, *Apparitions* was still in the Sadler's Wells Ballet's repertory. During the 1980s it was possible to see the Royal Ballet dance both *Illuminations* and *Enigma variations ;* and in 1987 *Apparitions* was revived for two performances alone by the English National Ballet. However, *The Wanderer* has never been performed since 1945.

makes clear enough in a different way : that the artistic protagonist, the Poet, can never (unlike them) find contentment in love ; is torn (unlike them) between different lovers or objects of love ; pursues (unlike them) the unobtainable ; rejects (unlike them) the obtained. The Ashtonian poet/artist is a kind of Don Quixote, with his own windmills, his own Dulcinea.

A literary ballet ?

Part of what is interesting about *Illuminations* it is that it is atypical for Ashton – particularly at the time he made it. In 1946, he had begun an overt struggle against 'literary' ballets.[12] During the Second World War, Robert Helpmann had made a number of successful ballets – notably *Hamlet* and *Miracle in the Gorbals,* both very popular – that seemed preoccupied with literary and acting ideas that received all too little expression in dance terms. When in 1946 Ashton presented *Symphonic variations* (1946), it made, by contrast, an immense impression as a ballet that suggested 'an imagery of infinities' by dance means alone ; and it was at once widely acclaimed as one of the supreme ballet masterpieces.[13] He went on to make two other important pure-dance ballets in 1947 and 1948, *Valses nobles et sentimentales* (Ravel), and *Scènes de ballet* (Stravinsky). Even when (in 1948) he made his first three-act story ballet, *Cinderella*, he nonetheless put pure dance at its centre, with the acting passages and character roles all vivid but peripheral. With these ballets, Ashton had, in fact, established the kinds of ballet, both plotless and narrative, that he would concentrate upon for the rest of his career. Dance – in particular, ballet – was at the heart of almost everything he would choreograph to the end of his life (even though, when certain stories required it – *Romeo and Juliet, La Fille mal gardée, The Dream* – he was the most brilliant arranger of mime of the twentieth century.

But with *Illuminations* in 1950, as with *Enigma variations* in 1968, he made a ballet where there is a striking amount of prosaic

---

[12] Frederick Ashton, *A Conversation* (with Clement Crisp), in *Covent Garden book No 15* (London 1964). Also *'Abstract' ballet*, a dialogue between Frederick Ashton and Richard Buckle, in *Ballet* (London, November 1947), 20-24.

[13] A. V. Coton, 'An imagery of infinities', *Ballet today* 1, n°7 (London, September-October 1947).

realism, whose central character scarcely dances, and where ballet in its purest form makes only limited effect. These ballets are atypical not only of Ashton, but of ballet altogether. *Enigma variations*, Chekhovian in the general realism of its stage manners, is about Elgar at home. Apart from depicting onstage the late-Victorian characters that Elgar portrayed in this famous piece of music (all wearing detailed period costume, one of them entering on a tricycle, another on a bicycle), *Enigma* shows the conflicting attractions, loyalties, frustrations that underlay Elgar's artistic and domestic existence.

    Illuminations is in a very different vein, one yet more unusual. It includes certain kinds of realism – sexual, violent – that go way beyond anything in *Enigma variations ;* indeed, they have few counterparts in ballet. And yet, overall, *Illuminations* is far from realistic. To find a ballet that is accompanied by poetry, even sung poetry, is also extremely unusual ; just as it is rare to find a ballet that connects a poet's visions to his private experience.

    One oddity is that, in choosing Rimbaud, Ashton chose a poet who virtually took the feet, the regular metre, out of poetry. True, Britten's music finds certain rhythms within the verse, and sometimes sets it to orchestral rhythms of its own. But much of the time these still are not dance rhythms. So Ashton either finds dance where the poetry and music will not help him rhythmically, or he comes up with other movement that is not really dance.

    A crucial aspect of *Illuminations* is that it mainly tries *not* to illustrate its individual words. Here the clearest contrast in choreographic method is to the one applied by Mark Morris in his internationally successful 1988 response to Milton's poems in the Handel oratorio *L'Allegro, il Penseroso ed il Moderato.*[14] Morris often ties a movement image to a word in the Milton text, repeating the movement when Handel repeats the word, to surprisingly poetic effect. Ashton's method is quite different. He used to say 'Just as Mallarmé said of poetry, that the subject of a poem is words not ideas, so with ballet. It is about movement and dance and not ideas'.[15] *Illuminations*, with its Sacred and Profane Loves, seems more about ideas than most Ashton ballets, but principally it asks you to

---

[14] See Jeffrey Escoffier and Matthew Lore (ed.), *Mark Morris'* L'Allegro, il Penseroso ed il Moderato : *a celebration* (London 2001), especially Alastair Macaulay, 'Creation myth'. Also Joan Acocella, *Mark Morris* (New York 1993).
[15] Ashton, *A Conversation* [printed with no page numbers].

understand nothing beyond what it puts onstage. Its movement and dance have an independent coherence. They are not conceived to illustrate the words or their author. The stage world does not serve as an illustration of the words but as a parallel universe with its own life, sometimes intensely close, sometimes far away.

This was not the first time Ashton had choreographed to words. Although he did not use Edith Sitwell's words to Walton's *Façade* when he choreographed that in 1931, he would have liked to.[16] In 1934 in New York, he choreographed the premiere of the Gertrude Stein/Virgil Thomson opera *Four saints in three acts*, a famous avant-garde event not least because of Stein's words ('Pigeons on the grass, alas') ; and in 1937 in London, he returned to Gertrude Stein when Lord Berners turned her play *They must. Be wedded. To their wife* into the score for the ballet *A Wedding bouquet*. In the latter, Stein's words ('All who call, call a wall') were sung by a mixed chorus, which is how Ashton himself always preferred the ballet to be accompanied. During the War, however, the choral arrangement was replaced by a spoken text delivered by an onstage narrator, a role played so memorably by Constant Lambert that many people insist that this is their preferred version of the score.

At this point, I should stress just how unusual it had become to have dance coinciding with words. The Greeks had yoked poetry, music, and dance together in the choral odes of tragedy and comedy, and this Greek tradition had been revived from the *intermezzi* of the Renaissance to the opera-ballets of the eighteenth century. From the late eighteenth century on, however, theatrical dance developed as an art of sufficient independent power and complexity to make words redundant or confusing. There are a few isolated instances within opera-ballets. In Rossini's *Guillaume Tell,* Marie Taglioni danced a famous Tyrolienne while an unaccompanied chorus sang 'Un bel oiseau ne suivrait pas tes pas' ; in a famous scene of Borodin's *Prince Igor*, some Polovtsians danced while others sang. In *The Nutcracker* and in Ravel's *Daphnis and Chloë*, there are dance scenes that use voices – but the voices are wordless.

During the first two thirds of the twentieth century, there were just a few eminent examples of dances accompanied by words.

---

[16] Vaughan, *Frederick Ashton and his ballets*, p.54. One performance filmed for television, *c.*1970, does employ the Sitwell words, spoken by Peter Pears. There is even a passage in the tango where Alexander Grant mouths them at the camera.

Isadora Duncan danced sometimes to Greek choruses. Stravinsky's *Les Noces*, conceived as a ballet and still today performed as such in its original Nijinska choreography, has voices singing and calling out, in connection with the scenes being depicted onstage. In 1936 George Balanchine staged a controversial version of Gluck's *Orpheus and Eurydice* at New York's Metropolitan Opera House, with the singers in the pit, and the dancers on the stage enacting a radical new-look version of the mythic story. The following years in London, Antony Tudor must have been quite an iconoclast when he took the Mahler song-cycle *Kindertotenlieder* to accompany his ballet *Dark elegies* : the first choreographic setting of a song-cycle from the concert-hall repertory of which I know. In 1943 George Balanchine choreographed Bach's *St Matthew Passion*, a musical choice uncharacteristic of his usual practice in dance theatre, with the dancers chiefly moving in mime rather than dance, and not a work that he maintained in repertory. He was not quite the first to stage an oratorio – in London, there had been annual stagings of Samuel Coleridge-Taylor's *Hiawatha's wedding feast* – but he may have been the first to stage one that was religious. Martha Graham was certainly breaking new ground when she used poems by Emily Dickinson to accompany her *Letter to the world* in 1940 ; the two heroines of this work, She Who Speaks and She Who Dances, existed as alter egos. Although *Dark elegies* was danced by ballet companies on both sides of the Atlantic, none of these were central items of international repertory when Ashton made *Illuminations*. As late as the 1960s and 1970s, there were controversies about which sung scores could be danced onstage. The Royal Opera House board originally vetoed Kenneth MacMillan's applications to choreograph Mahler's *Das Lied von der Erde* and Fauré's *Requiem*.

　　All this is worth recalling now, for, since the mid-1960s, there have been innumerable dances choreographed to spoken tests, to pop songs by the Beach Boys and the Stones and the Andrew Sisters, to various Glorias, Requiems, Stabat Maters, and Passions, to poems by Shakespeare, Milton, Goethe, Keats and others, as set by sundry composers, and many more. Yet none of these later works are remotely like *Illuminations*.

　　No composer has approached Benjamin Britten in the variety of great poetry he set to music – with verbatim settings from Michelangelo and Hölderlin to Owen and Auden. It had been Auden who, in the 1930s, led the young Britten to the poems of Arthur Rimbaud. Britten, who completed the score in 1939, took eight texts and arranged them as what musicians call a song-cycle. (He made cuts to the texts of 'Parade', and 'Villes I', and he repeats occasional words and phrases. As for the 'Phrase' in Britten's score, it is just one of the eight items that Rimbaud grouped until the title 'Phrases'.)

Britten also lays particular emphasis on the single line 'J'ai seul la clef de cette parade sauvage', from 'Parade'. He twice sets it out of context before reiterating it within its original poem, so that it becomes a kind of overall motto that gives the song-cycle a further coherence.

The cycle is one of the enduring masterpieces of Britten's first decade as a composer. Apart from the searing eloquence of its use of words and voice, it is unified by its intensely imaginative accompaniment : strings alone. And it makes you feel not only coherence but sequence. Why these eight texts out of so many ? Why in this order ? Listening to the music, you feel a connective psychological energy even in the marked change of tone from one poem to the next. What is more, when the poems are placed together like this, they are not interesting only in themselves. They make you interested in their author : he who alone has the key to this savage parade. Britten's eight give you the fantasy, the violence, the changeability of the poet. And they end with 'Départ' – Rimbaud's farewell to this life. So they interest you not just in what Rimbaud is saying or seeing about the world outside him, but in his own inner world, in where this utterance is coming from. The cycle suggests the turmoil of Rimbaud's young life when he was writing poetry, and, by ending with 'Départ', it evokes Rimbaud's own early renunciation of his extraordinarily original poetic gifts.

Ashton makes *Illuminations* a ballet both about Rimbaud and not about Rimbaud. The score is 'for high voice', and at the ballet's 1950 premiere (as at the score's 1939 premiere), it was sung by soprano : which surely was a way to distance the words in the music from the male Poet onstage. (At the 1950 London premiere, however, Peter Pears sang the score ; and when Ashton revived the work for the Royal Ballet in 1980, it was also sung by a tenor.)

In 1993, the British contemporary-dance choreographer Richard Alston choreographed this same song-cycle *Les Illuminations*, again with a male protagonist, but with a second featured dancer who certainly represented Verlaine. Alston's work, *Rumours, Visions*, is a more literal view of Rimbaud's sexuality – but, consequently, a much smaller drama. In Ashton's ballet, the Profane Love ballerina obviously is not Verlaine. She represents a dangerous essence both within and beyond Verlaine. She does not shoot the Poet, as Verlaine did – she directs a man to do so. If you want to be logically biographical, you must therefore identify this man, not her, as Verlaine. And yet in the ballet it does not matter who this anonymous marksman is. Fleetingly glimpsed, he is merely her agent.

A ballet as provocative as Rimbaud himself ?

When I say that *Illuminations* was unusual within Ashton's œuvre, what do I mean ? Frederick Ashton (1904-88) is still famous as a British – specifically English – choreographer. The choreographic style that he developed became inextricable from the dance style of our foremost national ballet company, today's Royal Ballet, with which he was formally associated from 1935 until his death fifty-three years later. Partly by accident and partly by design, the characteristics of this company style captured contemporary aspects of nationhood. And so the Ashton style became inextricable from the English style in ballet.

There are delicious ironies about this. Ashton was born in Ecuador. His childhood was spent there and in Peru, speaking Spanish as easily as he did English. He loved working in New York in 1934, and gave serious thought to the idea of staying there. On his return to London, and throughout his choreographic career, he fought against what he regarded as English characteristics – stiffness and primness. From the late 1930s to the late 1950s, he made new ballets on several foreign ballet companies. Some of those were successes that have endured in repertory. He gave French titles to some of his ballets, such as *Les Rendez-vous* (1933) and *Les Patineurs* (1937). For several others, he retained the French title of the music, as with Stravinsky's *Scènes de ballet* (1948). Perhaps his most famous ballet of all is the two-act *La Fille mal gardée* (1960). Other choreographers had staged versions of this work, sometimes using different titles in the language of the audience (*Lise and Colin*, or *Vain precautions*) ; but Ashton kept the French.

Nevertheless, he still does seem, years after his death, the most English of all choreographers. Why so ? He sublimated the English feeling for character acting. He was, in his lyricism and imagery, one of the English poets. Where Russian and American ballet styles caught their national identities in the ways in which they made their dancers step heroically into space, Ashton made his dancers seem English by the daring and brilliance with which they lit up a confined space. The precise stylishness and address of his use of the upper body caught an English social sense. And many of his ballets created a striking sense of idyllic community.

Illuminations, new in 1950, was among those ballets he made on foreign companies. It was the first of two ballets he made on the young New York City Ballet, which had been formed less than two full years before. This was one case where Ashton did employ the English version of the score's French title – probably because he was making his ballet on an American company. It had its premiere on 2 March 1950 in New York, where it was warmly acclaimed. When New York City Ballet brought it to London for its first Covent Garden season later that year, it was much less generously received.

Ashton had been interested in choreographing to *Les Illuminations* since first he heard the score at an Albert Hall Prom in 1945, and his 1950 ballet was in fact his third Britten staging in four years. In 1947 he had directed the premiere of Britten's opera *Albert Herring* at Glyndebourne. (Years later, Britten told Ashton that this had been the most perfect production of any of his operas.) In 1949 he made a ballet, *Le Rêve de Léonor*, to Britten's *Variations on a theme of Frank Bridge*. Two other Britten stagings followed in later years : in 1955, Ashton choreographed another famous Britten score, the *Variations on a theme of Purcell*, and in 1973 he made the dances for the original production of Britten's final opera, *Death in Venice*.[17]

French was Ashton's third language. He had danced in France in the 1920s ; among the authors he had read in the original were Baudelaire and Proust ; and *Le Rêve de Léonor*, was choreographed on a French ballet company, Les Ballets de Paris. Preparing his ballet to *Les Illuminations*, he steeped himself in all of Rimbaud's poetry, in Enid Starkie's Rimbaud biography, and in various French books on Rimbaud : 'I found him one of the most tragic human beings, and I

---

[17] Vaughan, *Frederick Ashton and his ballets*, p.219, 276, 383-84.

used to weep when I read about him.'[18] In 1980 when Ashton staged
Illuminations for the Royal Ballet at Covent Garden, he cast the
dancer Ashley Page in the leading role of the Poet, saying that he felt
Page had qualities that were remarkably right for Rimbaud.[19] There
are aspects of *Illuminations* that suggest Ashton's reading of other
Rimbaud poems, such as 'Aube'.

Yet the ballet he had made in 1950 is like no other response to
Rimbaud. (Christopher Hampton's 1968 play *Total eclipse* comes to
mind.) It has always been controversial. For some, when new, it was
too scandalous. For others, in later years, it was too pretty. For some,
it was or is too literal. After its London premiere, *The Times* called it
'a study in decadence, chic and nasty'. *The Sunday Times* wrote 'The
episode called 'Antique' is the most realistic presentation of physical
love yet seen in ballet... The limit has been exceeded, and unless a
halt is called, Ballet will fall into disrepute.' By the 1960s, it no longer
seemed pornographic, but its treatment of physical love struck some
observers as too prosaic, its treatment of Rimbaud seemed too
evasive.[20]

The most controversial element of *Illuminations* has always
been its designs by Cecil Beaton. Ashton's first choice for designer
was Christian Bérard, whom he approached in 1948 and who made
some drawings on the brown-paper sleeve of a recording of the music.
Their production of the ballet was even announced that year, but was
then prevented by Bérard's death. When in 1949 Lincoln Kirstein
approached Ashton to make a ballet on New York City Ballet the
following year, they soon agreed to invite Cecil Beaton, with whom
Ashton had collaborated several times since 1935. (Beaton had
designed Ashton's first Poet ballet, *Apparitions*, in 1936, and in 1949
had provided revised designs for its new production at the Royal
Opera House, Covent Garden.) However, Beaton and Kirstein began
extensive discussions about the look of the ballet even before Ashton
joined them in New York. Beaton : 'It must have a child-like quality,
it must be as provocative and daring as Rimbaud's poetry itself... To
begin with we agreed everything should be extremely poor, patched,
darned, mended, and torn again... We looked at the paintings of

---

[18] Vaughan, *Frederick Ashton and his ballets*, p.237, 239.

[19] Ashton, in conversation with Alastair Macaulay, February 1988.

[20] Vaughan, *Frederick Ashton and his ballets*, p.241ff. Also Royal Opera House
archive, file on *Illuminations*.

Klee…' Ashton rejected their idea that the set should be erected by children in front of the audience ; he produced instead postcards of Picasso saltimbanques and a van Gogh night scene. When Kirstein showed them some children's books from Rimbaud's time, the three collaborators spotted some illustrations of children dressed as pierrots. Beaton writes of their eventual idea as this : 'A troupe of pierrots are disguising themselves as Rimbaud, as his townspeople, as his muse, and as kings and queens.' *Illuminations*, as I have watched it, seems to me less of a ballet-within-a-play than this description, but certainly, and regrettably, its pierrot costumes add to an already complex piece of dance theatre, as David Vaughan puts it in his definitive study of Ashton's ballets, a further element that 'introduces an element of chi-chi'.[21]

I love this ballet, nonetheless, and feel it has been misunderstood. In one important aspect, Beaton's designs help it. He and Ashton were determined that all the costumes and the basic set should change in some way.[22] This reflected their belief in the importance here of transformation. Possibly Ashton knew Valéry's Socratic essay, *L'Ame et la danse*, in which dance is seen as the very incarnation of metamorphosis. In *Illuminations*, metamorphosis is present in the staging and in the dance. The stage world keeps changing. The Poet can and cannot control it. It changes with his thoughts. Beaton's designs, though Vaughan may be right to call them 'in his most bloodless manner' and though they now have a distracting 1950s prettiness, have the great merit of setting Ashton's ballet within a dreamscape.

Staging the words

The curtain rises as the strings sound the initial 'Fanfare'. The stage world is shadowy, but across the stage we can make out a tableau, with lifeless groups of people fixed all round the stage, none unidentifiable – and one lone man, dressed differently. He alone moves, turns, violently wheels about. The singer calls out : 'J'ai seul la clef de cette parade, de cette parade sauvage' (I include here all the

---

[21] Vaughan, *Frederick Ashton and his ballets*, p.239-43.
[22] Geraldine Morris, 'A swoon of insight', Royal Opera House programme essay for *Illuminations* (May 1996).

repetitions in Britten's setting of the words). This man is the Poet. Now, rushing about the stage, he touches these groups of people to life : a conception far more remarkable than Beaton's notion that a whole troupe of pierrots plays at disguising themselves as Rimbaud & Co. The whole pierrot idea of the designs becomes secondary to the fact that the Poet has some kind of control over the other people onstage : that they are both the visions of his dream and the creations of his art.

Now the fast-chugging accompaniment to 'Villes' begins. The life into which the Poet has touched these beings is odd : mechanical. We begin to make out individual characters among them : for example, a Dandy. Meanwhile the singer proclaims pell-mell these passages of the poem :

> Ce sont des villes ! C'est un peuple pour qui se sont montés ces Alleghanys et ces Libans de rêve ! Des chalets de cristal et de bois se meuvent sur des rails et des poulies invisibles. Les vieux cratères ceints de colosses et de palmiers de cuivre rugissent mélodieusement dans les feux.... Ce sont des villes ! Des cortèges de Mabs en robes rousses, opalines, montent des ravines. Là-haut, les pieds dans les cascades et les ronces, les cerfs tètent Diane. Les Bacchantes des banlieues sanglotent et la lune brûle et hurle. Vénus entre dans les cavernes des forgerons et des ermites. Ce sont des villes ! Des groupes de beffrois chantent les idées des peuples. Des châteaux bâtis en os sort la musique inconnue.... Ce sont des villes ! Ce sont des villes ! Le paradis des orages s'effondre.... Les sauvages dansent sans cesse, dansent, dansent sans cesse, la fête de la nuit.... Ce sont des villes !

Now the tempo changes ; and, in sighing mood, the singer asks : 'Quels bons bras, quelle belle heure me rendront cette région d'où viennent mes sommeils et mes moindres mouvements ?' Just as the singer asks 'Quels bons bras', the Sacred Love ballerina appears. The plain implication is that she is the answer to the words' question. 'Phrase' begins with one of Britten's most spellbinding passages for strings, suddenly hushed and high and holding long notes like gossamer. The singer, quietly radiant, calls : 'J'ai tendu des cordes de clocher à clocher ; des guirlandes de fenêtre à fenêtre ; des chaînes d'or d'étoile à étoile, et je danse.' During most of this, the Poet runs ; stretches up into the air ; hangs an imaginary rope as if from an unseen peg ; and ties it to another ; runs across ; and hangs another.

Then the clause 'et je danse'. How do you dance that ? The music makes it especially hard : Britten attaches no pulse, no metre.

On the syllable 'dan-', he takes the voice up to a sustained *pianissimo* high B flat above the stave, and then, still on that syllable, brings the voice down a full octave, by means of a marked *portamento* (marked *dolce*). Again, how do you dance that ? With brilliant irony, Ashton responds to this by not giving us a real *dance* image at all. If he had wanted to, I think that he could have fitted one to that music ; I can imagine, say, the Poet raising a leg in *développé* à *la seconde* brightly into *écarté efface* while rising onto half-toe in *relevé*, then, on the slow *portamento* down, lowering that leg through *raccourci*, lowering the heel of the supporting heel to the floor, and then finishing in some fourth position, doubtless with a grand *port de bras* with drastic *épaulement*. Such a figure would, I think, look Ashtonian. But, amid so celestially imaginative a poem, Rimbaud's word 'danse' is strongly metaphorical ; and Britten's setting makes it ecstatic. Ashton has come close to following the words literally with his mime of the poet hanging unseen garlands across the stage space ; but now he dissolves that image with another. He does something unexpected : the Poet rises quickly into *relevé attitude derrière*, and – surprise – with a raised hand throws some confetti stardust into the air. It is the fall of this stardust that matches the descending *portamento*, as does the Poet himself, sinking to one knee, bringing that raised hand down over his face, ending in a figure of rest, even dejection.

But now, as 'Antique' begins, the Poet, in the centre, is joined by Sacred Love on one side, and by Profane Love on the other. The singer calls : "Gracieux fils de Pan !" – while the strings, *pizzicato*, strum an insidious dance rhythm. (A solo violin introduces a melodic line around the vocal line ; soon, other violins join in this.) The words continue : 'Autour de ton front couronné de fleurettes et de baies, tes yeux, des boules précieuses, remuent. Tachées de lies brunes, tes joues se creusent. Tes crocs luisent. Ta poitrine ressemble à une cithare, des tintements circulent dans tes bras blonds.' Britten alternates vocal *staccati* and *portamenti* here to partly Dionysiac effect. Onstage, at first, the three dance in unison. Then the two contrasting ballerinas take turns to claim him. In due course, Sacred departs and leaves him to the physical demands of Profane. The latter, gripping him physically, makes much of the friction between their bodies. Together, they go horizontal and roll briefly on the floor.

The friction and close contact between the bodies here may owe something to the duet for the Prodigal Son and the Siren in

Balanchine's 1929 ballet *The Prodigal Son* (which had received its first staging by New York City Ballet only ten days before the premiere of *Illuminations*), and (notably the rolling on the floor) to Roland Petit's 1949 ballet *Carmen*. It also closely anticipates Ashton's own more poetic depiction of sex between Daphnis and Lykanion in the ballet he choreographed the next year, *Daphnis and Chloë*.

The song continues with rapt lyricism : 'Ton cœur bat dans ce ventre où dort le double sexe. Promène-toi, la nuit, la nuit, en mouvant doucement cette cuisse, cette seconde cuisse et cette jambe de gauche.' The voice falls to an erotic murmur for those last words (which surely gave Ashton his cue for giving Profane Love one foot and leg bare). Unlike the Prodigal-Siren or Daphnis-Lykanion duets, there is no loveliness of choreographic poetry in this coupling between the Poet and Profane Love. This strikes some people as one of the ballet's disappointments, and renders *Illuminations* uneven because, by contrast, Sacred Love is later treated so poetically. To me, this unevenness is the whole point. This is sex as a blunt animal drive, sensational, but briskly achieved. The Poet cannot resist it, but it cannot hold him.

As Profane Love leaves, the Poet takes a scarf from her dress, and, in a gesture that goes way beyond Nijinsky's once-scandalous gesture of fetishism in his 1912 choreography for *L'Après-midi d'un faune*, he now uses it to wipe himself off, pulling it between his legs in a single gesture that carries no hint of poetic eloquence. Then he goes to an object, further back on the stage, which we realise is a low pissoir. He stands behind it with body language that makes it clear he is relieving himself. This is, of course, the moment that most shocked the British critics in 1950. It scarcely detains us today : rightly so, since Ashton draws no particular attention to it. The point, I believe, is to show us this blunt piece of prosaic behaviour as a complete contrast to the next several episodes. The Poet's mind returns to Sacred Love, in another incarnation.

As 'Royauté' begins, a procession of characters come onto the stage. One of them is the Sacred Love dancer, here seen at her most mortal and ordinary, with a male partner. But they are wearing crowns. The singer announces :

> Un beau matin chez un peuple fort doux, un homme et une femme superbes criaient, criaient sur la place publique : "Mes amis, mes amis, je veux qu'elle soit reine, je veux qu'elle soit reine !" "Je veux être reine, être reine,

être reine ! " Elle riait et tremblait. Il parlait aux amis de révélation, d'épreuve terminée. Ils se pâmaient l'un contre l'autre.

The words describe a man and woman who fantasise about being king and queen and who play out their fantasies ; the choreography shows us this in somewhat cartoon, *staccato* form. To the words 'Elle riait', she seems to laugh, her mouth opening, her body shaking in jerky laugh-like movements.

  The odd narrative continues : 'En effet ils furent rois toute une matinée où les teintures carminées se relevèrent sur les maisons, et toute l'après-midi, où ils s'avancèrent du côté des jardins de palmes.' Here, neither Sacred Love nor the other characters seem to have much more life than dolls – but the Poet does, as he gazes at them. He is at his most Don Quixote-like here, and inflamed by what he sees.

  If 'Royauté' shows the choreography at its closest to the words, 'Marine' takes it to its furthest. The words are a complete change of vision :

> Les chars d'argent et de cuivre –
> *Les proues d'acier et d'argent –*
> Battent l'écume, –
> Soulèvent les souches des ronces.
> Les courants de la lande,
> Et les ornières immenses du reflux,
> Filent circulairement vers l'est,
> Vers les piliers de la forêt,
> Vers les fûts de la jetée,
> Dont l'angle est heurté par des
> tourbillons, tourbillons de lumière.

Britten's music separates each syllable into a brilliant *staccato* ('cui-vre', 'd'ar- gent'), with sudden flourishes of *coloratura* on individual syllables in such words as 'l'écume' and 'tourbillons'. The mood is one of excitement and occasional ecstasy, leading to a final high sustained outburst on the word 'lumière'.

  Here, Ashton explains the music's change of mood by pursuing the logic of the stage world he has created in the last episode. However artificial the 'Royalty' scene may have looked to us, Ashton's Poet now reacts to it like a political revolutionary. He breaks up the royal procession, leapfrogging over some of them, knocking the crown off the 'King'. Jealously, he tries to claim Sacred Love for himself. (When New York City Ballet gave the British gala premiere of *Illuminations* at Covent Garden in 1950, Princess Marina, Duchess of Kent, attended ; the newspapers gave quite some space to the jewels she was wearing. However, she found the stage image of a man knocking the crown off a king so disturbing that she cut Ashton dead afterwards.)[23]

Since Rimbaud's words here are a spectacularly imaginative seascape, our first reaction may be to regret the small-scale human socio-political anarchy that Ashton stages in response to them. And yet, as the Poet breaks up the procession, he also destroys its realism. The characters, once touched by his rebellious hand, change into images that now have an abstract life of their own, apparently independent of him. They dance away to the pulsating energy of the music. And then, as Britten sets thrilling *coloratura* to the word 'tourbillons' (the word is repeated, its vocal flourish taken higher the second time), what we see is a stage world going through 'tourbillons' of its own. Two of the male dancers – one on the left, one on the right – revolve in bright pirouettes ; these pirouettes turn in opposite directions, and suddenly we seem to be seeing not characters but two parallel vortices : whirlpools. Metamorphosis abounds in *Illuminations*, but nowhere does it enter more profoundly into the very structure of the dance composition.

A long, dark, down-pouring orchestral passage introduces 'Interlude'. Profane Love climbs up the Poet, and then writhes at his feet.[24] He, however, walks over her. When she clings onto him, he finds himself dragging her ; her legs are parted on the floor in the splits. Now he rejects her again, and she walks offstage. He, exhausted, crawls to the front of the stage. There he finds the crown he took from Sacred Love. As he lies facing upwards, he places this crown on his chest, and now the voice murmurs : 'J'ai seul la clef de cette parade, de cette parade sauvage' as if restoring him to his function as seer, visionary.

What follows is indeed a vision : 'Being beauteous'. The music is ultra-*legato*, the voice chanting long still lines of reverie : The words : 'Devant une neige un Etre de Beauté de haute taille'.

---

[23] Lincoln Kirstein, *New York City Ballet – thirty years* (New York 1978), p.114.

[24] It is possible that here Ashton was inspired by Balanchine's choreography for the pas de deux for Eurydice and Orpheus in his 1948 ballet *Orpheus*, in the repertory of New York City Ballet.

And, while the Poet still lies there, Sacred Love appears from the back of the stage, with four male partners.[25] She wears now a tall crown, and one of this scene's many suggestions is that this is the Queen of Heaven. The words continue, the voice sometimes breaking them up into semi-*staccati* :

> Des sifflements de mort et de cercles de musique sourde font monter, s'élargir et trembler comme un spectre ce corps adoré : des blessures écarlates et noires éclatent dans les chaires superbes. Les couleurs propres de la vie se foncent, dansent, et se dégagent autour de la Vision, sur le chantier. Et les frissons s'élèvent et grondent, et la saveur forcenée de ces effets se chargeant avec les sifflements mortels et les rauques musiques que le monde, loin derrière nous, lance sur notre mère de beauté, – elle recule, elle se dresse. Oh ! nos os sont revêtus, d'un nouveau corps amoureux.
>
> O la face cendrée, l'écusson de crin, les bras de cristal ! le canon sur lequel je dois m'abattre à travers la mêlée des arbres et de l'air léger !

This is one of the two most fluently lyrical passages in the Britten song-cycle, and Ashton makes it the most fluently pure-dance passage of his ballet. Sacred Love is supported throughout by one or more of her four male partners, usually at least two at a time. In the history of choreography, a supported *adagio* for a ballerina with four male partners is a compositional device going back to the celebrated Rose Adagio for Princess Aurora and her four princely suitors in *The Sleeping Beauty*. In 1948 Ashton had briefly invoked the latter in his Stravinsky *Scènes de ballet*. Here, however, his 'Being beauteous' choreography has more of the dreamlike *legato* of one of ballet's vision scenes. Indeed, I know no pre-1950 choreography that has, to so remarkable a degree, the lunar quality that he achieves here.[26]

---

[25] In the 1950 original, Ashton cast one of New York City Ballet's black male dancers as one of these partners. He said later that he was referring to the black servant whom Rimbaud had during his later years in Africa. The role has usually been taken by white dancers in later revivals.

[26] It is possible that he had choreographed something like it in the dance for the Moon and Gemini in his greatly-admired but short-lived 1938 *Horoscope*. However, when choreographing, Ashton usually took movement ideas from his dancers, and Tanaquil LeClercq later claimed that some of the movement she contributed to *Being Beauteous* was in fact choreographed privately on her by Balanchine. The demi-fouetté I have mentioned occurs in Balanchine choreography earlier than *Illuminations*, but not, I believe, in earlier choreography by Ashton.

It is a scene of ballet as celestial acrobatics. The ballerina is made to float across the stage in *grand jeté* lifts, in multiple *sissonne* lifts, and in a favourite Ashton ground-skimming lift – a line of small *jeté* lifts in which the dancer's pointes alight on, and depart from, pointe (often known as 'walking on air'). What is remarkable is the extreme *legato* with which Ashton links all these lifts together. They seem scarcely to respond to any pulse in the music.

More notable yet are the passages of true supported *adagio*, that ballet ceremony in which a ballerina is able to prolong her *adagio* abilities on one pointe with the assistance of male partnering. And it is here that Ashton's ballet acrobatics are particularly striking. The great Italian ballet teacher Enrico Cecchetti had written, in 1922 : 'On no account should the foot be raised higher than at right angles to the hip, for then the exercise tends to become an essay in acrobaticism which is opposed to the laws of the dance.'[27] Cecchetti's was the academic ballet style to which Ashton adhered in much of his choreography. However, Tanaquil LeClercq, the young ballerina whom Ashton cast as the original Sacred Love, was famous for the easy height of her extensions, and Ashton took this opportunity, as Balanchine was already doing, to show how high extensions may be lyrical and poetic.[28] Here, the Sacred Love ballerina often extends a leg sideways to ear-height (it was not until the late 1980s that international ballerinas routinely began to extend legs above head-height), and to a similar height behind her in *arabesque penchée*.

In one of my favourite moments, facing forwards and supported by more than one man, she has extended a leg sideways in a high *développé* à *la seconde*. Now, while still on one supporting pointe and while keeping her other leg in that high position, she switches the angle of her torso into profile and plunges it low, so that she is in *penchée arabesque*. (In one of her most prestigious Balanchine roles, the second movement of the Bizet *Symphony in C*, LeClercq was already executing a similar *demi-fouetté* switch from à *la seconde* into *arabesque*. There, however, the powerful descent of

---

[27] Enrico Cecchetti quoted by Robert Greskovic, 'Ballet, barre and center, on the bookshelf', *Ballet review* 6 n°2 (New York 1977-78), p.28.

[28] Ashton was to do so again later in his career, notably in his two *Monotones* pas de trois (1965, 1966) to music by Erik Satie. The 'white' pas de trois to Satie's 'Trois Gymnopédies' is the ultimate example of lunar *adagio* choreography in Ashton's œuvre.

her torso into *penchée* is gradual, part of a *legato* phrase, whereas in *Illuminations* she arrives there immediately. This change of tone, the torso switching from forwards into profile and from upright to low-leaning, the ballerina at first seeming not to need any support but now demanding it, is the single pure-dance moment in the ballet which most thrillingly brings the idea of metamorphosis into play. It is as if a soprano had managed a two-octave drop as part of a single ongoing phrase.

The flow of movement keeps on through image after image. Virtually the final is another lift in which Sacred Love executes multiple entrechats, while her arms fluently writhe above her head, in the gesture that, according to conventional ballet mime, means 'Dance'. Again, what is astounding here, and so right for the music, is Ashton's *legato*.

In 1939, when he was choreographing for the Ballet Russe de Monte Carlo, an elderly gentleman, who had been watching a number of his rehearsals, approached him, offered him little cakes, and said "Monsieur, je vous admire beaucoup. Votre chorégraphie se déroule comme une chaîne." Later, Ashton asked a colleague, possibly the ballerina Alexandra Danilova, who this man was. The colleague replied, "But don't you know, that is Matisse" – who was designing another ballet for the company. Ashton said "Thank God I *didn't* know, because I wouldn't have been able to do anything."[29] Matisse's point applies to much of Ashton's choreography, and to 'Being beauteous' in particular. As we watch it today, 'se déroule comme une chaîne' still holds good.

The men's manner of partnering the ballerina is entirely chivalrous, and yet there is an erotic implication to this scene. She may be a Queen of Heaven, but she is no Virgin Mary. Though she is cool, the fluency of the arcs she traces in the air is deeply sensuous. Certainly the spectacle of her inflames the Poet whose vision she is, and Britten's accompaniment has restless trills that suggest his gasps and shudders. As the words move onto 'O la face cendrée' the Poet rises. Holding the crown as if intending now to offer it to her, he starts to follow her as she departs offstage.

But the Poet is stopped from following Sacred Love offstage ; stopped, it seems, by violent intrusion of real life. He is surrounded by

---

[29] Vaughan, *Frederick Ashton and his ballets*, p.175.

other people, all busy, wild, distracting. With the words 'Des drôles très solides', the music moves into 'Parade'.

> Plusieurs ont exploité vos mondes. Sans besoins, et peu pressés de mettre en œuvre leurs brillantes facultés et leur expérience de vos consciences. Quels hommes mûrs ! Quels hommes mûrs ! Des yeux hébétés à la façon de la nuit d'été, rouges et noirs, tricolorés, d'acier piqué d'étoiles d'or ; des faciès déformés, plombés, blémis, incendiés ; des enrouements folâtres ! La démarche cruelle des oripeaux ! Il y a quelques jeunes….
>
> O le plus violent Paradis de la grimace enragée ! Chinois, Hottentots, bohémiens, niais, hyènes, Molochs, vieilles démences, démons sinistres, ils mêlent les tours populaires, maternels, avec les poses et les tendresses bestiales. Ils interpréteraient des pièces nouvelles et des chansons 'bonnes filles'. Maîtres jongleurs, ils transforment le lieu et les personnes et usent de la comédie magnétique….

Suddenly the music rises to the final and most urgent proclamation of Rimbaud's motto : 'J'ai seul la clef de cette parade, de cette parade sauvage'.

Both Sacred Love and Profane Love have come onstage now, and the Poet is lifted high. From this position, he gestures to one, and then to the other, in a kind of torment. On one side of the stage, there stands a pair of young lovers, embracing and locked in each other's eyes. It is this tableau that illustrates the Poet's tragic dilemma.[30]

As I have said, these young lovers (briefly glimpsed here) serve the same function as the young lovers in Ashton's 1941 ballet *The Wanderer :* they represent the amorous fulfilment the Poet can never find, though their absorption in nothing but each other is also the opposite of his wider view of life. Ashton was to choreograph another young such couple in his final life-and-art ballet : Isabel Fitton and Richard Arnold in *Enigma Variations* (1968). Whereas the protagonist Elgar has relationships with three different women, none of them fulfilling by itself, Isabel and Richard dance together with just the kind of tender, unfrustrated serenity that he lacks. But it is he who has the wide range of friends and moods ; his eyes are more open to the variety of life than theirs ; and it is he who is an artist. Thus it is in *Illuminations*, save that here the feeling is distraught. The two rival

---

[30] See Vaughan, *Frederick Ashton and his ballets*, p.243. This moment resembles one in his 1941 ballet *The Wanderer :* see photograph in Vaughan, p.190.

muses make their claims upon the artist, whereas the two young lovers, locked in each other's eyes, are in another orbit.

The music rushes on, into a sudden dramatic climax. During this, Profane Love behaves with complete vengefulness. Seizing a man, planting a gun in his hand, she sets him up to shoot the Poet. As I've said, she is certainly not Verlaine ; she is 'Venus toute entière à sa proie attachée'. The Poet's wounded, as Rimbaud was, in his arm. Blood (synthetic) falls. And now she flings herself devotedly at the Poet's feet.

After all this frenzy, the music returns to extreme lyricism for its finale, 'Départ'. The words, sung with calm resignation, begin : 'Assez vu. La vision s'est rencontrée à tous les airs.'

It was already remarkable that the young Rimbaud, in writing 'Départ', seemed to anticipate his own subsequent renunciation of his own poetic gifts. Britten, by placing it at the end of his song-cycle, was surely making a biographical suggestion about this final cessation of poetry in Rimbaud's life. In this final scene of *Illuminations*, Ashton captures both the larger feeling of the poem and the religious idealism that earlier biographies ascribed to his later life. It does not matter that we now know that Rimbaud's later life was none too distinguished. The ballet only refers to fleeting aspects of his real life anyway. In watching the Poet, even when shot and bleeding, we never feel we are watching some bio-ballet.

He clutches his wounded wrist, but without looking at it. He looks ahead, he walks over Profane Love, and never sees her again. He never looks at the Young Lovers either. He brushes past the other characters. As the words sing of 'la vision', he has eyes for Sacred Love alone. She is now borne into an apotheosis at the back of the stage, carried along a zigzag path towards the light in slow high-arching *grand jeté* lifts, behind a scrim ; and slowly, he follows her. The words continue :

> Assez eu. Rumeurs des villes, le soir, et au soleil, et toujours.
> Assez connu. Les arrêts de la vie. – O Rumeurs et Visions !
>
> Départ dans l'affection et le bruit neufs !

He is still wounded, but all he cares about is the Vision who does not see him, who does not claim his flesh or his sexuality, who gives him the only inspiration he now craves. He is leaving this world, the world to which he had the key, the world of poems. And, behind him, it folds up into sleep, the dancers slowly drooping to the floor.

To ballet-goers, this foreground image of communal sleep will recall what happens when the Lilac Fairy in *The Sleeping Beauty* enfolds the court in the hundred-year sleep. *Illuminations*, however, feels like *The Sleeping Beauty* in reverse when we recollect its beginning. There, the Poet touched them into life ; now, with his departure, they collapse back into inertia. So they were not just his visions, they were in part his creations.

And he follows Sacred Love into the light – indeed, as the curtain falls, into his own eclipse, as he stands in front of the bright sun on the backdrop, still gesturing towards his unattainable ideal. How strange. We've seen sex ; an orgasm ; a pissoir ; a shooting. Yet here we see, of all things, an apotheosis. The Poet is transfigured : the final metamorphosis of the ballet.

Illuminations brings to powerful life the symbolist visions of a post-Romantic poet. Ashton gives us the changing inner landscape of an artist's fertile mind.

APPENDIX A

Choreo-chronicle of works choreographed by Frederick Ashton (a complete catalogue of Ashton's choreography will be found in the second edition of David Vaughan's *Frederick Ashton and his ballets*, London 2000. Here listed only the ballets referred to in this article.).

Façade, 1931, one-act ballet freely adapted to music originally written as a setting to poems by Edith Sitwell.

Les Rendez-vous, 1933, ballet-divertissement, music by Daniel François Auber, arranged by Constant Lambert.

Four saints in three acts, 1934, an opera to be sung, words by Gertrude Stein, music by Virgil Thomson.

Apparitions, a ballet on romantic themes arranged by Constant Lambert, 1936, music by Franz Liszt, arranged by Constant Lambert, orchestrated by Gordon Jacob.

Les Patineurs, ballet-divertissement in one act, 1937, music by Giacomo Meyerbeer, arranged by Constant Lambert.

A Wedding bouquet, 1937, music by Lord Berners, words by Gertrude Stein (mostly from *They must. Be wedded. To their wife*).

The Wanderer, 1941, choreographic fantasy, music by Franz Schubert arranged for piano and orchestra by Constant Lambert.

Symphonic variations, 1946, music by César Franck.

Albert Herring, 1947, a comic opera in three acts by Eric Crozier, music by Benjamin Britten.

Valses nobles et sentimentales, 1947, music by Maurice Ravel.

Scènes de ballet, 1948, music by Igor Stravinsky.

Cinderella, 1948, ballet in three acts, music by Serge Prokoviev.

Le Rêve de Léonor, ballet in one act by Léonor Fini, music by Benjamin Britten, orchestrated by Arthur Oldham.

Illuminations, 1950, ballet in one act, music by Benjamin Britten, poems by Arthur Rimbaud.

Daphnis and Chloë 1951, music by Maurice Ravel.

Variations on a theme of Purcell, 1955, music by Benjamin Britten.

Romeo and Juliet, 1955, ballet in three acts, ten scenes and epilogue after William Shakespeare, music by Serge Prokoviev.

La Fille mal gardée, ballet in two acts and three scenes after Jean Dauberval, music by Ferdinand Hérold (and Rossini), freely adapted and arranged by John Lanchbery from the 1828 version (with a Donizetti interpolation from 1836).

The Dream, 1964, ballet in one act adapted from William Shakespeare, music by Felix Mendelssohn-Bartholdy, arranged by John Lanchbery.

Monotones, 1965 and 1966, two pas de trois to music by Erik Satie, orchestrated by Claude Debussy, Roland-Manuel, and John Lanchbery.

Sinfonietta, 1967, music by Malcolm Williamson.

Enigma Variations (My friends pictured within), 1968, music by Edward Elgar.

Death in Venice, 1973, an opera in two acts by Myfanway Piper, after the story by Thomas Mann, music by Benjamin Britten.

APPENDIX B

Benjamin Britten
Les Illuminations, for high voice and strings.

(text as it is sung, including repetitions of words and phrases)

Fanfare
J'ai seul la clef de cette parade, de cette parade sauvage.

Villes
Ce sont des villes ! C'est un peuple pour qui se sont montés ces Alleghanys et ces Libans de rêve ! Des chalets de cristal et de bois se meuvent sur des rails et des poulies invisibles. Les vieux cratères ceints de colosses et de palmiers de cuivre rugissent mélodieusement dans les feux.... Ce sont des villes ! Des cortèges de Mabs en robes rousses, opalines, montent des ravines. Là-haut, les pieds dans les cascades et les ronces, les cerfs tètent Diane. Les Bacchantes des banlieues sanglotent et la lune brûle et hurle. Vénus entre dans les cavernes des forgerons et des ermites. Ce sont des villes ! Des groupes de beffrois chantent les idées des peuples. Des châteaux bâtis en os sort la musique inconnue.... Ce sont des villes ! Ce sont des villes ! Le paradis des orages s'effondre.... Les sauvages dansent sans cesse, dansent, dansent sans cesse, la fête de la nuit.... Ce sont des villes !...
Quels bons bras, quelle belle heure me rendront cette région d'où viennent mes sommeils et moindres mouvements ?

Phrase
J'ai tendu des cordes de clocher à clocher ; des guirlandes de fenêtre à fenêtre ; des chaînes d'or d'étoile à étoile, et je danse.

Antique
Gracieux fils de Pan ! Autour de ton front couronné de fleurettes et de baies, tes yeux, des boules précieuses, remuent. Tachées de lies brunes, tes joues se creusent. Tes crocs luisent. Ta poitrine ressemble à une cithare, des tintements circulent dans tes bras blonds. Ton cœur bat dans ce ventre où dort le double sexe. Promène-toi, la nuit, la nuit, en mouvant doucement cette cuisse, cette seconde cuisse et cette jambe de gauche.

Royauté
Un beau matin chez un peuple fort doux, un homme et une femme superbes criaient, criaient sur la place publique : "Mes amis, mes amis, je veux qu'elle soit reine, je veux qu'elle soit reine !" "Je veux être reine, être reine, être reine !" Elle riait et tremblait. Il parlait aux amis de révélation, d'épreuve terminée. Ils se pâmaient l'un contre l'autre.
En effet ils furent rois toute une matinée où les teintures carminées se relevèrent sur les maisons, et toute l'après-midi, où ils s'avancèrent du côté des jardins de palmes.

Marine

Les chars d'argent et de cuivre –
Les proues d'acier et d'argent –
Battent l'écume, –
Soulèvent les souches des ronces.
Les courants de la lande,
Et les ornières immenses du reflux,
Filent circulairement vers l'est,
Vers les piliers de la forêt,
Vers les fûts de la jetée,
Dont l'angle est heurté par des
tourbillons, tourbillons de lumière.

Interlude

J'ai seul la clef de cette parade, de cette parade sauvage.

Being beauteous

Devant une neige un Etre de Beauté de haute taille. Des sifflements de mort et de cercles de musique sourde font monter, s'élargir et trembler comme un spectre ce corps adoré : des blessures écarlates et noires éclatent dans les chaires superbes. Les couleurs propres de la vie se foncent, dansent, et se dégagent autour de la Vision, sur le chantier. Et les frissons s'élèvent et grondent, et la saveur forcenée de ces effets se chargeant avec les sifflements mortels et les rauques musiques que le monde, loin derrière nous, lance sur notre mère de beauté, – elle recule, elle se dresse. Oh ! nos os sont revêtus, d'un nouveau corps amoureux.

O la face cendrée, l'écusson de crin, les bras de cristal ! le canon sur lequel je dois m'abattre à travers la mêlée des arbres et de l'air léger !

Parade

Des drôles très solides. Plusieurs ont exploité vos mondes. Sans besoins, et peu pressés de mettre en œuvre leurs brillantes facultés et leur expérience de vos consciences. Quels hommes mûrs ! Quels hommes mûrs ! Des yeux hébétés à la façon de la nuit d'été, rouges et noirs, tricolorés, d'acier piqué d'étoiles d'or ; des faciès déformés, plombés, blêmis, incendiés ; des enrouements folâtres ! La démarche cruelle des oripeaux ! Il y a quelques jeunes….

O le plus violent Paradis de la grimace enragée ! Chinois, Hottentots, bohémiens, niais, hyènes, Molochs, vieilles démences, démons sinistres, ils mêlent les tours populaires, maternels, avec les poses et les tendresses bestiales. Ils interpréteraient des pièces nouvelles et des chansons 'bonnes filles'. Maîtres jongleurs, ils transforment le lieu et les personnes et usent de la comédie magnétique….

J'ai seul la clef de cette parade, de cette parade sauvage…

Départ

Assez vu. La vision s'est rencontrée à tous les airs.

Assez eu. Rumeurs des villes, le soir, et au soleil, et toujours.Assez connu. Les arrêts de la vie. – O Rumeurs et Visions !
Départ dans l'affection et le bruit neufs !

Anne-Marie Stretter danse : fonctionnement du bal dans les œuvres de Marguerite Duras

Christophe Meurée, Université catholique de Louvain

Résumé :

Marguerite Duras a, durant toute sa carrière littéraire et cinématographique, inséré des scènes de danse dans ses œuvres. Un point d'acmé semble être atteint dans trois textes appartenant à son « cycle indien » : *Le Ravissement de Lol V. Stein, Le Vice-consul* et *India song*. Dans ces textes, en effet, la scène de danse constitue ce que l'on pourrait appeler la matrice du récit (le manuscrit le confirme pour le roman de 1964). Anne-Marie Stretter, personnage commun aux trois textes, s'inscrit en tant que figure exemplaire de ce qu'est la danse chez Duras, à savoir un moyen de communication qui transcende tout langage codifié et rend plus vrai le rapport humain, créant une communauté du désœuvrement. Cette hypothèse incite à une relecture des scènes de danse de la littérature contemporaine, amorcée ici avec *L'Héritage* de Bernard-Marie Koltès.

De la scène originelle à la toile de fond la plus imperceptible, les scènes de danse et plus particulièrement les scènes de bal sont légion dans l'œuvre de Marguerite Duras. A cette abondance fait écho une masse d'écrits critiques qui tentent, de près ou de loin, d'expliquer la récurrence et les fondements du motif de la danse. Madeleine Borgomano, par exemple, y voit une variation sur le thème de la déchéance paternelle, et ce depuis *La Vie tranquille*.[1] Son analyse est forte, mais s'attache assez peu aux répétitions structurelles de détail. Or, il nous paraît indispensable de nous pencher sur la structure spécifique à l'œuvre dans la construction des scènes de bal. L'objectif sera donc de démontrer, au-delà de la simple analyse structurale, que la danse détient une puissance communicative et créatrice qui transcende tout recours à un langage codifié. Pour ce faire, nous alignerons en perspective des œuvres de Duras *L'Entretien infini* de Maurice Blanchot. Mais aussi, en plus du corpus durassien, nous nous

---

[1] Madeleine Borgomano, *Duras : une écriture des fantasmes* (Petit-Roeulx 1985), p.140-64.

attellerons à prouver que les œuvres en langue française de la seconde moitié du vingtième siècle peuvent être lues selon les critères que nous allons dégager, pour autant qu'elles comportent des scènes dansées. Anticipons encore un peu sur les futurs développements en indiquant que la question du temps, et en particulier de l'atemporalité, tient une place de choix dans cette perspective. Par 'atemporalité' nous entendons la suppression du temps chronologique et le suspens du temps personnel à l'intérieur de la fiction, au profit d'un instant d'éternité. Ces prémisses mises en place, nous pouvons entreprendre le parcours que nous nous sommes fixé : par les principaux exemples du *Ravissement de Lol V. Stein*, du *Vice-consul*, d'*India song* et de *L'Amant de la Chine du Nord*, nous nous préparons à mettre en lumière les principaux traits de la danse comme langage dans l'œuvre de Marguerite Duras. Si le choix des trois premiers livres semble couler de source, tous appartenant à ce cycle de textes au sein desquels évoluent, parfois de manière contradictoire, les mêmes personnages, le fait d'y ajouter *L'Amant de la Chine du Nord* peut paraître étrange. Cette attention portée à un texte tardif nous est d'abord dictée par la nécessité de prouver que la spécificité de la construction de la scène de danse chez Duras demeure tout au long de son œuvre. Ensuite, le besoin d'inclure cette autofiction répond à une volonté de se concentrer sur le personnage d'Anne-Marie Stretter, nettement plus présent dans le texte de 1991 que dans le prix Goncourt 1984. En effet, c'est presque sous le patronage de la femme de l'ambassadeur que se place l'histoire d'amour unissant l'enfant et l'amant chinois : leur première conversation tourne autour du personnage fascinant d'Anne-Marie Stretter et la Valse Désespérée qu'elle exécute au piano parcourt les rues durant tout le roman. Enfin, la danse occupe une position infiniment plus grande dans la 'réécriture' de *L'Amant* que dans l'original, fait sans doute lié, d'une manière ou d'une autre, à la présence quasi fantomatique de la danseuse la plus récurrente de l'univers durassien.

La piste de danse comme lieu de l'isolement

Ceignons d'arceaux les pistes de danse de l'espace imaginaire durassien. Quel est le premier élément qui vient heurter l'œil ? Des personnages contraints à la danse, comme ils le sont souvent à la folie.

Dans le choix d'œuvres prédéterminé sont condamnés de cette manière Lol V. Stein, Jean-Marc de H., Anne-Marie Stretter, Michael Richardson (appelé également Michael Richard dans *Le Vice-consul*), Charles Rossett et Jacques Hold. Anne-Marie Stretter est la principale figure dansante de l'univers durassien.[2] On dénombre parmi ses cavaliers, Michael Richardson dans *Le Ravissement de Lol V. Stein* et dans *India song*, Charles Rossett et Jean-Marc de H., vice-consul de France à Lahore, dans *Le Vice-consul* et *India song*. Ce personnage féminin obsédant se situe à la charnière des quatre livres et occupe une place prépondérante dans l'analyse que nous nous proposons de faire, jouant un rôle de révélateur que Lol V. Stein ne peut, de par sa condition de folle avouée, remplir. La femme de l'ambassadeur de France à Calcutta est de fait le personnage qui force les autres à la danse, de par sa seule présence : « Il faut inviter Anne-Marie Stretter à danser lorsqu'on est reçu à l'ambassade, même si elle ne le désire pas. »[3]

Lorsque Anne-Marie Stretter et ses filles pénètrent dans la salle de bal du casino municipal de T. Beach, Michael Richardson est en proie à un changement intérieur qui va le pousser à inviter l'ambassadrice à valser ; il devient subitement *différent*, ses yeux s'éclaircissent, et il conduit Lol, comme pour s'en débarrasser, derrière les plantes vertes où elle languira jusqu'à la fin du bal. Anne-Marie Stretter, fausse sorcière[4] dont la chevelure rousse résulte d'une teinture, semble avoir envoûté le fiancé de Lol. « Aussitôt qu'on le revoyait ainsi, on comprenait que rien, aucun mot, aucune violence au monde n'aurait eu raison du changement de Michael Richardson. Qu'il lui faudrait maintenant être vécu jusqu'au bout. Elle commençait déjà, la nouvelle histoire de Michael Richardson, à se faire. »[5]

Mais à ce sort jeté au partenaire d'entrechats, il faut ajouter la fascination exercée sur l'assistance par le couple qui danse. Anne-Marie Stretter dansait avec Michael Richardson au bal de T. Beach

---

[2] *L'Amant de la Chine du Nord* fait doublement exception : Anne-Marie Stretter n'y danse pas (elle y occupe plutôt une place de musicienne) et les personnages que l'on retrouve sur la piste de la Cascade ne semblent pas subir l'espèce de condamnation à la danse qui avait lieu dans les autres textes, à l'évidence.

[3] *Le Vice-consul* (Paris 1966), p.97 (voir également p.96 et 107).

[4] Rappelons la passion qui anime Marguerite Duras lorsqu'il s'agit du rapport entre féminité et sorcellerie : l'auteur rappelle dans *Les Lieux* le récit de Michelet qui l'a beaucoup impressionnée.

[5] *Le Ravissement de Lol V. Stein* (Paris 1964), p.17.

sous le regard dépourvu de toute douleur de Lol V. Stein, alors que, selon toute logique rationnelle, on eût pu s'attendre de la part de la jeune fille délaissée à une colère ou à une déception déchirante. La fascination joyeuse éprouvée par un observateur externe de l'union des danseurs est une constante chez Duras. La figure du triangle revient avec une régularité de métronome tout au long de sa production. Le vieil Andesmas, par exemple, observe du haut de sa colline la fête de village au milieu de laquelle sa fille Valérie est en train de danser ; le jeune gardien de l'île se satisfait de revoir Emily L. dansant sur le pont d'un bateau et qui prend la fuite dès que la musique cesse, au lieu de mettre en œuvre son projet de l'enlever à tout jamais.[6] De même, le vice-consul regarde Anne-Marie Stretter danser dans une espèce de joie folle, et ne se met lui-même à danser que lorsque la mendiante laotienne est dans les parages immédiats et pourrait regarder la scène si son attention s'y prêtait.[7]

> Dès qu'elle [Anne-Marie-Stretter] fut dans ses bras, à sa gaucherie soudaine, à son expression abêtie, figée par la rapidité du coup, Tatiana avait compris que le désarroi qui l'avait envahi, lui [Michael Richardson], venait à son tour de la [Lol V. Stein] gagner.
> *Des femmes parlent :*
> « Il a l'air heureux par instants. Regardez... Comme s'il était fou de bonheur tout d'un coup... »
> > *Temps.*
> « Quand elle danse peut-être... »
>
> Des princes quand ils [l'enfant et Paulo] dansent ces deux-là, dit la mère. [...] Et autour d'eux on les regarde dans la joie.

La danse, comme l'amour, est, chez Duras, une action commise par deux personnages assistés d'au moins un témoin, souvent qualifié improprement, à notre avis, de voyeur. Dans *L'Amant de la Chine du*

---

[6] *Emily L.* (Paris 1987), p.149 (la scène du dancing installé sur un bateau fait également partie de la matière autofictionnelle traitée dans *L'Amant de la Chine du Nord*). On pourrait encore citer, afin de prouver l'ampleur du phénomène sur toute la carrière de l'écrivain, des scènes de bal dans *Les Petits Chevaux de Tarquinia*, dans *Le Marin de Gibraltar*, etc., mais nous préférons nous centrer sur les quatre œuvres choisies, de telle manière que l'analyse n'en apparaisse que plus prégnante.

[7] Voir *Le Vice-consul* p.99, 106-107 ; *India song* (Paris 1973), p.69 et 77 (arrivée de la mendiante au début de l'air sur lequel Anne-Marie Stretter et le vice-consul vont danser) ; *Le Ravissement de Lol V. Stein*, p.17-21 ; *L'Amant de la Chine du Nord* (Paris 1991), p.172.

Nord, un jeune boy est cloué par le regard qu'il porte sur les deux jeunes danseuses, l'enfant et Hélène Lagonelle. De la même manière, les scènes d'amour entre la jeune fille et le Mandchou se calquent avec exactitude sur ce modèle : le chauffeur et le père de l'amant sont une présence constante et discrète, qui semble tout savoir de l'histoire en cours. La comparaison ne s'en tient pas là. Le couple dansant se profile comme le moyeu de la roue des conversations et des regards, pour résumer les liens unissant la danse et le désir décrits par Xavière Gauthier ou par Midori Ogawa.[8] La danse constitue une espèce de parade érotique au vu et su de tous. Et pourtant, à cette parade, les spectateurs ne comprennent rien. Toutes les scènes de danse se construisent de bribes de conversation ou de pensées des autres personnages présents, qui semblent incapables de comprendre l'inouï qui a lieu sous leurs yeux. Ainsi, les invités de la réception à l'ambassade de France à Calcutta tentent de recomposer ce que le vice-consul et Anne-Marie Stretter se disent, mais aucun n'y parvient. De la même manière, observant avec une attention soutenue Lol et Jacques Hold, Tatiana ne parvient à saisir que des murmures dénués de sens, dans le meilleur des cas. Un double point est à relever ici : d'une part, le couple qui danse s'exclut de toute forme de communication avec le monde extérieur tout en y demeurant bien présent ; d'autre part, les danseurs perdent totalement le sens du rythme, éprouvant même des difficultés à se mouvoir. Ce contre-temps dans les pas des danseurs dissocie la danse de la musique. Même si les analyses de Midori Ogawa sur le motif musical chez Duras nous paraissent excellentes, nous nous devons de constater que, si la musique sert de déclencheur à la danse et à l'expérience singulière de communication qu'elle sous-tend, son rôle demeure limité. Dès lors qu'ils sont dans les bras l'un de l'autre, les partenaires de bal n'écoutent ni n'entendent plus la musique :[9] seule la danse importe, toute désarticulée qu'elle soit. Par exemple, Michael Richardson et Anne-Marie-Stretter sont qualifiés, se rejoignant pour

---

[8] Voir Xavière Gauthier, 'La danse, le désir', dans *Cahiers Renaud Barrault* 89 (1975), p.28-29 et Midori Ogawa, *La Musique dans l'œuvre littéraire de Marguerite Duras*, (Paris 2002), p.30.

[9] « Ils [Michael Richardson et Anne-Marie Stretter] ne s'étaient pas aperçu que l'orchestre avait cessé de jouer » (*Le Ravissement de Lol V. Stein*, p.20).

danser, d'*automates*.[10] Lors de la soirée organisée chez Lol, celle-ci danse avec Jacques Hold, le narrateur ; l'incompréhension de l'assistance et le mouvement décalé des danseurs se déploient en même temps (p.153-54) :

> Je danse trop lentement et souvent mes pieds s'ankylosent, je rate des temps. Lol s'accorde, distraite, à mes fautes.
> Tatiana suit des yeux notre pénible révolution autour du salon.
> Enfin, Pierre Beugner vient vers elle. Ils dansent.
> Il y a cent ans que j'ai Lol dans les bras. Je lui parle de façon imperceptible. A la faveur des mouvements changeants de Pierre Beugner, Tatiana nous est cachée, elle ne peut ni voir ni entendre.
>
> Dans mes bras, Lol égarée – elle ne me suis plus tout à coup – pesante.

Pour revenir sur le phénomène d'impossibilité de communication claire entre le couple qui danse et l'assistance, les manières de didascalies du texte protéiforme *India song* sont édifiantes, malgré leur longueur et leur répétition :

> Lorsque les conversations consignées ici auront lieu, la rumeur de la réception baissera. Il arrivera souvent que cette rumeur cesse PRESQUE complètement lorsque certaines de ces conversations auront lieu, par exemple entre le Jeune Attaché et Anne-Marie Stretter, ou encore entre le Vice-consul de France à Lahore et Anne-Marie Stretter. On peut supposer que les gens, intrigués, au lieu de parler, LES REGARDERONT PARLER. Cet éloignement de la rumeur de la réception ne sera donc pas arbitraire.
> Toutes les conversations – privilégiées ou non – qui feront ou non TAIRE la réception autour d'elles devraient donner l'impression de n'être bien entendues QUE PAR LES SEULS SPECTATEURS ET NON PAR LES INVITÉS DE LA RÉCEPTION :
> Une rumeur même très légère devra donc être maintenue parallèlement à ces conversations. Le fait que celles-ci sont, de loin en loin, mêlées à d'autres conversations privilégiées sont ou pas du tout – ou mal – entendues par les invités. Et aussi le fait que, de temps à autre, certains propos entendus seront RAPPORTÉS MAIS D'UNE FAÇON TOUJOURS PLUS OU MOINS ERRONÉE : ce sont ces légères ERREURS qui prouveront le mieux que SEULS les spectateurs entendent BIEN les conversations privilégiées.[11]

---

[10] *Le Ravissement de Lol V. Stein*, p.21. Voir également « Ils dansent ensemble sans savoir comment on danse » (*L'Amant de la Chine du Nord*, p.172).

[11] *India song*, p.56-57. On remarquera l'insistance terrible que Duras impose à certaines indications par le recours aux lettres capitales.

Et derechef, les invités ne comprennent pas ce que se disent, d'une part, le jeune attaché et Anne-Marie Stretter et, d'autre part, cette dernière et le vice-consul. Les dialogues en font foi (p.74, 79-80). Même Charles Rossett, exclu de la danse entre l'homme de Lahore et l'ambassadrice, se trouvera incapable d'interpréter la conversation qui a lieu.[12] A cette incapacité d'ouïr ce que les danseurs disent s'ajoute la difficulté de le comprendre pour le lecteur qui, lui, a un accès privilégié au dialogue. En fait, les propos tenus par Anne-Marie Stretter et ses cavaliers sont bien sibyllins, de même que ceux tenus par Lol et Jacques dans *Le Ravissement*. L'enfant et son amant chinois se comprennent à demi-mot ; elle et son petit frère Paulo « rient d'un rire à eux, malicieux, inimitable, personne ne peut savoir pourquoi ».[13] Les phrases ont l'air de ne pas se répondre, lorsqu'elles sont achevées, lorsqu'il s'agit de phrases, du moins, car une part des éléments de la conversation reste en suspens. Il serait fastidieux de déployer ici un échantillonnage conséquent de dialogues qui nous permettrait de bien nous faire comprendre. Toutefois, le fait est là : les discussions des danseurs semblent nimbées de mystère. Sans doute Duras se sert-elle de catachrèses trop nombreuses pour que l'on puisse en dénouer le sens exact à chaque fois. Outre les catachrèses, cependant, des suspensions de l'expression nous interrogent : les danseurs semblent se comprendre parfaitement malgré la multiplicité des non-dits. On peut ici opérer une première incursion dans l'univers théorique de Maurice Blanchot en indiquant que ces suspensions phrastiques sont un détournement du phénomène d'*interruption* qui fonde le dialogue : le locuteur, s'interrompant, organise toujours déjà la réponse de l'autre qui doit pénétrer un langage qui n'est pas le sien.[14] Le flux de communication intense nous autorise, certes, à percevoir une connivence particulière entre les danseurs et non des moindres : pour on ne sait quelle raison, Anne-Marie Stretter, par exemple, encourage le vice-consul à crier et à se rebeller à la fin de la soirée : « Je sais [dit le vice-consul] que vous ne direz à personne que vous étiez d'accord [pour le cri] » (p.100).

    Anne-Marie Stretter développe un comportement tout à fait extraordinaire au moment où elle se met à danser : elle donne l'impression de commence à parler mais ne dit rien,

---

[12] *Le Vice-consul*, p.142.

[13] *L'Amant de la Chine du Nord*, p.172.

[14] Voir Maurice Blanchot, *L'Entretien infini* (Paris 1968), p.106-112.

finalement : « Alors elles [Tatiana Karl et Lol V. Stein] virent : la femme entrouvrit les lèvres pour ne rien prononcer, dans la surprise émerveillée de voir le nouveau visage de cet homme aperçu le matin. »[15]

Dans le film *India song*, réalisé par Duras elle-même, les couples sont vus dansant pendant de longues minutes, devant de grands miroirs, et le spectateur entend leur conversation enregistrée sur la bande sonore, sans que leurs lèvres ne remuent à aucun instant. Ce procédé plutôt curieux nous convie à penser que les dialogues asensés à première écoute traversent les personnages en deçà de tout acte langagier normal : les mots sont captés par le conduit auditif parce que le spectateur occupe un poste privilégié, alors que la conversation dénie l'usage coutumier des mots. Il s'agit d'un phénomène d'isolation que Duras nous rend par instants sous la forme d'une métaphore, principalement dans *Le Ravissement de Lol V. Stein*, des murs s'érigent autour des danseurs. Nulle possibilité, alors, de parler de voyeurisme dans le cas du tiers qui est présent lors de la scène de danse. Jacques Hold est à de nombreuses reprises saisi par cette impression fugitive lorsqu'il veut, dans la danse, s'agripper aux lambeaux de sa raison : « Autour de nous, les murs : j'essaie de remonter, je m'accroche, je tombe, je recommence, peut-être, peut-être, mais ma raison reste égale, impavide et je tombe » (p.172). Le bal semble se murer dans la folie de Lol ; le casino de T. Beach l'enferme et engeôle avec elle Jacques Hold qui finit par se laisser faire, comprenant qu'il n'y a pas d'autre moyen d'atteindre Lol : « Je me mets à regarder moi aussi ces lieux indestructibles qui en ce moment deviennent ceux de mon avènement. Voici venue l'heure de mon accès à la mémoire de Lol V. Stein » (p.174-75). Le procédé sera utilisé à nouveau dans *L'Amant de la Chine du Nord*, lorsqu'un *gouffre de silence* environnera les apprenties danseuses, l'enfant et Hélène Lagonelle.[16]

---

[15] *Le Ravissement de Lol V. Stein*, p.18-19.
[16] *L'Amant de la Chine du Nord*, p.65. Dans ce texte, Duras insiste sur la solitude propre à chaque danseur et à chaque membre de l'assistance (voir p.170-72) : « Il est revenu dans le lieu illimité de la séparation d'avec l'enfant ; elle découvre que la solitude a toujours été là, entre elle et lui, qu'elle, cette solitude-là, chinoise [...] était comme son pays autour de lui », etc.

La suspension temporelle

Outre la nécessité du témoin dans un état de fascination joyeuse, l'arythmie et l'espèce d'aphasie auxquelles sont soumis les danseurs et le procédé d'emmurement de la scène de bal, un élément s'offre récurremment à la lecture des scènes de danse durassiennes : l'abolition du temps. On note, lors de la très longue scène de bal du *Vice-consul*, que le temps qui passe est nettement appuyé par la narration. Ainsi, lorsque le vice-consul discute au Cercle européen avec le directeur, une première indication temporelle nous est fournie en rapport avec l'ouverture du bal, il n'est encore que vingt et une heures. Le début de la réception et l'ouverture du bal mettent le temps entre parenthèses pendant quelques pages puis, un nouveau rappel du temps nous apprend qu'il est minuit passé. Anne-Marie Stretter ne danse pas à ce moment-là. Lorsque l'instance narrative nous rappelle qu'il est minuit et demi, Anne-Marie Stretter a de nouveau cessé de danser, et la mendiante se réveille à cet instant précis, au moment même où le vice-consul entame les hostilités de la danse avec une Espagnole et où Anne-Marie Stretter incite Charles Rossett à l'inviter pour quelques pas. Après qu'elle a virevolté avec Rossett, le vice-consul propose à l'ambassadrice de l'accompagner sur la piste. Entre-temps, pendant qu'Anne-Marie Stretter dansait, un jeu de chassé-croisé avait permis que le vice-consul n'invite plus personne sur la piste. Quand le vice-consul et l'ambassadrice ont enfin fini de danser, l'heure s'étale d'elle-même sur la page, intercalée entre la fin d'une danse et l'amorce d'une autre : « La danse se termine. Il est une heure du matin. Elle danse avec Charles Rossett. »[17]

Ensuite, Anne-Marie Stretter et le jeune attaché de l'ambassade anglaise sont au bar, le vice-consul vient de danser une nouvelle fois avec l'Espagnole, et le temps apparaît : « Il est vers deux heures et demie du matin. » Une heure et demie, au total, a passé avec une rapidité incroyable, quand les plus longues conversations incluses dans la danse de Charles Rossett ou de Jean-Marc de H. avec Anne-Marie Stretter n'ont été qu'un instant sur le chronomètre. Lorsque trois heures du matin ont sonné, aucun des protagonistes principaux ne danse.[18] Les indications temporelles nous laissent à penser que non

---

[17] *Le Vice-consul*, p.128.
[18] Toute cette chronologie donne, en résumé : 21 heures (p.82) ; minuit (p.96) ; minuit et demi (p.105) ; une heure (p.128 – ce qui fait un écart de vingt-trois pages avec la

seulement la danse semble faire reculer le temps, mais parvient même dans certains cas à le suspendre. Dans *India song*, curieusement, c'est le titre des morceaux joués qui régit le rappel du temps : lorsque les personnages qualifiés de fous dansent, c'est sur *India song*, alors qu'ils ne dansent plus quand vient le morceau *Heure exquise*.

Comme le souligne l'ambassadeur s'adressant à Charles Rossett, « les lois qui régissent une société normale, ici, n'ont pas cours » (p.135). En effet, si l'on se penche sur les commentaires qui sont faits sur l'allure des danseurs durassiens, aucun d'entre eux ne possède plus un âge déterminé dans la danse ; l'on constate qu'ils sont devenus des enfants ou des vieillards, selon le cas, une solution n'excluant pas l'autre. « Il y a cent ans que j'ai Lol dans les bras », renchérit Jacques Hold. La lueur du petit matin qui va surprendre le trio du casino de T. Beach fait luire dans toute sa splendeur l'âge canonique des deux danseurs et du tiers qui observe, la pauvre Lol abandonnée :

> Aux toutes premières clartés de l'aube, la nuit finie, Tatiana avait vu comme ils avaient vieilli. Bien que Michael Richardson fût plus jeune que cette femme [Anne-Marie Stretter], il l'avait rejointe et ensemble – avec Lol –, tous les trois, ils avaient pris de l'âge à foison, des centaines d'années, de cet âge, dans les fous, endormi.[19]

Et au moment où la musique s'arrête et où les rayons du soleil poignent à travers les fenêtres du bal, lui ôtant sa dimension illusoire de boîte noire protégée par des murs irréfragables, Michael Richardson « cherch[e] dans la salle quelque signe d'éternité ». Et il ne voit pas ce sourire de la petite folle qu'il va livrer à la déshérence, ce sourire que l'on connaît pour l'avoir vu dans les yeux du vice-consul, de monsieur Andesmas ou d'autres, cet indice d'une fascination pour le couple dansant (p.21). D'où le fameux « cinéma de Lol V. Stein », qui n'en finira pas de recréer le bal en imagination, lui rebâtissant des murailles plus solides pour échapper définitivement au temps qui passe : « Et cela recommence, les fenêtres fermées, scellées, le bal muré dans sa lumière nocturne les aurait contenus tous les trois et eux seuls. Lol en est sûre : ensemble ils auraient été sauvés de la venue d'un autre jour, d'un autre, au moins » (p.47).

---

précédente note indiquant l'heure) ; deux heures et demie (p.132) ; trois heures passées (p.134).
[19] *Le Ravissement de Lol V. Stein*, p.19-20.

Les fantaisies hallucinatoires de Lol portent sur la volonté d'atemporalité. La danse conduit à cette illusion que la fin n'aura pas lieu, que le personnage de fou acquerra l'éternité inaccessible, impossible pour un être *discontinu*, au sens bataillien ou blanchotien du terme. Car c'est dans « cette immémoriale absence de temps [qu'] a lieu l'expérience fusionnelle ». Hélas, pour Lol, « Il ne reste de cette minute que son temps pur, d'une blancheur d'os ».[20] Elle se retrouve dans l'incapacité totale de mesurer le temps correctement.[21] Elle a perdu la notion d'ordre, de code. Le temps, pour Duras, représente une norme au même titre que le langage. Sur la scène atemporelle de la danse se greffe la disparition du langage normé (rappelons que l'assistance ne comprend pas un traître mot des conversations tenues par les danseurs, que les lèvres ne remuent pas, que Duras refuse catégoriquement que les locuteurs soient visibles du moment qu'ils parlent, etc.). Ainsi, Paulo, incidemment appelé quelques pages plus loin « le petit frère d'éternité », déjà peu bavard, ne peut que rire dans les bras de sa sœur avec laquelle il vit un instant suspendu, comme ce sera le cas du Chinois dans la scène qui suit :

> Ils continuent de danser.
> *Le moment est recouvert.*
> Ils s'arrêtent de danser.[22]

Anne-Marie Stretter et Michael Richardson ne se parlent pas tout en dansant, sauf lorsqu'une indication temporelle apparaît dans le texte :

> Vers cette même heure [celle des « toutes premières clartés de l'aube »], tout en dansant, ils se parlèrent, quelques mots. Pendant les pauses, ils continuèrent à se taire complètement, debout l'un près de l'autre, à distance de tous, toujours la même.[23]

---

[20] Amelia Gamoneda Lanza, 'Le fou ou l'intelligence du corps', dans Alain Vircondelet (éd.), *Marguerite Duras*, actes du colloque de Cerisy-la-salle (Paris 1994), p.190.

[21] Tatiana Karl, elle, compte en unités de temps : Lol raconte que sa villa de U. Bridge n'est pas loin du littoral, l'autorisant à se rendre à la plage aisément, quand Tatiana calcule qu'il faut deux heures pour se rendre de U. Bridge à la mer (*Le Ravissement de Lol V. Stein*, p.82).

[22] *L'Amant de la Chine du Nord*, p.174 (c'est nous qui soulignons).

[23] *Le Ravissement de Lol V. Stein*, p.20.

Le Ravissement de Lol V. Stein constitue un usage moins radical de la relation entre la parole des danseurs et l'atemporalité. Cependant, il faut noter que, des quatre œuvres envisagées, ce roman est le plus ancien. Une courte maturation a offert à Duras les moyens de parfaire le rapport de contiguïté unissant danse, temps et langage.

Nous avons rejoint ici les intuitions formulées par plusieurs critiques, à commencer par Midori Ogawa et Amelia Gamoneda Lanza, qui n'avaient ni l'une ni l'autre systématisé cette analyse. Nous nous écartons toutefois de leurs interprétations respectives à plusieurs points de vue. A la première, nous opposons une distinction ferme entre la danse et la musique. Ogawa ne conçoit pas l'une détachée de l'autre. Or, nous avons bien vu que la musique, toute porteuse de suspension temporelle qu'elle soit, n'a pas d'autre fonction que de détonateur sur les pistes de danse durassiennes. Son rôle est évidemment plus grand lorsqu'elle occupe seule l'espace narratif, mais demeure dissociable du rôle de la danse. Et, partant, cette dissociation peut s'étendre au domaine des scènes d'amour physique : dans *L'Amant de la Chine du Nord*, la Valse Désespérée interprétée par Anne-Marie Stretter s'efface en même temps que les jacassements des passants au moment même où le Mandchou entreprend de faire l'amour à sa très jeune partenaire.[24]

La communication d'Amelia Gamoneda au colloque de Cerisy sur Duras centrait le propos sur le personnage du fou ; nous avons constaté, pour notre part, que l'atemporalité au sein du mouvement tournoyant de la danse n'était pas l'apanage des fous, mais aussi des personnages qui, comme Anne-Marie Stretter, ne sombrent pas (ou pas encore, dans le cas de l'ambassadrice) dans les affres du désir de fusion. Cependant, l'analyse de Gamoneda trace la voie royale de la distinction qu'opère Maurice Blanchot.

Lutte des rapports de deuxième et de troisième genres

Considérons à présent Anne-Marie Stretter comme le révélateur d'une relation humaine féconde et saine. Elle a arraché Michael Richardson à Lol qui n'était jamais bien 'là' ; elle invite régulièrement des hommes aux îles après avoir valsé avec eux ; elle

---

[24] *L'Amant de la Chine du Nord*, p.82 et 84.

les transforme, en un certain sens. Le vice-consul, de son côté, sait qu'Anne-Marie Stretter est un révélateur. Cependant, parce que lui-même est tenaillé par l'illusion d'une fusion complète avec l'Autre (« Vous êtes avec moi devant Lahore. […] Vous êtes en moi. Je vous emmènerai en moi. »),[25] Anne-Marie Stretter ne peut rien pour lui.

Duras définissait le fou comme « un être dont le préjugé essentiel est détruit : les limites du moi ».[26] Ce que le vice-consul recherche est un « rapport du deuxième genre », tel que le définit Blanchot, une tentative de créer la continuité absolue qui fait défaut à l'homme :

> Dans ce nouveau rapport l'absolument Autre et le Moi s'unissent immédiatement : c'est un rapport de coïncidence et de participation, parfois obtenu par des méthodes d'immédiation. Le Moi et l'Autre se perdent l'un dans l'autre, il y a extase, fusion, fruition. Mais ici, le « Je » cesse d'être souverain ; la souveraineté est en l'Autre qui est le seul absolu.[27]

Amelia Gamoneda Lanza, au cours du colloque de Cerisy sur Duras, rapprochait le personnage de fou des personnages d'enfants ou d'alcooliques dans l'œuvre durassienne, les interprétant comme « des avatars d'un même sujet de désir qui parle partout dans l'œuvre ; un sujet de désir qui vise une altérité impossible à posséder ».[28]

Ce que Blanchot exploite dans les catégories qu'il tisse s'intrique avec ce qu'il appelle « le ravissement de la communication »,[29] puisque le langage fait obstacle au désir de fusion, de continuité, puisqu'il sépare irrémédiablement les êtres humains : la parole du Moi n'est jamais égale à la parole de l'autre. Le vice-consul cherche à gommer cet écueil, tout comme Lol, courant dans les rues de S. Tahla, murée dans son cinéma privé, derrière le couple dont elle espère participer de la fusion : Jacques Hold et Tatiana Karl. Les êtres de papier durassiens se divisent donc selon les trois rapports développés par Blanchot. D'abord, le commun de l'assistance aux divers bals, qui se cantonne, ignorant, inconscient, dans le premier genre : ils aspirent à la réduction de l'Autre au Même. Dans cette voie,

---

[25] *India song*, p.97.
[26] Jacques Rivette, Jean Narboni et Marguerite Duras, 'La Destruction, la parole', *Cahiers du cinéma* 217 (novembre 1969), 45-57 (p.51).
[27] Blanchot, *L'Entretien infini*, p.94-95.
[28] Gamoneda, 'Le fou', p.194.
[29] Blanchot, *L'Entretien infini*, p.96.

nous pouvons clarifier cette incompréhension totale des invités de la réception de l'ambassade de France ou des convives à la soirée organisée par Lol V. Stein face aux couples qui valsent : chacun désire s'approprier la conversation selon ses propres catégories, naïvement, ne tenant aucun compte de la notion de langage comme idiome propre à tout individu, abolissant en quelque sorte ce qui fait de l'Autre un être unique. Les invités de la réception à l'ambassade de France peuvent être comparés à une termitière œuvrant dans une perspective unique. Ensuite, nous avons les fous, Lol et Jean-Marc de H., conscients de l'incommunicabilité entre les hommes mais taraudés par l'aspiration à la continuité. Ils se montrent dépossédés d'eux-mêmes, victimes d'un 'manque-à-être' qui leur donne l'illusion de pouvoir se fondre en la personne de leur choix, leur proie, en quelque sorte. Enfin, la catégorie de rapport du troisième genre est celle où il est tenu compte de l''étrangeté' essentielle inhérente à chacun. Le personnage d'Anne-Marie Stretter se poste en pivot au sein de cette dernière catégorie : elle mène discrètement ses invités à une prise de conscience de la part d'étrangeté, par la danse. En d'autres termes (simplistes et réducteurs), Anne-Marie Stretter ne se soumet pas à la loi populaire des généralités ni au désir de fusion qui obsède les fous... Mais elle sera victime de l'« homme de Lahore ». C'est pourquoi nous pouvons donner raison à la crainte de Michael Richardson dans *Le Vice-consul* (p.193) :

> Ecoute, dit-il, écoutez vous deux aussi, le vice-consul de Lahore, je suis sûr qu'il faut que nous l'oubliions. Il n'y a rien à dire sur les raisons de cet oubli. Il n'y a rien d'autre à faire que de le supprimer de notre mémoire. Sans cela... – il serre les poings – ...nous serons dans un grand danger de... au moins de...
> Dites-le.
> De ne plus reconnaître Anne-Marie Stretter.

La première concernée par la menace du vice-consul appuie son amant : « Il doit vivre comme il est là, dit Anne-Marie Stretter, et nous devons continuer de même de notre côté » (p.194). Or, dans *India song*, la prophétie se réalise, puisque nous voyons l'ambassadrice de France disparaître dans la mer sous les yeux de Jean-Marc de H. qui, aussitôt après, disparaîtra à son tour, comme s'ils avaient été absorbés l'un par le suicide de l'autre.

Lorsque les dictionnaires de langue française se chargent de définir ce qu'est la danse, ils n'établissent pas de séparation entre la danse en couple et la danse chorégraphiée, de type plutôt solitaire, ou la danse de masse (pensons aux discothèques où les danseurs calquent, à la fois individuellement et communément, les mouvements du corps sur le rythme de la musique). Ce manque de discernement ne sert pas notre analyse. Si l'on opte en effet pour la première des deux catégories que nous venons de distinguer, nous remarquons une caractéristique formelle propre : le couple de danseurs tourne sur lui-même, quelle que soit la danse en cours. Le danseur de ballet peut effectuer des tours sur lui-même, comme les derviches, comme le font parfois les fanatiques des boîtes de nuit, mais la mécanique générale de la danse ne consiste pas en un mouvement rotatif, contrairement aux partenaires de tango, de salsa, de valse, etc. Duras ne concentre son écriture que sur des danses de salon de ce genre. Or, si l'on écoute ce que Blanchot peut nous apprendre sur l'action de tourner, l'on découvre que : « Trouver, c'est tourner, aller autour, faire le tour. [...] Trouver, chercher, tourner, aller autour : oui, ce sont des mots indiquant des mouvements, mais toujours circulaires [...] Trouver, c'est chercher par le rapport au centre qui est proprement l'introuvable. »[30] Ainsi du mouvement circulaire se rapproche le mouvement de quête de « l'introuvable », c'est-à-dire l'acte même de l'art : « toute œuvre importante l'est d'autant plus qu'elle met en œuvre plus directement et plus purement le sens de ce tournant, lequel, au moment où elle va émerger, la fait étrangement basculer, œuvre où se retient, comme son centre toujours décentré, le désœuvrement : l'absence d'œuvre [...] qui est l'autre nom de la folie » (p.45). Blanchot nous incite à penser que le mouvement dansé se compose d'une recherche qui fait en soi œuvre par l'absence même de son aboutissement. L'écrivain français fait état de ce mouvement comme d'un rempart qui circonscrit l'absence d'œuvre, autrement nommée la folie. Dans cette optique, n'oublions pas que la majorité des personnages qui dansent ont été artistes ou le deviendront : M. Stretter, Michael Richardson et Charles Rossett ont tous trois désiré écrire ;[31] Anne-Marie Stretter et le vice-consul jouent tous les

---

[30] Blanchot, *L'Entretien infini*, p.35-36.
[31] Michael Richardson écrivait des poèmes (*Le Ravissement de Lol V. Stein*, p.190) ; l'ambassadeur des romans (*Le Vice-consul*, p.136) ou des poèmes aussi (*India song*, p.62) ; le genre des écrits de Charles Rossett reste indéterminé (*India song*, p.84-85).

deux du piano. Cependant, Anne-Marie Stretter échappe à la folie qui tient en ses serres le vice-consul. Une explication de ce phénomène se dessine : la première avait une carrière internationale qui s'ouvrait devant elle, tandis que le second, comme le fils d'Anne Desbaresdes dans *Moderato cantabile*, semble avoir été un mauvais élève pianiste. Les personnages 'convertis' par Anne-Marie Stretter sont tous des écrivains, car, toujours suivant Blanchot, « C'est le langage, l'expérience du langage – l'écriture – qui nous conduit à pressentir un rapport tout autre, rapport du troisième genre » (p.103). Nous aurions tendance à ajouter qu'à l'expérience littéraire peut se substituer l'expérience musicale (en tant que création, génie) et, selon l'analyse qui précède, la danse.

Pourtant, la danse peut se révéler une expérience déceptive dès le moment où un fou s'y insinue. Le vice-consul rappelle le « côté inévitable de Lahore », ce qui implique l'échec pur et simple d'Anne-Marie Stretter, qui un jour ou l'autre devra se confronter à nouveau au rapport du deuxième genre, à la volonté implacable de l'humain à désirer la continuité, l'absolu, la fusion : l'ambassadrice, souffrant d'un éveil de la conscience presque visionnaire, le devine déjà.[32] De même, l'histoire de Lol V. Stein semble se terminer en queue de poisson : elle redevient folle, *complètement*. Mais qu'advient-il de Jacques Hold, qu'elle semblait vouloir entraîner dans son délire ? Celui-ci reste en vérité prisonnier de ce délire métaphorisé sous les espèces des lieux du drame de Lol V. Stein, S. Thala, si l'on s'attache à reconnaître dans *L'Amour* et dans *La Femme du Gange* une suite du *Ravissement*. Tous les personnages d'artistes ratés sont, de fait, devenus des 'désœuvrés' aux Indes ; Anne-Marie Stretter la première a posé la danse comme remède à l'absence d'œuvre artistique. Le vice-consul, lui, a réagi à cette absence par les actes de violence contre lui-même et contre les chiens et les lépreux. Or, Jean-Marc de H. « danse comme un autre, correctement ».[33] A l'absence d'œuvre équivaut la folie. Rappelons-nous que Jean-Marc de H. occupe une position différente des autres : comme Lol, il n'a jamais écrit ni joué avec génie. Lol épousera un violoniste (mariage qui apaisera sa fâcheuse tendance fusionnelle durant dix ans), par ailleurs ; et son amant sera Jacques Hold, l'homme qui s'échine à écrire son histoire. Lol et le vice-consul sont baignés dans une folie sans remède. Seule la

---

[32] *Le Vice-consul*, p.127-28.
[33] *Le Vice-consul*, p.106.

danse les fait apparaître comme normaux : d'où peut-être cette joie de la contemplation du couple qui, dansant, fait œuvre. Barthes ne disait-il pas qu'« aucun art n'est fou » ?[34] Lol ne dansera plus après l'apparition d'Anne-Marie Stretter au bal de T. Beach, ce qui la conduira à chercher une formule de remplacement au couple perdu, comme le vice-consul s'adonnera aux échappatoires du cri, ne pouvant trouver les mots, ces mots contenus au centre du cercle formé par les danseurs, ces mots impossibles à dire, l'œuvre ultime en tant qu'absence (p.125) :

> Parce que j'ai l'impression que si j'essayais de vous dire ce que j'aimerais arriver à vous dire, tout s'en irait en poussière... – il tremble –, les mots pour vous dire, à vous, les mots... de moi... pour vous dire à vous, ils n'existent pas. Je me trompais, j'emploierais ceux... pour dire autre chose... une chose arrivée à un autre...

D'ailleurs, ce mot manquant, ce mot pour le dire, Emily L., une des seules héroïnes durassiennes qui ne semble pas vouée à un destin tragique, le retrouvera : il s'agit du mot « endroit ».[35] Mais ce mot choisi par Emily ne peut être le mot qui n'existe pas. En réalité, seule sa dimension spatiale importe : l'imaginaire durassien se figure l'absence invivable par un lieu.

La preuve par Koltès

Il nous reste encore à montrer, par un bref exemple, que le lieu *introuvable* cerné par les corps qui dansent se révèle un topos méconnu de la littérature de langue française de la seconde moitié du vingtième siècle (nous n'oserons pas alléguer ici que ce topos possède un plus large champ d'action). Duras offre un bel exemple d'utilisation de ce motif de la danse figurant un langage où la parole est prosthétiquement soutenue par d'autres moyens de communication moins soumis à la loi du mensonge. Mais l'ambition de cette brève

---

[34] Roland Barthes, *La Chambre claire* (Paris 1980), p.180.
[35] *Emily L.*, p.135 : « *J'ai oublié les mots pour vous le dire. Je les savais, je les ai oubliés, et ici je vous parle dans l'oubli de ces mots.* [...] *Je voulais vous dire ce que je crois, c'est qu'il fallait toujours garder par devers soi, voici, je retrouve* le mot, un endroit, *une sorte d'endroit personnel, c'est ça, pour y être seul et pour aimer* » (c'est nous qui soulignons).

chemin du retour à sa terre natale ; le petit frère meurt prématurément ; Hélène Lagonelle succombe à une maladie. Un seul résultat à ces défections : l'enfant écrira. Elle créera, en tant que Marguerite Duras (auteur et personnage aussi bien) un vrai lieu de l'écrit, un lieu *introuvable*. L'écriture et la danse comme « u-topies ». N'oublions pas que Duras concevait une écriture sur la *crête des mots*. L'écrivain en tant que personnage s'est accordé un déplacement, un déménagement : du lieu de l'absence d'œuvre, elle a réalisé une œuvre subsumant la folie, sublimant la tentation de la folie.

Conclusion

A l'objectif posé au début de ce parcours, nous avons répondu de diverses manières. D'une part, les scènes de danse doivent être étudiées comme des entités répondant à un système de significations propre et foisonnant. Nous avons pu en juger : la danse, chez Duras (aussi chez bon nombre d'écrivains contemporains) nous interroge quant au regret lancinant de la continuité inaccessible à l'homme. Elle se présente d'autre part comme une réponse, offrant les conditions idéales pour se dégager des contraintes temporelles et langagières. La danse se propose aussi comme alternative du point de vue de la communication, recueillant en son sein l'œuvre inachevée qui déjà fait œuvre. En ce domaine, la danse en tant que langage non articulé – et donc non mensonger – peut être étudiée en parallèle avec les thèmes de la musique ou du silence, qui représentent l'envers du langage parlé : celui-ci cherche à maîtriser le réel pour le comprendre quand ceux-là entrent plus directement en harmonie avec ce même réel.

Un colloque récent organisé à l'Université de Pau avait permis à Hélène Laplace-Claverie d'exposer une question propre au rapport entre la danse et la littérature. Elle s'y demandait en effet pourquoi l'écriture était incapable de figurer la danse. Son corpus d'analyse ne dépassait pas, du point de vue de la chronologie, l'époque de Paul Valéry, malheureusement. Pourtant, un point essentiel revenait au cours de son travail, qu'elle résumait en ces termes : « La danse, idiome silencieux, aura donc fini par contaminer la littérature, l'obligeant à se taire. »[38] Pensait-elle à cet instant à Beckett, à Duras, à toute cette littérature contemporaine mangée par le silence ? C'est probable. Notre idée serait plutôt de laisser au thème de la danse une place équivalente à celle offerte au silence : les deux démarches, souvent proches, souvent complémentaires, nous semblent indiquer plutôt que l'écriture a choisi désormais de laisser des traces en empreintes négatives : de l'ère, déjà lointaine, de la toute puissance du langage, nous avons abouti à une littérature où le langage se creuse lui-même, se fait transpercer par d'autres formes de communication qui lui confèrent une nouvelle voix, non conquérante, celle-là : une voix timide qui n'a de cesse de sonder l'insondable.

---

[38] Hélène Laplace-Claverie, 'L'indicible et le dansable : l'art de la danse ou l'éloquence du silence', dans Aline Mura-Brunel et Karl Cogard (éd.), *Limites du langage : indicible ou silence* (Paris 2002), p.170.

Energies of resistance in twentieth-century dance : postmodern moments

Dee Reynolds, University of Manchester

Abstract :

In what follows, I shall explore how modern and postmodern dance practices can impact upon what I call normative 'economies of energy' in movement. By 'modern' I mean Western theatre dance practices which emerged in opposition to ballet before the First World War in the United States and Europe (the best known performer being Isadora Duncan), and by 'postmodern' I mean subsequent deviations from the modern tradition, which began with Merce Cunningham in the 1940's but became widespread by the 1960s In order to provide a framework for the discussion of uses of energy in movement, I shall begin by exploring Rudolf Laban's theory of 'effort'. I shall then draw on Jacques Derrida's use of the metaphors of 'espacement' and economy, relating the metaphor of economy to the expenditure of energy in movement. Finally, I shall argue, with reference to specific examples, that dance can use energy in ways which produce effects of resistance to normative economies.

I shall explore how modern and postmodern dance practices can impact upon what I call normative 'economies of energy' in movement. By 'modern' I mean Western theatre dance practices which emerged in opposition to ballet before the First World War in the United States and Europe (the best known performer being Isadora Duncan), and by 'postmodern' I mean subsequent deviations from the modern tradition, which began with Merce Cunningham in the 1940's but became widespread by the 1960s.[1] In order to provide a framework for the discussion of uses of energy in movement, I shall

---

[1] It is notoriously difficult to fit historical developments in dance into the categories of 'modernism' and 'postmodernism'. For useful discussions, see Sally Banes, *Terpsichore in Sneakers : Post-Modern Dance* (Boston, Massachussetts 1987), Introduction to second edition (first edition, 1980); Nick Kaye, *Postmodernism and Performance* (London 1994), p.88; Susan Manning, 'Modernist Dogma and Post-modern Rhetoric', *TDR* (32 : 4, 1988),p.32-9, and Frank Werner, 'Diverging aesthetics as fertile ground', in *Dance Theatre Journal* (15 : 3, 1999), 16-21.

begin by exploring Rudolf Laban's theory of 'effort'. I shall then draw on Jacques Derrida's use of the metaphors of 'espacement' and economy, relating the metaphor of economy to the expenditure of energy in movement. Finally, I shall argue, with reference to specific examples, that dance can use energy in ways which produce effects of resistance to normative economies.

Rudolf Laban's 'effort' theory

Hungarian-born Rudolf Laban (1879-1958) is one of the most significant figures in the history of modern dance. He was a dancer, teacher and choreographer, as well as a movement theorist. He is perhaps best known for his invention of the dance notation named Labanotation, but he also pioneered the popular phenomenon of 'movement choirs', which flourished in Germany in the 1920s, and he is widely considered to be the founder of expressive dance ('Ausdruckstanz').[2]

The origins of Laban's later theories on 'effort' date back to his writings of the 1920s, but it was in 1947, when he collaborated with the industrialist Frederick Lawrence to elaborate principles of movement which could lead to 'increased enjoyment of work through the awareness and practice of its rhythmic character',[3] that he developed fully the concept and principles of 'effort' analysis. The theory of effort (the original German term was 'Antrieb', which would be more accurately translated as 'impulse') was founded on polarities of expenditure and retention of energies. 'The meaning of the word effort does not only comprise the unusual and exaggerated forms of spending effort, but the very fact of the spending of energy itself.'[4]

---

[2] For a general account of Laban's life and writings, see Valerie Preston-Dunlop, *Rudolf Laban : an extraordinary life* (London 1998). Laban's relationship with the Third Reich is controversial. See entries in Lilian Karina and Marion Kant, *Hitler's dancers : German modern dance and the Third Reich* (New York 2003).
[3] Rudolf Laban and F. C. Lawrence, *Effort* (London 1947), p.xi. On the history of these ideas, see Vera Maletic, *Body – space – expression : the development of Rudolf Laban's movement and dance concepts* (Berlin 1987), p.93ff. Laban's ideas on effort are also expounded at length in *Modern educational dance* (London 1948 ; 3rd edition, 1976), and in *The Mastery of movement*, ed. Lisa Ullmann (London 1950 ; 4th edition, 1980).
[4] Laban, *The Mastery of movement*, p.169.

Laban believed that training people to reach a better understanding and awareness of their own effort actions would enable them to achieve better control and 'proportionality of efforts' appropriate to accomplishing particular tasks, thereby conserving energy. 'In general effort-training stress is laid on the awakening of the bodily feel of the co-ordination of motion factors in complex efforts, and in sequences of them.'[5] The goal was to improve the mover's 'economy of energy',[6] epitomized in the 'energy-saving qualities' of rhythmic movement.[7]

Rather than abstract parameters of movement, effort analysis takes as its starting point the behaviour of moving subjects, and relies on indissoluble links between embodied subjectivity and movement. The movement impulse is based on 'attitudes of the moving person towards the motion factors Weight, Space, Time and Flow'.[8] This way of analysing and describing movement can be applied to actions ranging from physical tasks executed in the workplace to dance performed on stage. It has proved useful in actor training, as can be seen in the video *Laban for actors : eight effort actions*.[9] Here an instructor asks students to move in different ways, according to Laban's effort categories, which involve a greater or lesser degree of 'fighting against' (resistance to) the motion factors. 'Marching' is an example of a 'direct' attitude which resists space through straight, linear movement, whereas moving randomly through space results from 'indirect' (in Laban's terms, more indulgent) attitude to space. Quick movement results from an attitude of resistance to time, as opposed to slow or sustained movement arising from weaker resistance. Firm, as opposed to gentle movement arises from resistance to weight as an external motion factor. ('Here a tiny dart is thrown with light force and intention. Compare it to the heavy weight of this baseball-throwing motion.') The students are asked to execute various combinations of effort elements in connection with imagined

---

[5] Laban and Lawrence, *Effort*, p.18.
[6] Laban, *Modern educational dance*, p.53.
[7] Laban and Lawrence, *Effort*, p.6.
[8] Laban, *Modern educational dance*, p.8.
[9] Distributed by Insight Media, 2162 Broadway, New York, NY 10024. The eight effort actions in question are : punch (direct, quick, heavy) ; press (direct, sustained, heavy) ; dab (direct, quick, light) ; glide (direct, sustained, light) ; slash (indirect, quick, heavy) ; wring (indirect, sustained, heavy) ; flick (indirect, quick, light) ; float (indirect, sustained, light). See account in Laban and Lawrence, *Effort*.

situations, e.g. punching an enemy (direct, heavy, quick) ; approaching a loved one (direct, light, sustained) ; trying to catch a hamster (indirect, light, quick).

Unlike the motion factors of space, time and weight, 'flow' is internal to the mover. 'A movement can be considered as fluent or showing free flow when the effort of stopping is almost entirely absent.'[10] The flow is 'bound' to the extent that muscles provide counter-tension to the movement being executed. In addition to the mover's attitude towards the motion factors of weight, space, time and flow, which produces different movement qualities, the execution of the movement itself provokes what Laban calls 'movement sensations' of relative expansion, duration, levity and fluency.[11] Laban argued that whereas 'in functional actions, the movement sensation is an accompanying factor only, this becomes more prominent in expressive situations where psychosomatic experience is of utmost importance'.[12] He also emphasized that, even in ordinary movement, effort qualities were extremely complex, and compared the effects of effort rhythms to those of colour. 'Different combinations of efforts create different moods in the dancer, which are analogous to the moods induced by combinations of colours in all their subtle varieties.'[13]

'Espacement'

Although there is no direct equivalent in written texts to the physical performance of effort actions, I have argued elsewhere[14] that typography and spatial layout can be used to virtually 'choreograph' the reader's gaze in ways which bring into play the motion factors of weight, space, time and flow. This is notably the case in Mallarmé's experimental poem of 1897, 'Un coup de dés jamais n'abolira le hasard', where he used a variety of typefaces and sizes, and spread the

---

[10] Laban, *Modern educational dance*, p.73.
[11] Laban, *The Mastery of movement*, p.77.
[12] Laban, *The Mastery of movement*, p.73.
[13] Laban, *Modern educational dance,* p.24.
[14] 'The kinesthetics of chance : Mallarmé's *Un coup de dés* and avant-garde choreography', in *Symbolism, decadence and the* 'fin-de-siècle' (Exeter 2000), p.90-104.

'mise en page' over a double page measuring 50 x 33 centimetres in an extraordinary spatial layout, which he described in his preface in terms of 'espacement', claiming that the poem was 'sans nouveauté qu'un espacement de la lecture'. This 'espacement' affected reading in time as well as in space, since the distance between words 'semble d'accélérer tantôt et ralentir le mouvement, le scandant, l'intimant même selon une vision simultanée de la Page'.[15] 'Choreographed' in this way, the reader's gaze engages with weight, space, time and flow, triggering experience of movement sensations which are closely related to the images of the poem. The text itself, with its uneven outline, is wrenched out of linear alignment, and the repeated emphasis on the diagonal axis from the upper left to the lower right, where the bulk of the text is concentrated, produces an effect of falling in this direction.

The term 'espacement', or 'spacing', has since been taken up by poststructuralists, in particular by Jacques Derrida, who cited Mallarmé's preface in the epigraph to his 1967 text, *L'Ecriture et la différence*. Derrida's use of 'espacement' is virtually synonymous with his famous concept of 'différance' – 'différence' with an 'a'. 'Différance' is, in many ways, not so much a concept as an action or event, which involves the insertion of a difference (here, the letter 'a') a semantic displacement, which Derrida conceptualises in dynamic, spatio-temporal terms. 'Différance' introduces a kind of virtual movement into writing, a movement whose primary function is the dislocation of what Derrida calls binary oppositions. 'Différance' resists such oppositions by displacing fixed positions. It is probably impossible to think this concept without reference to metaphors drawn from topology, but above all from movement, and movement seen not primarily in spatial, geometrical terms, but rather as a function of energy and intensity. In fact, Derrida expressed his objection to structuralist methods largely on the grounds of their inability to take account of movement and energy as factors which could disrupt stable signifying structures. In 'Force et signification', published in *L'Ecriture et la différence*, he criticized the privileging, in formalist and structuralist approaches, of 'forme' over 'force'. He did not attempt to overturn this hierarchy, but sought what he called an 'economy' which could escape these binary differences ('une

---

[15] Stéphane Mallarmé, *Œuvres complètes*, ed. Bertrand Marchal, 2 vols (Paris 1998), i.391.

économie échappant à ce système d'oppositions métaphysiques') by focusing on differences which were at once topological *and* energetic, '*à la fois* différences de lieux et différences de force'.[16]

Although Derrida's recourse to images of movement in analyzing the function of signifying structures is metaphorical, as he himself says, the choice of metaphors – in the case of structuralist critics, spatial metaphors – is never innocent, because 'elle oriente la recherche et fixe les résultats'.[17] In this sense, I would suggest, Derrida's choice (and that of many other poststructuralist writers) of metaphors of movement and energy when analyzing texts is directly linked with his view of the structure of the sign and of the fabrication of meaning as dynamic, in process, and unstable. The metaphor of 'economy' is also significant. Derrida draws on this metaphor, which functions in terms of production, distribution and circulation, as one which can both work with and destabilize the model of binary opposition. Derrida's 'economy' is characterized, not by a drive towards proportion and conservation of energy, but rather by an irreducible proliferation, described as 'puissance', or power in the sense of potentially disruptive excess : a 'puissance d'excès par rapport à l'opposition'.[18]

Economy, energy, effort and resistance

Dictionary definitions of 'economy' include 'ensemble des faits relatifs à la production, à la distribution et à la consommation des richesses dans une collectivité humaine' (*Le Petit Robert*) and 'the management of the resources, finances, income and expenditure of a community, business enterprise etc.' (*Collins*). It has become common in current poststructuralist and feminist writing to use economical metaphors, sometimes in quite a loose way, but generally deriving, directly or indirectly, from Freud as well as Marx.[19] As discussed above, Laban's effort theory involved an 'economy of energy' based on the relationship between expenditure and retention of energy in

---

[16] Derrida, *L'Ecriture et la différence* (Paris 1967), p.34.
[17] Derrida, *L'Ecriture et la différence*, p.30.
[18] Derrida, *Glas*, cited in Marian Hobson, *Jacques Derrida : opening lines* (London 1998), p.231.
[19] I discuss this in my *Rhythmic subjects : uses of energy in the dances of Mary Wigman, Martha Graham and Merce Cunningham* (forthcoming).

effort actions. Laban believed that individuals built up their own habitual effort uses, which could lead to imbalances, where some efforts were developed at the expense of others. He saw his task as an effort analyst in the context of work practices as a diagnostic and problem-solving one. For the purpose of greater 'economy of effort',[20] which would enable individuals to perform work tasks more efficiently, it was important to redress any such imbalances by developing contrasting effort-capacities. 'A man with fine touch [...] must be able to get out of his habit and predilection of making light movements and performing [sic] actions containing the effort-elements of strength with the same ease as those containing fine touch.'[21] The social and cultural dimensions of what Laban called 'effort make-up' mean that movement techniques and choreography which are innovative in effort terms also engage (though not necessarily in a conscious manner) with inculturated effort patterns or habits.[22] Although Laban did not explore this area, he acknowledged the cultural specificity of effort patterns, referring to the potential contributions of anthropology and sociology in discovering 'a connection between the social situation of the man and his physiological and psychological inhibitions'.[23]

As Michel Foucault has argued, techniques of power are diffused throughout society, operating in large part through strategies of normalization, and constituting what he calls a 'microphysics', in which the body plays a crucial role. 'The human body is the most specific point at which the microstrategies of power can be observed.'[24] Power operates through pressures towards conformity, rather than through overt oppression. 'Norms [...] are culturally produced and, to the degree that they exert a discipline, represent a form of oppression.'[25] Insofar as it engages with these norms as embodied in effort qualities, dance can become a site for cultural interventions which are enacted in the dramatization of economies of

---

[20] Laban and Lawrence, *Effort*, p.1.

[21] Laban and Lawrence, *Effort*, p.36.

[22] In my current research on this topic, I discuss this process with reference to Pierre Bourdieu and to Michel Foucault, but that discussion is beyond the scope of the present study.

[23] Laban and Lawrence, *Effort*, p.4.

[24] Lois McNay, *Foucault : a critical introduction* (Cambridge 1994), p.91.

[25] Catherine Belsey, *Poststructuralism : a very short introduction* (Oxford 2002), p.54.

energy, rather than in thematic or narrative terms, although these levels can be complementary. Normative patterns of energy use become established in the body through repetition and habit, and are encoded in established dance practices, and more widely in dominant movement practices and discourses on movement and the body. A major issue in any discussion of change to economies of energy occurring through movement is the acquisition of movement memory and its potential for change. Dance occupies a broad spectrum of relationships to established conventions and patterns, ranging from conformity or straightforward opposition to more subtle relations of resistance, where certain normative qualities are retained and others altered or inflected.

The introduction of changes in economies of energy through new movement techniques or choreographies, when they are sufficiently far-reaching and sufficiently repeated, can alter, at a very deep level, dancers' movement memories, which also bring cultural codes and values into play. To quote dance historian Laurence Louppe : 'la modernité en danse consiste souvent à questionner ce qui semble reçu ou inscrit dans le corps'.[26] What is metaphorically 'inscribed' in the body can be conceptualised in terms of habits or patterns, derived from both individual and social histories, which structure the ways in which embodied subjects 'organize intensity and intentionality'.[27] The French kinesiologist Hubert Godard has referred to :

> The lengthy period of work necessary in the maturation of an expressive form. With all of those who made something very strong emerge – Cunningham, Trisha Brown, a few French choreographers – they all have in common this immensely long period of work with the dancers : a daily working regime by means of which the philosophy of the dance gradually infiltrates the symbolic circuits, and passes into the deep strata of the non-verbal.[28]

Right from the start, modern dancers and choreographers (and they were usually one and the same person) quite deliberately and self-

---

[26] Laurence Louppe, *Poétique de la danse contemporaine* (Bruxelles 1996), p.114.

[27] Laurence Louppe, in 'Singular, moving geographies', an interview with Hubert Godard by Laurence Louppe, in *Writings on dance*15, *The French issue* (Winter 1996), p.12-21, here p.13.

[28] Hubert Godard, interviewed by Laurence Louppe, 'Singular, moving geographies', p.17-18.

consciously sought for new ways of using energy through physical movement. A major innovative aspect of the modern dance which emerged in the US and Germany (where Laban was a central influence) was its emphasis on movement as a function of energy and intensity, contrasting with the foregrounding of spatial and geometrical patterns in the ballet tradition. Rather than deriving from narrative, the expressive/suggestive value of modern dance was grounded in movement techniques and choreographies which dramatized economies of energy characterized by instability and change. Unlike ballet, which resisted gravity, in modern dance, gravity was frequently deployed to increase dynamism. Whereas ballet favoured what Laban called the 'dimensional' directions (up-down, left-right, backwards-forwards), the new dance emphasized diagonal directions which pushed the body out of stable alignment. Laban asserted that 'in diagonal inclinations our body flies or falls, while in dimensional tensions, it is stable and always connected with perpendicular support'.[29] Dimensional directions, based on the vertical and the horizontal, 'are predominantly stable due to the balancing of the body mass around the centre of weight and its perpendicular relationship to the support', whereas 'diagonal directions move the body centre out of the vertical alignment over the support and thus promote lability or mobility'.[30] We see here the potential of innovative movement practices to displace stable positions and disrupt established patterns of energy use.

Examples

I shall now cite some generic examples of cultural contexts for normative and constraining economies of energy,[31] and will discuss briefly some dance practices which can be seen as producing effects of resistance.

---

[29] Rudolf Laban, *Choreutics* (London 1966), p.88.

[30] Maletic, *Body – space – expression*, p.74.

[31] The outlines of these contexts are necessarily very brief. In the cases of Graham and Cunningham, this material is covered in detail in my *Rhythmic subjects*. See also Dee Reynolds, 'A technique for power : reconfiguring economies of energy in Martha Graham's early work', *Dance research* 20 (2002), p.3-32.

a)   The United States in the late nineteenth-century – Isadora
        Duncan (1827-1927)

In 1890's America, concerns were expressed about increasing
urbanization and bureaucratisation, which were seen as stifling the life
of the body. In this period, conditions of modern life, such as
industrialization, mechanisation and urbanization were held
responsible for fragmentation of organic rhythms and repression of
'natural' movement. The latter was compounded in the case of
women, who also experienced their spontaneous energies as
constrained by the 'Puritan spirit'.[32] The popularity of body culture
and clothing reform movements indicated a desire, articulated
particularly strongly by women, to liberate the body from imposed
constraints. Isadora Duncan grew up in California, and claimed as her
first inspiration the natural movement of waves and trees. Her smooth,
flowing, organic style contrasted sharply both with classical ballet and
with the fragmented rhythms of jazz, popular in her day, which she
abhorred, and foregrounded naturalness and spontaneity. Duncan
incorporated many movement patterns from everyday life, such as
walking, running, skipping etc, which meant that spectators could
easily relate to her work in terms of everyday experience, but these
everyday movements were transformed through choreographies which
were modelled on idealized rather than real aspects of the natural
world, notably the flowing movement of waves, and also on classical
Greek art.

      Tantalizingly, all that has been preserved of Duncan's dance
on film is a fleeting glimpse.[33] However, much can be learned from
photographs and illlustrations,[34] and from reconstructions of her
dances on video. Duncan's style emphasized light pressure, free flow
and flexible, curving movement through space, which encouraged
experience of time as a continuum. In the works reconstructed by the

---

[32] Isadora Duncan, *My Life* (London 1968), p.27. For a discussion of 'modern life' in
this context, see Jackson Lears, *No Place of grace : antimodernism and the
transformation of American culture 1880-1920* (London 1981).

[33] This can be seen on *The Magic of dance*, part 3. Television programme produced by
Patricia Foy, narrator/host Margot Fonteyn, BBC TV/Time-Life TV/RM Productions,
Munich 1979.

[34] See, in particular, Ann Daly, *Done into dance : Isadora Duncan in America*
(Bloomington, IN, 1995).

Isadora Duncan Dance Ensemble,[35] we can see many examples of movements whose relation to space are indirect/flexible, and executed with light pressure and in free flow – these attitudes are emphasized by costumes and music. There are contrasts between different parts of the body, particularly in terms of use of weight. The more active use of weight in the lower part of her body, notably the strength of the pelvis and the resiliency of the ankles and bare feet, which contrast with the lightness of the torso and arms, enabled her to achieve 'a kind of groundedness at the same time that her arms floated'.[36] She conveyed an image of solidity and strength which combined with conventionally 'feminine' qualities of lightness and grace (foregrounded in the ethereal image of the Romantic ballerina) to destabilize and re-position notions of the 'feminine'. In the words of Ann Daly (p.79) :

> The Duncan technique produces kinesthetic contrast, in order to suggest drama. The technique makes maximum use of the contrast between the lightness of the upper body and chest and the strength of the pelvis ; between the actions of rising and sinking ; and between the contraction and release of the spine.

The overall effect produced is of an organic whole, with a 'supple connectedness between body parts' (p.78). Duncan's centred body, where movement clearly flowed from the centre and radiated outwards, was a model of unified harmony. Her work gave spectators a vision of how familiar uses of energy could be transformed to create a body which resisted fragmentation and seemed both spontaneous and harmonious. So spontaneous, in fact, that she was sometimes regarded, even by admirers, as lacking a technique.[37]

b)   The United States in the 1920's – Martha Graham (1894-1991)

In the 1920s, American modernism espoused the staccato, stark rhythms of technology and urban life. The conflation of modernity

---

[35] See, in particular, the video *Isadora Duncan : technique and repertory dance*, with the Isadora Duncan Dance Ensemble, artistic advisor Julia Levien, Dance Horizons, 1995.

[36] Ann Daly, *Done Into dance,* p.65.

[37] 'Since I was a child I have spent twenty years of incessant labour in the service of my art, a large part of that time being devoted to technical training – which I am sometimes accused of lacking.' Cited in Daly, *Done into dance*, p.77.

with Americanism and 'Manhattanism' was a strong influence on the gendering of modernism. In itself, the 'elevation of technological principles' has been seen as a factor in 'the promotion of 'masculine' as opposed to 'feminine' values'.[38] In the mid 1920s, the photographer Alfred Stieglitz (husband of painter Georgia O'Keeffe), for example, 'thought the subject [cityscapes] inappropriate for a woman, given how much the city had become a male subject and how much it was tied to machine age advocacy'. He saw New York as 'a mean and hostile marketplace, masculine in its aggressive street life and phallic in its skyscraper figurations'.[39] The popularity of Freudian psychologizing encouraged the view that 'men spoke in thrusting forms ; women spoke through curves'.[40] Energy was gendered in polarizing terms as inward, self-contained and polymorphous (feminine) versus 'organized, directed, thrusting – genital, masculine'.[41]

The technique which Graham evolved has been enormously influential on the development of modern dance. Unlike Duncan, Graham embraced 'modern' economies of energy, and she identified strongly with aggressively masculinist tendencies. She wanted to appropriate these tendencies for the female dancer, and her techniques subverted constraining 'feminine' behaviour codes associated with the Puritan tradition, which she (like Duncan) abhorred. Her dancers acquired a very active use of weight (strong pressure), enabling them to project energy outwards. In her early choreography (seen in the pieces choreographed in the 1920's), use of energy was very 'direct' in spatial terms, and control was exerted through bound flow. Changes in tempo were used to dramatic effect, suggesting the brutal suddenness of mechanical rhythms.

'Heretic', choreographed by Graham in 1929,[42] explored the gradual and relentless crushing of a nonconformist individual (Graham) by a domineering, perhaps Puritan group. Tension was

---

[38] Barbara Zabel, 'Gendered still life : paintings of still life in the machine age', in Lisa Rado (ed.), *Modernism, gender and culture* (New York 1997), p.231.

[39] Wanda M. Corn, *The Great American thing : modern art and national identity, 1915-1935* (Berkeley, CA, 1999), p.244.

[40] Corn, *The Great American thing*, p.241.

[41] Francette Pacteau, *The Symptom of beauty* (London 1994), p.45.

[42] My comments here are based on a 1931 film, in which 'Heretic' is performed by Martha Graham and Dance Group of 12. New York Public Library of the Performing Arts at Lincoln Center, Dance Collection.

created largely by the tempo and weight of the movement and the counterpoint of individual and group. A great deal of emphasis was placed on strong use of weight : in a frequently repeated movement, the members of the group, stiffly erect and with folded arms, feet together, rose on their toes and descended rapidly and heavily onto their heels. The use of raised arms created a sense of strength and menace. Transitions between postures were abrupt, creating an automated, machine-like effect which heightened the feel of relentless ruthlessness. Anger as well as despair was suggested by the muscular tension and twisting movements of the principal figure and by the clenching of her fists. She conveyed a strong sense of contained intensity, like a coiled spring. To quote Billie Lepczyk :

> Looked at through the Laban perspective, the suffering and struggle within the soul of Graham's dancing figure is visualized through an investment of energy that stresses the elements of bound flow, strength, sudden and direct [...] The dynamics are reflected throughout the whole body, which magnifies the projection of emotion.[43]

Through this active and directed energy, in an all-female group, Graham resisted normative 'feminine' economies of energy as inward, self-contained, polymorphous, or weak and passive. Graham said of her early dancers : 'Many came to me with conventional notions of prettiness and graceful posturing. I wanted them to admire strength. If I could give them only one thing, that would be it.'[44] She instructed them to 'thrust [their] energy out to the audience'.[45] Dorothy Bird, a member of her first dance group, recounted the effects of Graham work on the dancers themselves : 'The fierce energy Martha sought was finally there. Its liberating surge charged through me. No longer were we graceful little Greek sylphs ; we were down-to-earth women with powerful feelings.'[46] She also recalled an exercise where 'The heel kept up its insistent beat on the floor, down-UP, down-UP. This went on and on, relentlessly, frenetically, center-left-center-right, until

---

[43] Billie Lepczyk, 'Martha Graham's movement invention viewed through Laban analysis', in *Dance : current selected research,* vol.1, ed. Lynette Y. Overby and James H. Humphrey (New York 1989), p.47.

[44] Graham, *Blood memory* (New York 1991), p.134.

[45] Alice Helpern, 'Martha Graham's early technique and dances : the 1930s, a panel discussion', *Choreography and dance* 5, n°2 (1999), p.7-32, here p.11.

[46] Dorothy Bird and Joyce Greenberg, *Bird's eye view : dancing with Martha Graham and on Broadway* (Pittsburgh 1997), p.51.

the brutally heavy, crushing feeling of power was fully established in our *muscular memories.*[47] In this way, new movement habits were incorporated through repetition into the dancers' physical memory, producing significant alterations in their economies of energy.

c)   The US in the Cold War – Merce Cunningham (b.1919)

Cold War America, where Merce Cunningham began his career as a choreographer, was characterized by expectations of individual passivity and the attribution of agency and deterministic force to large institutions or corporate structures. Timothy Melley, in *Empire of conspiracy*, refers to the 'postwar rhetoric of diminished individual agency' and the 'odd conjunction of the structural and the intentional', where agency was attributed to bureaucratic structures.[48] This involved a 'crisis of agency' and a fear of individual powerlessness relative to powerful structures, which were falsely personified. Richard Sennett, in *The Fall of public man*, wrote of a 'privatisation' of the public sphere leading to a tyranny of intimacy and a loss of self-distance.[49] Cunningham's lack of overt engagement with events external to choreography and his ahistoricism, manifested in a refusal of narrative, have contributed to views of his work as 'formalist', with the negative as well as the positive associations of that term. However, on many levels, 'economies of energy' in his work engage with and resist the tendencies described above. I shall focus here particularly on one aspect : his technique of amplifying energy in the present, which resists determinism through undermining linear progression of cause and effect.

Cunningham began choreographing in the 1940's, co-operating closely with composer John Cage, and is still producing radical new work. His revolutionary uncoupling of rhythm from progression broke patterns of cause and effect and opened up attention to energy in the instant. In his words : 'This attention given the jump [for instance] eliminates cause and effect worry as to what movement should follow what movement, frees one's feelings about continuity, and makes it clear that every act of life can be its own history : past,

---

[47] Bird, *Bird's eye view*, 52, italics mine.
[48] Timothy Melley, *Empire of conspiracy : the culture of paranoia in postwar America* (Ithaca and London 2000), p.5.
[49] Richard Sennett, *The Fall of public man* (1974 ; London 1986), p.338-40.

present and future.'[50] What Cunningham continues to seek above all else in his dance is an 'amplification of energy'[51] which focuses attention on the instant. 'The disciplined energy of the dancer is the life-energy magnified and focused for whatever brief fraction of time it lasts.'[52] The emphasis given to punctual energy expands the significance of the instant, where the moment is no longer significant only in relation to what precedes and follows it.

This effect of emancipation from determinism is connected with Cunningham's use of chance methods in choreography, which he employs mainly in order to short-circuit the deterministic force of the choreographer's intention and to maximize unpredictability. This means that the movements often resist 'natural', instinctive impulses. Cunningham's approach requires from his dancers an unusual degree of alertness and intensity of focus on the movement being executed at any given moment. This is mainly because of the extreme complexity of the choreography, which demands intense concentration. Although the dancers execute Cunningham's choreography rather than improvising, and are not supposed to add anything different to the movement, they are encouraged to execute it in their own way, in accordance with their own physical makeup.

The very short solo, 'Lavish escapade' 1956 (c.1 minute), has survived on film, as performed by Cunningham himself.[53] This early piece already has a very typical Cunningham 'look'. There is no choreographic equivalent here of musical 'metre', with phrases comprising clear breaks or accents, composed of progression leading up to a climax. Changes, notably of direction, do not follow a predictable pattern, and take place without transitions. Rather than drawing the spectator into a sense of anticipation, producing desire for climax or completion, discrete and unpredictable movement events dislocate expectation and produce surprise, maintaining a constant state of active alertness which is a particularly striking feature of Cunningham's work. He explained that in 'Lavish escapade', he used

---

[50] Cunningham, 'The impermanent art' (1952), reproduced in David Vaughan, *Merce Cunningham : fifty years* (New York 1997), p.86.

[51] Website http://www.merce.org/ 15.02.02

[52] Cunningham, http://www.merce.org/. See Merce Cunningham, 'The function of a technique for dance', in Walter Sorell (ed.), *The Dance has many faces* (Cleveland and New York 1950), p.250.

[53] 'Merce Cunningham', documentary by Charles Atlas, ARTE, Thirteen/WNET, BBC TV, NPS TV – Nederlandse Programma Stichting, 2000.

chance procedures for movements of various parts of the body, and even for the eyes, eyebrows and mouth. 'Very often, you did something slow with your arm, for example, and something rapid with your feet – but the arm had to do something large against this – and this set up a kind of opposition. It was physically very difficult for me.' He said that in this dance 'getting from one thing to another [...] was in itself part of the drama, because just to do that was so intense'.[54]

This feature of Cunningham's choreography was taken to greater extremes in his later work, especially after he began to use computers in 1991, which led him even further away from 'natural' movement. Cunningham's continual 'cutting' forces both dancer and spectator to inhabit the instant. As Hubert Godard has said of Cunningham, he 'never stops cutting, directions in particular'.[55] This radical unpredictability forces the viewer away from expectations based on deterministic relations of cause and effect. A sense of destabilization is frequently produced by pushing equilibrium to the limits, so that falling seems momentarily imminent before weight is redirected and balance restored. Ultimately, Cunningham's 'economies of energy' displace our conceptions of the natural, which become differently incorporated. Godard has spoken in relation to Cunningham of a 'philosophy of displacement'.[56] The oldest dancer in his company, Robert Swinston, recently said that 'the movement becomes natural, homogenized into your body'.[57] Judith Mackrell, writing of the company's Barbican season last September, commented : 'When individuals move in isolation, they slip through so many changes of gear [...] that they seem to re-write the rules of human co-ordination.'[58]

Before concluding discussion of examples, I shall touch briefly on one other important aspect of economies of energy : the pressure to contain energy within individual boundaries. In our society

---

[54] Cited in Vaughan, *Merce Cunningham*, p.88-89.
[55] Godard, 'Singular, moving geographies', p.19.
[56] Godard, 'Singular, moving geographies', p.17.
[57] Monday 16 September 2003, 'Merce Cunningham Study Day', The Place Theatre, London.
[58] Judith Mackrell, 'Merce Cunningham Dance Company : Barbican, London', *The Guardian* (11 September 2002).

there are very strong pressures towards individuation,[59] with all the loss that this entails. This is an area which has been explored in feminist theory, including critiques of the psychoanalytical construction of identity as predicated on rejection or sacrifice of dependence and physicality, especially as embodied in the figure of the mother. Dance can resist the pressure to individuate in this way through inter-subjective uses of energy in movement, and it can also encourage exchange of energies through processes of kinesthetic empathy in the dancer-spectator relation.[60]

One way in which the privileging of the separate individual has been modified in dance is through the technique called Contact Improvisation. This technique, developed in New York in 1972, mainly by Steve Paxton, introduced startling new possibilities for partnering. Judith Mackrell has described it as :

> A form of duet in which the movement is invented by the dancers as they go along, the only rule being that the participants have to keep in close contact with the other's body. Any part of the body can be used to lean against, hand on to or balance on, and the movements can range from rolling over each other, lifting each other, to pushing, pulling, throwing and catching.[61]

Unlike ballet, where the emphasis is on outward presentation of movement, peripheries of the body, spatial design and vertical balance, Contact Improvisation emphasizes inward focus, energy flow and the ability to 'fall off' the vertical. It involves very active use of weight, with a great deal of mutual transference of weight between partners, requiring much physical contact and a high degree of trust. Hubert Godard has commented that 'contact' here goes far beyond touch, for one works with the weight of the other, and thus one enters their gravitational system'.[62]

When these effort qualities are used in same-sex partnering, especially between men, they can produce a powerful resistance to economies of energy based on individuation and a moving celebration of shared energies. The close bodily proximity of men to each other in Contact Improvisation goes against convention and 'is a way in which

---

[59] One factor in this is economic : dramatic rises in the number of single households bring corresponding rises in consumption.
[60] This is an area which I hope to explore further in future research.
[61] Judith Mackrell, *Out of line : the story of British dance* (London 1992), p.145.
[62] Godard, 'Singular, moving geographies', p.20 .

men can develop a more relaxed awareness of the boundaries of their bodies, through flowing in and out of contact with another male body'.[63] A remarkable work which uses these techniques is Russell Maliphant's piece 'Torsion',[64] recently choreographed for George Piper dances. This exciting and moving male duet explores complex nuances of energy exchanges, drawing on weight transferences, mutual support and shared flow. Debra Craine has described it as an 'exercise in power-sharing' with 'a remarkable liquidity'.[65]

Conclusion : Resistance and 'alternative economies'

In the current climate, the notion of resistance in art (in the sense of critique and contestation) is controversial. The modernist aspiration to subvert and simultaneously to renew dominant symbolic codes through radical intervention on the level of what we now commonly call the signifying process has been brought into question for many reasons. One of the most intractable is the difficulty, if not impossibility, of avoiding replication of the characteristics of consumer capitalism. In a lecture given at the Whitney Museum in 1982, Frederic Jameson argued that 'the transformation of reality into images' and 'the fragmentation of time into a series of perpetual presents' were aspects of postmodernism which were linked with the logic of late consumer capitalism. He concluded his lecture with an unanswered question : 'We have seen that there is a way in which postmodernism replicates or reproduces – reinforces – the logic of consumer capitalism ; the more significant question is whether there is also a way in which it resists that logic. But that is a question I must leave open.'[66] How is dance positioned in this regard ?

I argued above that Derridean 'différance', which one might describe as the production of semantic differences which elude binary oppositions, is unthinkable outside a metaphorical matrix of

---

[63] Ramsay Burt, *The Male dancer : bodies, spectacle, sexualities* (London 1995), p.154.

[64] 'George Piper Dances : Spring 2002 tour', distributed by George Piper Dances, London. ('Torsion', choreographed by Russell Maliphant, danced by Michael Nunn and William Trevitt).

[65] Debra Craine, *The Times* (27 April 2002).

[66] Frederic Jameson, 'Postmodernism and consumer society', in Hal Foster (ed.), *Postmodern culture* (London 1985), p.125.

movement. Conversely, the dislocation through movement of culturally and/or aesthetically established economies of energy can both operate within and resist these economies, producing meaningful critical differences, in Godard's words, 'breaking with the previous cognitive order and semantics'.[67] For instance, on one level, the reduction of personal, especially expressive, emotional input into Cunningham's choreography in favour of chance procedures replicates or reinforces the attribution of power to impersonal structures and the reduction of individual agency and freedom in the postwar period remarked on by cultural critics. But on another level, his choreography critiques the very determinism with which these structures are invested, and enhances individual agency through the intensification of 'punctual' energies and the heightened alertness and engagement required from the individual dancer (and the viewer). Similarly, Cunningham's work corresponds to Jameson's description of 'the fragmentation of time into a series of perpetual presents', which reflects the logic of consumer capitalism. However, although it replicates certain features of economies of energy in late capitalism, with its fragmented, discontinuous flows, which interrupt linear progression in time, there are also critical differences. The 'nowness' of the commodity produces in the consumer an illusion of control, fostering fantasies of instant gratification with minimum expenditure of energy. By contrast, as spectators of Cunningham's dance, we are confronted with rhythms of challenging complexity and mercurial energy, which jolt us out of a passive consumerist mentality into a heightened state of attention and activity in the present. To conclude with his words : 'Try looking at events another way and the whole world of gesture, the whole physical world in fact – is as if jabbed by an electric current.'[68]

---

[67] Hubert Godard, 'Singular, moving geographies', p.17.
[68] Cunningham, 'The impermanent art', p.87.

La danse chez Francis Ponge :
D'un poème « raté » à une poésie du mouvement

Estelle Jacoby, Université de Paris VIII-Vincennes/Saint-Denis

Résumé :

La danse comme représentation échoue à s'inscrire dans le projet poétique de Ponge. En témoigne le poème «La danseuse», poème sarcastique, considéré par l'auteur comme raté et qui a valeur d'exception dans l'œuvre car pour mettre cet objet « sous l'objectif », Ponge ne semble pas avoir trouvé d'autre moyen que de recourir à l'image et à sa charge imaginaire. C'est en fait plutôt du côté des carnets et brouillons que l'on trouve une inscription de la danse. Ceux-ci font écho à une certaine pensée du mouvement initiée au cours du XXe siècle par l'art chorégraphique, celle développée par Rudolf Laban et que l'on retrouve également dans l'œuvre de Gille Deleuze. Ainsi, les carnets de Ponge répondent au travail de métamorphose entrepris par la danse, non par le biais d'une représentation des corps, mais dans l'écriture même, en particulier à la faveur de la répétition qu'elle met en jeu. C'est alors tout le livre qui devient dansant.

Evoquer la danse dans l'œuvre de Francis Ponge peut passer pour une incongruité ou même une provocation, tant celle-ci semble au mieux absente de l'œuvre au pire condamnée et moquée par le poète. Nous faisons cependant l'hypothèse que la poétique de Francis Ponge a évolué vers une certaine proximité avec l'art chorégraphique. En effet, depuis le poème 'La danseuse' jusqu'aux recueils intégrant les carnets préparatoires, un déplacement semble s'être produit qui a fait glisser l'écriture pongienne d'une représentation agressive de la danse à quelque chose comme la production d'une danse, le poète devenant en quelque sorte le chorégraphe de son texte.

Par une remarque discrète dans *La Rage de l'expression*, premier des recueils qui donnent à lire les carnets de l'auteur, Ponge condamne plusieurs de ses poèmes, cinq en fait, dont 'La danseuse', à ce moment encore inédit, pour écrit-il, excès d' « expressionnisme » :

Pour me faire mieux comprendre : dans certains poèmes (tous ratés) : la grenouille, la danseuse, surtout l'oiseau, le guêpier, et ce dernier (le soleil dans le bois de pins), je fais de l'expressionnisme (?), c'est-à-dire que j'emploie après les avoir retrouvés les mots les plus justes pour décrire le sujet. Mais mon dessein est autre : c'est la connaissance du bois de pins, c'est-à-dire le dégagement de la qualité propre de ce bois, et sa leçon comme je disais. [1]

'La danseuse', datant de 1934, figure donc sur la liste noire du poète, liste noire toute relative, puisque tous ces textes ont été assumés par l'auteur qui les a sans exception publiés, dans le recueil même où ils sont condamnés ou dans des livres ultérieurs. Ce poème, jugé plutôt secondaire dans l'œuvre de Ponge, s'avère en fait doublement intéressant pour nous : d'une part par sa position ambiguë voire contradictoire par rapport à la poétique de l'auteur, soulignée dans *La Rage de l'expression* par l'autocritique du poète, et d'autre part, par le choix de son objet, ou faudrait-il dire plutôt – et c'est assez rare pour que nous le soulignions – de son sujet, un être humain. La poésie de Ponge est en effet très largement fondée sur le « parti-pris des choses », et l'auteur, à de nombreuses reprises, a rappelé très explicitement son hésitation et même sa réticence à prendre l'homme « sous l'objectif » du poème. Ainsi écrit-il, dans l''Introduction au « galet »' :

> Les spectacles qui paraîtraient à d'autres les moins compliqués, comme par exemple simplement le visage d'un homme sur le point de parler, ou d'un homme qui dort, ou n'importe quelle manifestation d'activité chez un être vivant, me semblent encore de beaucoup trop difficiles et chargés de significations inédites (à découvrir, puis à relier dialectiquement) pour que je puisse songer à m'y atteler de longtemps.[2]

Pourquoi alors se risquer à dépeindre un corps aussi complexe que celui d'une danseuse, et surtout comment y parvenir avec des moyens poétiques élaborés à partir d'une confrontation avec l'objet et non avec l'humain ? Comment écrire cette danseuse en un poème, court qui plus est, et donc pas du tout aux mesures de la complexité de son objet ?

Première hypothèse, ce poème d'abord intitulé 'Conjuration de la danseuse'[3] fonctionne dans l'œuvre de Ponge comme une sorte

---

[1] 'Le carnet du bois de pins', *La Rage de l'expression*, dans *Œuvres complètes* (dorénavant *OC*), (Paris 1999), i.399.
[2] 'Introduction au « galet »', *Proêmes*, dans *OC*, i.203.
[3] Voir *OC*, i.1145.

de repoussoir, un contre-exemple particulièrement tranché, une justification par la négative de la poétique pongienne de l'objet et du parti-pris des choses. Isolé ainsi, ce poème, raté, peut tout aussi bien être oublié, considéré comme une simple curiosité sans grand intérêt.

Mais, pris sous un autre angle – et c'est cette seconde hypothèse que je défendrai ici – ce que ce poème nous apprend, c'est que de se confronter à l'homme, et plus particulièrement à la danseuse, la poétique de Ponge se trouve curieusement infléchie. Dans ce cas, la position excentrique du poème 'La danseuse', plutôt que de condamner celui-ci, doit au contraire nous inciter à l'étudier, pour observer de plus près son fonctionnement et la place qu'il accorde à la danse. Le voici :

> La danseuse
>
> Inaptitude au vol, gigots courts emplumés : tout ce qui rend une autruche gênée la danseuse toujours en pleine visibilité s'en fait gloire, – et marche sur des œufs sur des airs empruntés.
> D'âme égoïste en un corps éperdu, les choses à son avis tournent bien quand sa robe tourne en tulipe et tout le reste au désordre. Des ruisseaux chauds d'alcool ou de mercure rose d'un sobre et bas relief lui gravissent les tempes, et gonflent sans issue. Elle s'arrête alors : au squelette immobile la jeune chair se rajuste aussitôt. Elle a pleine la bouche de cheveux qui s'en tireront doucement par la commissure des lèvres. Mais les yeux ne retinteront qu'après s'être vingt fois jetés aux bords adverses comme les grelots du capuchon des folies.
>
> Idole jadis, prêtresse naguère, hélas ! aujourd'hui un peu trop maniée la danseuse… Que devient une étoile applaudie ? Une ilote.[4]

En fait, la caractéristique stylistique la plus frappante de ce poème, en plus de sa grande férocité, est sans doute sa très nette torsion vers l'image. En effet, Ponge, pour une fois, use en abondance de comparaisons et de métaphores, s'y laissant aller sans retenue, proposant une peinture haute en couleur de la danseuse. Dans 'La Mounine' il affirmait pourtant : « A noter que j'éprouve les plus grosses difficultés du fait du nombre énorme d'images qui viennent se mettre à ma disposition (et masquer, mettre des masques, à la réalité). »[5] L'image est donc envisagée d'ordinaire par Ponge comme

---

[4] 'La danseuse', *Pièces*, *Le Grand Recueil*, dans *OC*, i.723.
[5] 'La Mounine', *La Rage de l'expression*, dans *OC*, i.425.

un « masque ». Cette position s'oppose à celle, plus traditionnelle en poésie, qui attribue à l'image des qualités de révélateur, en la supposant capable de rendre compte d'une vérité cachée, de dévoiler le cœur de l'être. Pour Ponge, il n'en est rien, et l'image n'entre que pour une petite part dans sa poétique. Il lui préfère de loin la simple description. L'attention aiguë à l'objet que le poète cherche à développer dans ses poèmes, en creusant les qualités différentielles, en marquant les détails, en recherchant le propre de l'objet, semble même devoir servir de rempart contre l'assaut de l'imaginaire et de son stock d'images. La séduction mais aussi la facilité des images cèdent ainsi chez Ponge très massivement la place à un corps à corps serré entre langue et réel ; l'imaginaire, bien que présent, n'est toujours que second et toujours annoncé, travaillé, encadré, mis en perspective.

Rappelons à présent une autre caractéristique de la poétique de Ponge. Celui-ci refuse que l'écriture littéraire cautionne la croyance en des passages entre langue et monde, qu'il pense imperméables l'un à l'autre. Ainsi, selon lui, la langue parvient à rendre compte de l'objet non parce qu'elle le donne imaginairement, mais parce qu'elle fabrique un objet langagier, qui ressemble « dans son genre » à l'objet. Et Ponge de rappeler que contrairement à ce qu'affirme Michaux on ne peut « entrer dans la pomme », que ce passage que prétend ouvrir le poème, fondé exclusivement sur l'imaginaire, est mensonger, car il méconnaît la résistance de l'objet.

> S'ils croient qu'ils peuvent passer très facilement d'un monde à l'autre, alors c'est à ce moment-là qu'ils disent : « Ah, j'aime les chevaux ! Ah que je voudrais entrer dans la pomme ! » et tout ça. Il n'est pas question de ça. Il est question d'en faire un texte, qui ressemble à une pomme, c'est-à-dire qui aura autant de réalité qu'une pomme. Mais dans son genre. C'est un texte fait avec des mots.[6]

Pour Ponge, donc, décrire l'objet ne passe certainement pas par l'illusion de l'image, qui tend à fait croire que l'objet émerge de la page ou que l'on peut passer en lui, s'en saisir. Ecrire l'objet, selon lui, se construit au contraire par une patiente confrontation, qui insiste sur les écarts, qui modifie les angles d'approche, mais ne réduit pas l'objet au langage. Chez Michaux l'objet est au contraire saisi plutôt dans la sphère imaginaire, où les écarts entre monde et langage sont

---

[6] 'La pratique de la littérature', *Méthodes*, *Le Grand Recueil*, dans *OC*, i.678.

estompés. Il adapte ainsi le monde au moi (qui est une instance imaginaire) et le moi au monde, faisant de l'écriture la dépositaire de ces échanges. Aussi dans les poèmes de Michaux tout se transforme-t-il sans cesse, alors que dans l'œuvre de Ponge le monde oppose sa résistance matérielle au poète, qui ne peut ni ne veut le réduire aux dimensions d'un moi et de son imaginaire, aussi souple soit-il, ni le réduire aux dimensions du langage.

Dans 'La danseuse', c'est bien l'image, nous l'avons vu, qui prend le dessus sur l'écriture du poème, même si c'est une image qui tend vers le grotesque et un imaginaire moqué, ridiculisé. Or c'est aussi, il faut le souligner, sur l'objet même du poème que l'image a le dessus. Ce point est très important, car il met en lumière une adéquation inattendue de l'écriture à l'objet. En effet, qu'est cette danseuse qui sert de modèle au poète sinon une image ?

La danseuse de Ponge est en effet un corps qui se veut image. En cela Ponge touche juste puisque dans une large mesure la danse classique valorise la domination du corps par l'image, au point de laisser s'éclipser très largement la part charnelle et matérielle du corps. La ballerine est avant tout une projection imaginaire, une image idéale qui s'est imposée au dix-neuvième siècle et qui est toujours vivace aujourd'hui. Ponge redouble donc par son écriture le potentiel d'images de la danseuse, entrant ainsi dans la caricature en rendant plus ostensibles encore les traits mis en avant par la ballerine. La danseuse qu'il décrit est entièrement du côté d'un moi idéal, corps capté par le miroir, dominé par l'imposition d'une forme donnée de l'extérieur, normé. Le poète souligne ainsi le ridicule de ce corps soumis à l'idéal, éloigné à la fois de sa réalité et de son intelligence, enfermé dans des images qui ne correspondent plus à grand chose. Corps de maîtrise, le corps de la danseuse, comme celui du gymnaste dans un autre poème,[7] est donc moqué dans son enflure, dans les marques d'un gonflement disproportionné du moi, ce corollaire de l'image du corps. Ponge, on le sait, appréciait à l'inverse les objets modestes, non disproportionnés, accrochés au réel. En soulignant ainsi l'écart entre le corps réel de la danseuse, sueurs, cheveux, cuisses, et l'image que porte en avant de lui ce même corps, l'auteur souligne donc cruellement les mensonges d'un art, parfois, il faut bien le reconnaître un peu trop « manié ».

---

[7] 'Le Gymnaste', *Le Parti pris des choses*, dans *OC*, i.33.

Finalement, que Ponge saisisse la danseuse par ce biais de l'image, opérant par là-même un infléchissement de sa poétique, ne constitue pas une réelle trahison de l'objet, et indique même plutôt une certaine soumission de l'écriture à l'objet, reconnu comme atypique et engageant donc une écriture atypique. Ponge en travaillant du côté de l'image pour écrire sa danseuse, atteint, peut-être sans en être conscient, au propre de cette danseuse. On pourra affirmer alors que ce poème est réussi, car il ne déroge pas à la règle pongienne d'une poétique par objet. Raté, si l'on retient le refus obstiné de l'auteur à se perdre du côté trompeur, selon lui, de l'imaginaire.

Mais Ponge a-t-il définitivement relégué la danse hors de son univers, en réglant ses comptes dans ce poème avec la domination de l'idéal et de l'image dont la danseuse se fait le malheureux porte-drapeau ? En fait le portrait moqueur de cette danseuse ne doit pas nous arrêter, car c'est à un type de danse précis que le poète s'en prend. Les danseurs, depuis le début du vingtième siècle, se sont largement émancipés de cette dictature de l'idéal. Désormais, la danse fabrique des corps ou peut-être plus justement des fictions de corps plus complexes, dans lesquelles la dimension imaginaire s'articule plus nettement à la réalité du corps mais aussi à son intelligence, à son langage. Cet art ne défend donc plus un corps conçu comme une mécanique performante au service d'une image.

En fait s'il n'y a qu'une seule danseuse, dans l'œuvre de Ponge et nous avons vu ce qu'elle était, ce n'est pas pour autant que la danse est absente de l'œuvre. Il nous faut simplement la rechercher ailleurs que dans des représentations directes, du côté d'une production d'un texte équivalent « dans son genre » à la danse, du côté, peut-être, des poèmes en mouvement que forment les carnets, brouillons et autres cahiers publiés par l'auteur. Une autre « danseuse » s'écrirait là, dans le travail d'une répétition infinie.

'Le Carnet du bois de pins', puis 'Le savon', 'La fabrique du pré', 'La table' et surtout *Comment une figue de parole et pourquoi,* sont quelques-uns des textes de Ponge qui expérimentent l'entrelacement des notes et des brouillons, au point parfois de faire vaciller la notion de version définitive d'un texte. Pour étudier le fonctionnement de ces recueils et leur lien éventuel avec la danse nous ferons un détour par la théorie du mouvement élaborée dans la première moitié du vingtième siècle par Rudolf Laban ainsi que par la réflexion de Gilles Deleuze sur la répétition.

Laban, reconnu comme un des fondateurs de la danse moderne et surtout de la théorie de la danse, a mis en place des moyens de description et d'analyse du mouvement relativement efficaces et toujours reconnus aujourd'hui pour leur pertinence. En fait, il a opéré un geste radical dont a découlé un surcroît de liberté pour l'art chorégraphique, à la fois sur le plan de la théorie mais aussi dans les pratiques. Ce geste, quel est-il ? C'est celui d'un renversement de la subordination du mouvement au corps, ou pour le dire autrement : Laban découvre que ce n'est pas tant le corps qui produit le mouvement que le mouvement qui produit le corps. Ce renversement est rendu possible à partir du constat suivant, très simple mais pourtant non établi jusqu'alors : le corps est toujours en mouvement, l'immobilité n'existe pas dans le corps. Ces bases posées, le théoricien a pu étudier le mouvement comme tel, c'est-à-dire non la succession des positions du corps, ces points de stabilité entre lesquels on situait jusqu'alors le mouvement, mais la continuité des postures, la métamorphose opérée par le mouvement.

Son étude, on le sait, lui a permis de décomposer le mouvement en quatre éléments constitutifs : le poids, le temps, l'espace et le flux, articulables en une écriture relativement fidèle au mouvement réel. Mais n'entrons pas dans les détails de cette théorie et arrêtons-nous plutôt à deux de ses conséquences qui semblent trouver un écho dans la poésie de Ponge.

La première de ces conséquences est qu'en mettant en avant l'indissociabilité du corps par rapport au mouvement, Laban remet en cause la notion même d'identité : le corps n'a plus de forme première, à laquelle il ne cesserait de revenir et donc de se conformer, dans un rapport plus ou moins continu de ressemblance et donc d'identité. Autrement dit, il n'y a pas de point zéro du corps. Ainsi la différence devient une valeur première et non une valeur seconde du corps. Un corps donc ne se ressemble pas, parce qu'il n'a pas de stabilité originaire qui constituerait une référence, mais il se fabrique en permanence : *il est les différences qu'il produit.* Il n'y a plus pour le corps d'identité autre que celle qui se fonde dans le déséquilibre et la différence. Aussi, être fidèle au mouvement, affirmer la force de mouvement du corps, c'est faire émerger un même, défini comme « éternel retour », c'est-à-dire, si l'on suit l'analyse de Deleuze de cette notion nietzschéenne, comme retour de ce qui diffère, ou en des termes plus strictement deuleuziens, défini comme répétition. On dira alors que le corps est le produit d'une répétition infinie. La danse moderne et contemporaine est ainsi un laboratoire particulièrement privilégié et actif de cette répétition, dans lequel les corps sont livrés à la transformation, délogés de leurs identités fictionnelles par un travail fidèle au potentiel extraordinaire du mouvement.

La deuxième conséquence, plus largement commentée, du retournement labanien, est la suivante : la mise en avant du mouvement dans les corps permet de libérer la danse de son code gestuel figé, de son dictionnaire de gestes. En effet, en cessant de passer d'une forme à une autre pour faire du passage l'événement même du mouvement, les danseurs ont pu découvrir, fabriquer, défaire et refaire de nouveaux langages gestuels, non plus des codes basés sur des identités isolées entre lesquels passer, mais des langages fondés sur la logique du mouvement qui est le passage incessant.

A partir de ces deux conséquences issues de la théorie de Laban, nous pouvons commencer à interroger les textes-brouillons de Ponge. Si déjà Jean-Pierre Richard, dans son étude sur Ponge,[8] reconnaissait à l'auteur du *Parti-pris des choses* la caractéristique d'aller à l'objet dans une sorte de danse, ce constat semble encore plus juste pour les cahiers et brouillons du poète. En effet, il est frappant de voir à quel point les éléments que nous venons de mettre en relief dans la danse moderne fonctionnent avec vigueur dans ces textes pongiens.

Les brouillons de Ponge n'ont pas la forme d'une simple feuille surchargée de ratures. Ce sont des pages entières, dans lesquelles le poème se reprend, s'infléchit, part et repart avec obstination en direction de l'objet. La plupart du temps, le poète reprend du début son texte, le répète. Les différences sont souvent minimes, presque insaisissables, formant de subtiles variations. L'auteur d'ailleurs assume le terme de variation, qu'il reprend au vocabulaire musical et qui a l'avantage, selon lui, de laisser percevoir la trame temporelle d'ordinaire invisible dans laquelle le poème se construit. Dans un entretien avec Jean Ristat publié à la suite de *Comment une figue de parole et pourquoi* on peut ainsi lire :

> Jean Ristat : … quand le lecteur ouvre *La Figue*…
> F.P. : Il peut l'ouvrir n'importe où, il trouvera toujours la même chose…
> J.R. : Ce sera toujours la même chose et pourtant pas tout à fait… C'est une fausse répétition ; c'est une quasi-répétition…

---

[8] 'Francis Ponge', *Onze études sur la poésie moderne* (Paris 1981).

F.P. : C'est aussi le sentiment que j'ai très souvent, enfin, souvent, des corrections.[9]

Cette « quasi-répétition » c'est, en fait, la vraie répétition deleuzienne, une répétition qui est le retour de ce qui diffère. Comme l'écrit le philosophe dans *Différence et répétition* :

> Les variantes ne viennent pas du dehors, n'expriment pas un compromis secondaire entre une instance refoulant et une instance refoulée, et ne doivent pas se comprendre à partir des formes encore négatives de l'opposition, du retournement ou du renversement. Les variantes expriment plutôt des mécanismes différentiels qui sont de l'essence et de la genèse de ce qui se répète.[10]

De la même manière, les variantes chez Ponge de par leur prolifération sortent du cadre de la simple volonté de perfectionnement du texte. Le poète, bien que fort scrupuleux, ne joue pas l'opposition ou le compromis entre un premier jet et des corrections. Le texte se fait de ces variantes qui sont sa matière même. Aussi, les nuances d'écriture ne valent-elles pas ici comme de simples curiosités et le lecteur ne doit pas se tromper et lire la figue en spécialiste pointilleux, essayant de répertorier les moindres variantes (ce serait là une entreprise immense mais surtout assez vaine nous semble-t-il). Car ce que Ponge nous montre, ce ne sont pas des différences par rapport à un texte donné comme fixe, mais le processus d'écriture qui est une fabrication de la différence sans terme. Le poète crée ainsi, dans son écriture, une force de mouvement qui émerge dans la répétition. Sa figue de parole, tout comme 'La table' ou 'La fabrique du pré', est *un texte du mouvement*, une fugue, une danse, qu'il faut lire ainsi.

Nous comprenons également à présent comment la notion de texte définitif se voit débordée par ce dispositif. Pour la figue par exemple, il existe plusieurs versions publiées du texte. Jean-Marie Gleize dans sa présentation de *Comment une figue de parole et pourquoi*, nous rappelle l'historique de la figue, publié quatre fois, « ou plutôt, écrit-il, trois fois plus une » :

---

[9] 'L'art de la figue', *Comment une figue de paroles et pourquoi* (Paris 1997), p.286.
[10] Gilles Deleuze, *Différence et répétition* (Paris 1968), p.28.

> Une première fois, en huit paragraphes suivis de la signature latine, le texte
> et destiné au jury du Prix international de poésie de Capri [...] l'enjeu
> n'étant que, si l'on ose dire, l'assurance formelle d'une reconnaissance par
> l'institution, et d'autre part, la traduction de cette reconnaissance en termes
> économiques. [...] Une seconde fois pour être publiée dans le premier
> numéro de la revue *Tel Quel*, au printemps 1960. [...] Une troisième fois
> pour être inséré dans le recueil « Pièces » du *Grand Recueil* (en 1961). [...]
> Enfin, pour la quatrième fois, le texte est « livré » (par l'auteur) « dans tous
> ses états » (comme il faut dire depuis la présentation de certaine
> « Crevette ») : c'est la publication, en 1977, du livre *Comment une figue de
> paroles et pourquoi.*[11]

Chacune des trois premières versions a été si l'on peut dire
momentanément définitive, et cela dans l'histoire de la poésie n'est
pas une première. Ainsi, Ponge leur reconnaît à toutes les trois, à un
moment donné, une valeur, une efficacité, et leur succession engage
surtout à penser, en restant dans une logique de perfectionnement, que
la seconde version est jugée meilleure que la première, la troisième
meilleure que la seconde. Mais que penser de la dernière ? Ce livre qui
accumule les versions bouleverse complètement la notion de texte
définitif et enlève la valeur d'absolu accordé pour un temps à chacune
des premières versions, pour les entraîner dans le mouvement.

    Cette absence de stabilité du texte fait bien sûr écho au travail
de la danse, puisque nous le soulignions, la danse met en avant un
corps produit dans et par le mouvement, tout comme la figue
pongienne est le résultat du jeu des variantes, et n'existe plus comme
texte isolé et stable. La figue n'a pas de fin, sauf une fin matérielle, et
la dernière variante du livre n'est pas la version définitive, elle n'est
que le point d'arrêt contingent d'un processus virtuellement infini.

    On le comprend bien, il ne s'agit pas pour nous de valoriser
les brouillons comme tels, au prétexte qu'ils seraient supérieurs par
nature, c'est-à-dire plus intéressants parce que premiers et donc peut-
être plus vrais, plus justes ou plus authentiques. Non, car nous ne
ferions alors que déplacer la notion d'identité, que nous avons
disqualifiée, du texte final vers les brouillons. Il s'agit de considérer
vraiment *l'acte* de publication de l'auteur, *le geste* par lequel il choisit
de mettre les brouillons en lumière dans leur logique qui est celle du
mouvement, faisant ainsi sortir le poème de toute notion d'identité
pour le plonger dans le mouvement.

---

[11] Jean-Marie Gleize, *Francis Ponge* (Paris 1988), p.10-12.

Les œuvres singulières que sont les textes-brouillons de Ponge nous font entrer en fait dans une nouvelle dimension de l'art, dans laquelle le mouvement n'est plus saisi dans la représentation qui peut en être donnée, mais donné tel quel, sans médiation. La danse, ainsi, n'est certes pas présente dans le contenu des brouillons de Ponge, mais elle est donnée dans les mouvements de reprise du texte, dans le léger vacillement et le vertige que la répétition met en œuvre. Ce nouvel art est peut-être celui que Deleuze, dans *Différence et répétition*, souhaitait voir émerger (p.16) :

> La représentation est déjà médiation. Il s'agit au contraire de produire dans l'œuvre un mouvement capable d'émouvoir l'esprit hors de toute représentation ; il s'agit de faire du mouvement lui-même une œuvre, sans interposition ; de substituer des signes directs à des représentations médiates ; d'inventer des vibrations, des rotations, des tournoiements, des gravitations, des danses ou des sauts qui atteignent directement l'esprit.

Nous pensons que Ponge, dans ses quelques recueils incluant les cahiers préparatoires, a produit une danse, sans la représenter pourtant, mais *en faisant de la poésie un art dansant*. Ainsi dans ce qu'on pourrait appeler à la suite de Deleuze « un théâtre de la répétition », Ponge ne nous montre plus une danseuse bataillant avec l'image, mais il nous offre d'éprouver :

> Des forces pures, des tracés dynamiques dans l'espace qui agissent sur l'esprit sans intermédiaire, et qui l'unissent directement à la nature et à l'histoire, un langage qui parle avant les mots, des gestes qui s'élaborent avant les corps organisés, des masques avant les visages, des spectres et des fantômes avant les personnages – tout l'appareil de la répétition comme « puissance terrible».[12]

Reste au lecteur à apprendre à lire ce nouvel art, à en faire l'expérience, car le travail du poète peut le laisser en proie à l'effarement et au renoncement. On touche bel et bien avec ces œuvres à quelque chose de presque impossible, de monstrueux, et Ponge n'en était d'ailleurs pas dupe, lui qui qualifiait ses expérimentations autour du bois de pins de « formation d'un abcès poétique ».[13] L'écrit, le texte, en se glissant hors de ses bornes habituelles, dans des régions

---

[12] Deleuze, *Différence et répétition*, p.19.
[13] L'une des sections du 'Carnet du bois de pins' s'intitule en effet ainsi : 'Formation d'un abcès poétique'.

difficiles, engage donc à une véritable *expérience* de lecture, seule voie par laquelle le potentiel de mouvement du texte se fait tangible. Cela comporte un risque, celui que le lecteur se perde dans ces pages qui frôlent l'illisibilité.

Mais n'est-ce pas là, dans ces bordures de la littérature, que la danse devait finir par émerger ? Ponge écrivait, dans 'La promenade dans nos serres' :

> Ô draperies des mots, assemblages de l'art littéraire, ô massifs, ô pluriels, parterres de voyelles colorées, décors des lignes, ombres de la muette, boucles superbes des consonnes, architectures, fioritures des points et des signes brefs, à mon secours ! au secours de l'homme qui ne sait plus danser, qui ne connaît plus le secret des gestes, et qui n'a plus le courage ni la science de l'expression directe par les mouvements.[14]

Les textes-brouillons de Ponge semblent bien être la dernière réponse du poète à cette perte de la danse dont il avait, comme en témoigne ce poème extrait de *Proêmes*, dès le début de son œuvre, conscience. Ainsi, en plus de travailler la matérialité de la langue, qui est un des moyens de s'approcher de l'art de la danse, Ponge a découvert dans la répétition une réserve de mouvement pur, par laquelle la poésie accède au dansant sans médiation.

Ce n'est peut-être donc qu'à se risquer dans le déséquilibre, que la poésie peut toucher à l'essence de la danse qui est mouvement, transformation, métamorphose des corps. La poésie, par nature prise dans l'immobile, gravée dans les pages d'un livre, obligée de sortir d'elle-même, doit alors se faire monstrueuse.

---

[14] *Proêmes*, dans *OC*, i.176-77.